贾维军 秦晓梅 著

花子不老

半部道德论修身

中国国际广播出版社

图书在版编目（CIP）数据

老子不老：半部道德论修身 / 贾维军，秦晓梅著. —北京：中国国际广播出版社，2022.9

ISBN 978-7-5078-5204-2

Ⅰ.①老…　Ⅱ.①贾…　②秦…　Ⅲ.①儒家　②《道德经》－研究　Ⅳ.①B223.15

中国版本图书馆CIP数据核字（2022）第166191号

老子不老——半部道德论修身

著　　者	贾维军　秦晓梅	
责任编辑	王立华	
校　　对	张　娜	
版式设计	陈学兰	
封面设计	赵冰波	

出版发行	中国国际广播出版社有限公司 ［010-89508207（传真）］	
社　　址	北京市丰台区榴乡路88号石榴中心2号楼1701	
	邮编：100079	
印　　刷	北京九天鸿程印刷有限责任公司	

开　　本	710×1000　1/16	
字　　数	240千字	
印　　张	17.75	
版　　次	2022 年 11 月 北京第一版	
印　　次	2022 年 11 月 第一次印刷	
定　　价	46.00 元	

本书为山东省人文社会科学课题"思想政治教育视野下研究生教育管理育人模式的研究与构建"（编号：2020-ZXGJ-11）阶段性成果之一。

序 一

读了维军、晓梅两位的新作，有如下的感受。

首先，本书学术视角独特，理论阐释独辟蹊径。近年来，学界对《道德经》的研究可谓百花齐放，涉及哲学、宗教、政治、美学、史学、管理、谋略、处世、自然科学、环境保护、建筑、军事、经济、法律、教育、体育、养生、伦理、医学、心理学、语言学、逻辑学、文学、文献学等诸多方面。《老子不老——半部道德论修身》通篇以修身为视角，将《道德经》各章节一以贯之。作者认为，只要真正把握了老子思想的精神内核，精通其中的一个章节，其他的章节都可迎刃而解。单独阐释修身养生的章节姑且不论，即使标签为"治国"的章节，本书以"身国同构"的理论，将身国的比附关联阐释得清晰明白。在显义为"用兵"的章节，本书则以"用药如用兵"的类比手法，以战术喻养生之术，巧妙地阐释了老子思想。

长期以来，学界以西方哲学分类方法来定义中国哲学，"修身"作为中国哲学表征的特性被掩盖，因而便有了中国哲学合法性的学术焦虑。可以说，本书以坚定的理论自觉和文化自信，在《道德经》诠释体系中尝试迈出了以修身为主轴的大胆尝试。如对第十七章的解读，从国家治理视角来看，大致可以分别简称为德治、礼治、政治和刑治四种层次的治国模式，如果借用到修身的领域，本书将其划分为四种不同层次的人生境界和心理类型，分别为自我超越的人、自我悦纳的人、自我逃避的人和自我抛弃的人。在此意义上，本书认为《道德经》可谓最高级的心理学。

其次，本书学术视野广阔，观点多有创新。本书以竹简《老子》、帛书《老子》、传世《道德经》为底本，全面参考了历代对《道德经》的注释，并综合运用历史学、文字学、心理学等学科知识对《道德经》加以全面审视。如对第十章的解读，作者认为，前三节从形、炁、神三方面论述了修身的原则，后三节则从圣人、神人、真人三个层次论述了修身的步骤或层级。由此，本章实为一篇逻辑严密、层层推进、浑然一体的修身文献。再如对第十五章中"豫兮→犹兮→俨兮→涣兮→敦兮→旷兮→浑兮"的解读，一般观点认为这是对"善为士者"七个侧面的描述，而本书则提出这七点是"善为士者"修身过程的七个次第，从而将老子在本章的内在逻辑有机地融合起来，不惟新特，亦发前人之所未发。不但如此，本书多处从文字学的角度来阐释《道德经》的哲学意蕴，如对"玄"的字义出源探讨，对"为"的修炼意义的阐释，对"静"字语音的相关探析……无不对老子思想的阐释学具有启发性意义。

最后，本书时代色彩鲜明，写作风格亲切自然。《道德经》本身是一种民族智慧，但对它的解读应当与时偕行，应当与时代精神相合拍，唯其如此，才能真正开辟出《道德经》文本诠释的新路径。如在阐释"居善地"时，作者提出，在生活中，最高级的情商，最高级的风水，莫过于在我们的心中营造一片祥和宁静之地，进而对最熟悉、最亲近的人保持尊重和耐心，认为这才是"居善地"的要义之所在。这种诠释，在义理阐释中有效地呼应了时代之需求，有着颇为厚重的生活质感。与其说本书是一篇理论著作，毋宁说更像一篇学术随笔，通篇运笔如风、不拘一格，自然亲切而平易近人，摆脱了学术论文的刻板单调。在表达方式上，书中尽量摆脱教科书式的说教，不做照本宣科式的翻译与讲说，借助历史和现实故事，将老子深邃的思想用浅显明了的语言表达出来，力图达到体验式的心灵阅读效果，可谓是作者个人版的《道德经》研习心得报告。

文化是民族生存和发展的重要力量。习近平总书记强调："没有中华文化繁荣兴盛，就没有中华民族伟大复兴。"《道德经》包含着丰富的适合调和社群、策人向善的内容，对当今时代意义重大。本书中心明确、紧凑集中，有助于读者对《道德经》形成整体的理解和把握。全书以个人体验、社会体验、历史体验为素材，以人生社会现实观照为切入点，系统地阐释了《道德经》的修身智慧，概括出了《道德经》的精神标识，并赋予其新的含义，力图使当代人在调整人与自然、人与社会以及人的自我身心关系实践中得到有益启迪，并将之化成自身的生命信仰和生命程序，从而使《道德经》这一中华优秀文化基因库中的璀璨明珠能够与当代文化发展相适应，与现代社会发展相协调，与中华民族伟大复兴共节拍！

书成之后，著者索序于我，聊缀数语，以为之序。

郭　武

老子道学文化研究会副会长

山东大学哲学与社会发展学院特聘教授、博士生导师

山东大学饶宗颐宗教与中国文化研究所执行所长

序 二

　　提笔写这篇序，思索再三。对《道德经》的理解不甚宽厚，长久以来也只是停留在表意的理解上。初翻贾老师的书稿时，内心实际有些纳罕的：何其大胆，精读半本便要开论。但在拜读过后，发现该书选取的视角新颖，表达出的要义也深得我心，受益颇多。《道德经》中所印记的是智慧，而不仅是板上钉钉的字符。智慧如水，可变可通，是极为复杂又最为简单的哲思，真正读懂了其中的奥妙，一章足以。

　　疲于奔命的我们，在莺飞草长、枯叶泉尽的变化之中。活于世间，却鲜少真正以身以心融入其中。万物的一呼一吸与宇宙共命运、共消长，当你注意到这一点时，才开始在万木迷雾中依稀见到那条带你走向远方的悠长小径。《道德经》在这条路上如阳光撩开迷雾，漫撒于身于心。修炼不仅是宗教上的名词，也不仅是有追求超脱境界的志向的人们才要去践行的。生命本就是修行，走在这片森林中的每一个生灵都需要修炼。修身修心，让自己与宇宙共呼吸，你的身与心都会热爱这个世界，热爱你眼前的点滴尘粒，你会澄明观事、积极应事、平和处事。

　　人生说短不短，说长不长，只是视角的选择不同。不论是"仰观宇宙之大"，还是"俯察品类之盛"，所看到的都是我们的渺小。老子一再地劝诫世人放眼博大，但心性要简单，多与少、大与小的相对比较是没有止境的。正因为如此，便不需要求太多，人生几十载握在手中的又能有何多，最终放在心里的还是最真的情与最纯的意。同时，老子又像家中那位最有耐心的长辈一样，一边告诉着你生命的本真，一边为你讲述着现时如何和谐自处于繁华世界，广博的爱与通透的慧都在这位大师的文字中流露。

从古到今，有太多的人从《道德经》中得到智慧，书中的一句话便可以成为人生启示。我心中有种期盼和愿景，让《道德经》流传得再广些，再深些，我们所生活的社会的样貌会因此发生改变，优秀文化有这种深远的力量。所以我想，贾老师是有社会责任感的，文化的吐露与传播需要能力，更需要勇气。

正如贾老师所表达的，这样一本智慧之书，不应逐字去解构它，在理解文义内涵的基础上，更需要做的是品味文字背后的思索，将其转化为生活的智慧，用自身生活的经历去体味、验证，达到身心的修炼与丰富，亦即妙用，这才不枉费了如此好书。当你发现在《道德经》中你的行为与思想都可以找到注脚时，你会感受到巨大的快乐与感动。在《老子不老——半部道德论修身》这本书中，我感受到了作者的这份快乐，这样的快乐，每个人都应该去试着拥有。

老子的确不老，真正的智慧永远不死不朽，它在时间的长河中淘沥为一汪清泉，以其源头活水滋养大地。

宁夏作家协会主席　郭文斌

自　序

　　从少年时代开始，就对《道德经》感到憧憬，虽然只能读懂其中的只言片语，但总是觉得那是一种高深的神秘存在，"虽不能至，心向往之"。伴随着年轻的浮躁与轻狂，在社会的舞台上，阅览了世间的万象百态，品尝了人生的酸甜苦辛，经历了心路的跌宕起伏。在岁月的磨砺中，转眼之间，人也步入中年，随着阅历积淀愈多，愈感自己欠缺的东西愈多，似乎某种真谛的东西还没有参透。现实中对自我身心的把握程度，很多时候也是付之一叹，所以也便发愿一定要读懂《道德经》，庶几也便不枉此生了。曾经有段时间，暂停所有的写作，摒弃一切其他阅读，专门用于《道德经》的背诵、抄写与体悟，前一章未通，绝不研讨下一章。如此大半年的时间，进行了前十余章体悟式阅读，渐感豁然开朗、步入佳境。后来受袁红玉老师的启发和建议，到袁老师组织的"阅心空间"与师生共同分享心得体悟。在与大家分享的过程中，思想的火花碰撞激荡。后与秦晓梅老师将这些内容记录整理后，逐步形成了书稿的雏形。为了叙述方便，书中全部采用第一人称表述。本书每章开篇以传世版本《道德经》为底本，综合竹简《老子》、帛书《老子》进行原文摘录，正文则是对其的修身学解读。本想将《道德经》整本书解读完毕再出版，但在将前三十七章即将解读完的时候，顿感"见一叶而知深秋，窥一斑而见全豹"。《道德经》其中一章完全解读明白了，其他的章节都可迎刃而解。诚为一章通，百章通。加上自己也是惯于疏懒，索性将当下的解读拿出，以半部《道德经》论修身的面目呈现，于是便有了今天这本书的问世。

后世解读老子，往往会将每章分为论道、治国、养生、论兵、砭时等内容，如称这些为老子论述的侧重点，或者说老子借助某种社会现象来论述道，这些都是可以理解的。但固化地说本章就是属于这方面的内容，则有割裂老子本意之嫌，让人有眼花缭乱的感觉。其实无论何种领域关于道的"理"，从本质上说，都有一个根本性的东西在起作用。那最根本性的东西是什么呢?《大学》有言，"自天子以至于庶人，壹是皆以修身为本"。无论高贵如皇帝，还是普通如布衣，都将修身作为人生的根本问题来看待。那何谓修身? 简单地说，就是修正自我。当然这里的"身"并非单纯的身体修炼的范畴，它不但包括个人的饮食起居、心理情绪等方面的调节，还包括为人处世等人与人关系的处理。从传统文化的视角来看，它还包括人与自然关系的处理。以此作为看点，历史上每个人都是修身的主人公，也都是当下我们修身研究的素材。

自从修习传统文化之后，发现包括自身在内的现代人，大多处于一种后天的状态。什么是后天的状态呢? 以我现在有限的体验，当一个人沦为自身欲望的奴隶而无法自拔，当一个人忙忙碌碌而永远是在为明天而奋斗，当一个人为生活中所谓的困境而怨天尤人，当一个人为外在的得失而忧心忡忡，我想这些人就是生活在后天自我概念的状态。渐渐地会发现支配你的似乎不是自己，而是一个习惯性的固化的思维模式、行为模式。老子告诉我们，不要被这些光怪陆离的世界所迷惑，而要向内去觉察一个不易觉察的世界。《道德经》的核心要义是自己把握好自己的身心，将贪婪、阴暗、芜杂的后天状态，调整为清净、光明、简朴的先天状态。从这种意义上说，《道德经》无疑就是一本修身之书，它是老子开给世人的一剂修身良方。

曾经很长一段时间，我把《道德经》看作是一般的哲学思想，也曾试图条分缕析地揭示老子思想的整体结构，但后来渐渐发现，自己的方法论似乎有问题。正如我们不能用有精确刻度的尺子去衡量一棵大树，事先主观臆断每一部分的长度比例，我们也不能事先用形式的逻辑框架去分割老子的思想。在解读的过程中，才渐渐意识到，昔日认为的那种"不合规、不中矩"的思想体系，竟是那样浑然天成的整体，竟是常人难以理解的更高层次的"逻辑"。记得黑格尔曾评价《论语》只是道德常识，没有"思辨哲学"，其是非对错姑且不论，但正如用严密的数学公式解析意境深远的古典诗词一样，分析问题的本身似乎就出现了问题。同时我也不喜欢现代许多学者从文字到文字的解读，因为老子是一种实证体系，不是一般哲学观念或艺术想象所能理解的。在这些书中，你读不出老子的深邃、幽默甚至顽皮，也感受不到文字背后的力量、智慧乃至温度。

《道德经》本身是一种民族智慧，但对老子的解读却需要一种时代的智慧。如何恰如其分地将《道德经》的思想与时代发展结合起来，真正将《道德经》化成当代人的生命信仰和生命程序，让这门古老的智慧焕发出持久的活力，这才是我们当代人的历史责任和时代使命。老子的本意不是让我们把他的语句摘抄下来，装裱后挂在墙上，而是让我们体会这些语句背后的"言外之意"。所以他反复地叮嘱我们，不要被这些语言文字所蒙蔽，他所讲的仅仅是帮助我们认识"常道"工具而已。有时感到老子就生活在我们身边，他可能是一位老人，可能是一个婴儿，也可能就是隔壁老王。在时空的浸润中，老子不再是概念中的历史人物，而是实际生活的良师益友。有时生活中有了点滴的感悟，就要在《道德经》中找出些许章句来给自己验证一下。此前总认为自己是在给老子做注解，后来才发现，其实是用老子的语言来注解自己的人生。到了最后，真的分不清是"我注老子"，还是"老子注我"了。

德国自18世纪至今流传着一句谚语：左手一本《圣经》，右手一本《道德经》，你将无往而不胜。鲁迅也曾说过，不读《道德经》，就不知中国文化，不知人生真谛。但有时历史就是一种悖论，老子本想通过立言让世人把握真理，但世人却执着于五千言。相信老子如果地下有知，也会"无可奈何花落去"地长叹一声。对此，宋代理学家张载有诗："青牛西去伯阳翁，当年夫子叹犹龙。立言为恐真风丧，岂知言立丧真风。"今天之所以不揣浅陋，正是感到《道德经》可以开启我们的生命之门。本书即是想以自己的切身体验，以修身为主线载体，通过具体的《道德经》解读，阐释我们应有的修身路线，描绘我们应有的思想境界，展示我们应有的身心状态，让大家知道，在喧闹的世间，还有这样一条路，还有这样一群人，还有这样一番天地。至于解读能否迎合世人的口味，是否招来不解、嘲笑甚至谩骂，已是无暇顾及了。有感于此，口占一首打油诗："穷命书生济世肠，奋笔疾书夜未央，老氏地下应有叹，又添一位顽鄙郎。"

生活中，我欣赏这样的场景：一个阳光的午后，带着恬淡闲适的心情，再配上一杯清茶、一把躺椅，或许可以和老子促膝而谈，听这位老人给我们娓娓道来他的故事，来分享他的睿智、宽广、恬淡、忧虑、无奈，来见证这位老人给我们的心灵与生活带来的震撼与改观。而我们所应做的，似乎远不止如此，在人世间，在天地间，用世间万境来砥砺身心，用天地氤氲来长养性命。或许在不经意间，所有的语言文字都褪去华丽的色彩，渐渐变得模糊甚至化为乌有，只有您和老子之间那会心的一笑，在行走坐卧中，在工作学习中，永恒地定格在您的心间。或许这就是我们对祖先和经典的最高信仰与致敬！

目录
CONTENTS

第一章

道可道，非常道；名可名，非常名。无，名天地之始，有，名万物之母。故常无，欲以观其妙，常有，欲以观其徼。此两者，同出而异名，同谓之玄。玄之又玄，众妙之门。

逍遥妙境开宗义

古往今来研究老子的著述，可谓汗牛充栋，难以数计。因后世作者多无实证之体悟，往往以世俗之成见，妄揣高深之道德，导致众说纷纭，莫衷一是，《道德经》一书之真正价值，遂湮没而不彰。关于《道德经》第一章的思想主旨，历来注家众多、言人人殊，如果不加以睿智地甄别与清晰地判断，则会眼花缭乱而不知所云，这个问题不解决，恐怕会影响对《道德经》的整体理解。在概括首章的主旨上，我感到在这个问题上应当损之又损，化繁为简，最后总结起来就一个字——"众妙之门"中的"妙"。且不说"妙"的状态内涵如何，单就字义来看，"妙"一直就同美好联系在一起，奇妙、美妙、奥妙、巧妙、微妙、妙龄、妙笔、曼妙、高妙、绝妙、妙趣、精妙、妙语、灵妙等等。以"妙"为谜底的谜语，如：女人话少便是好、小姑娘、二八佳人等，好像同丑恶也没有太多关系。假如从本书修身的视角来看，"妙"则是老子对宇宙人生圆满状态的概括，他要揭示的主要是以"妙"为核心的"妙境"，即道家修炼的境界问题。

说到境界，人们常常引用王国维先生对于境界的看法。王国维先生在《人间词话》中写道：古今之成大事业、大学问者，必经过三种之境界。"昨夜西风凋碧树，独上高楼，望尽天涯路。"此第一境也。"衣带渐宽终不悔，为伊消得人憔悴。"此第二境也。"众里寻他千百度，蓦然回首，那人却在灯火阑珊处。"此第三境也。当然，王国维先生引用诗句来阐释境界，更多的是侧重描述追求真理中立志、探寻、感悟的过程，但这里我们为了更好地表述人生境界的层次问题，最好还是借用冯友兰先生对人生境界的划分。冯友兰先生将人生境界划分为自然境界、功利境界、道德境界和天地境界，并认为天地境界是最高的境界。照此划分，老子到底属于何种境界呢？先看一个小故事。《吕氏春秋·孟春纪·贵公》记载：

> 荆人有遗弓者，而不肯索，曰："荆人遗之，荆人得之，又何索焉？"孔子闻之曰："去其'荆'而可矣。"老聃闻之曰："去其'人'而可矣。"故老聃则至公矣。

这里的荆是指楚国，聃则指老子。话说一位楚国人丢失了一张弓，而不肯回去寻找，并讲出了自己的一番理由："楚国人丢失了东西，还是楚国人捡到，还去找它干吗？"表现出伟大的楚国爱国主义情怀。孔子听说了这件事，认为此人胸怀还不够开阔，何必局限于楚国，四海之内皆兄弟，天下本来是一家，所以主张去掉"荆"这个字，改成"人遗之，人得之"就可以了。老子听说了这件事，认为境界还有提升的空间，人经常以万物之主自居，挂在嘴边的就是，"这是我的什么，那是我的什么"，最不能忘怀的就是"我"，所以老子主张还是把"人"去掉，直接为"失之，得之"最妙。

所以从这里看出，道家境界超越了社会伦理关系的探寻，拓展为更广阔的天地宇宙领域。他们考虑的是如何在天地之间获得本性的自由与绽放，进而达到与天地合一并生的状态。对于这种状态，老子概括为"妙"。那接下来的一个问题，怎么去解读这种"妙"呢？历史上谁又解得最贴切、解得最"妙"呢？我想还得找老子的薪火传人——庄子。历来我们以老庄合称，《史记》中司马迁称庄子"其学无所不窥，然其要本归于老子之言"。可以这样说，《庄子》是对《老子》一书的深度解读。如果我们仔细品评《庄子》一书主旨的话，就会发现这本书仍然没有超出古人著述的基本体例，即在第一章开宗明义地提出了一书的主旨，也就是"逍遥"。对此，中国民主促进会的主要创始人、教育家马叙伦讲道："开宗不了逍遥字，空读南华三十篇。"所以理解了"逍遥"，也就是理解了《庄子》的核心所在，同样也就理解了"妙境"所在。

真正进入逍遥妙境后，你就会发现世间万事二元对立的状态消失了，大自然的万物无不是按照自己的本性在快乐地成长，正如西晋玄学家郭象对逍遥的解读："夫小大虽殊，而放于自得之场，则物任其性，事称其能，各当其分，逍遥一也，岂容胜负于其间哉。"也正如陶渊明看透了人生百态、世间沉浮，于是扫除心中种种尘情，选择一种在山水之间徜徉的隐士生活，于是乎在"久在樊笼里，复得返自然"的感叹中，流淌出诸多清新自然的诗句。"采菊东篱下，悠然见南山"，不经意地抬头间，我望见了南山，而南山也正在以清新的姿态观望着我。也正如李白在《独坐敬亭山》中描述的："相看两不厌，只有敬亭山。"物我两望，其中趣味，不足为外人道也。物我两望，固然有趣，但道家还有一种意境，与此一字之差，即物我两忘，似乎与之有异曲同工之妙。庄子云，"相濡以沫，不如相忘于江湖"。初次看到这句话时，正值青春年少，于爱情之理颇有留意，当时就体悟到世间应有一种爱，这种爱不应以占有对方为目的，而应"放手"以成全对方。有了这种心得，还颇感激动自豪，认为是独家体悟出来，别无

"分店"。结果上网一看，人家歌词都出来好长时间了。不过对这种花自飘零水自流的意境，还想狗尾续貂一下，于是乎借用了弘一法师的一句，借用了《西游记》中的一句，拼装了一下，在一个乌云遮月的仲秋夜，胡诌了几句，聊以表达此中妙境。

> 仲秋时节寻月圆，烟云朦胧心黯然；
> 寻幽径，低徘徊，月望好事古难全；
> 读圣贤，悟真源，心镜常拭莫等闲；
> 待到花枝春满时，水流长江月在天。

男儿到此是豪雄

现在我们回到《道德经》第一章的具体探讨，老子首先明确，他所讲的"道"不是我们思维语言所描述的形而上的"道"，而是以我们的心灵予以诠释、以我们的生活予以践行的东西。脱离了这些，道就变成了嘴皮子上的道了。一位医生老兄为赶写一篇参加医学会议的学术论文，连续几天通宵达旦地写，结果体力透支，心脏病突发，年纪轻轻就呜呼哀哉了。身为呵护健康的事业，心为探索健康的目标，却为健康而损害健康，最终失去生命，这其中确实耐人寻味。日常生活中，我们经常把"健康第一"放在口头上，可是工作或者其他事情一忙，第一个牺牲的可能就是锻炼的时间，酒桌上觥筹交错，大家口口声声为健康干杯，可是干着干着就不健康了。有时候我想，不妨把祝酒词改改："为健康，别干杯！"

就本章逻辑次第而言，在道家看来，"道可道"部分乃无上真经，后面"有""无"的论述乃传法之言，最后的"玄之又玄，众妙之门"是总结之句。恰如学习数学，就常人而言，须初等数学、中等数学学习完，才有基础学习高等数学。如一开头便学习高等数学，对一般人而言恐有诸多困难。《道德经》的首句为老子所阐述的最高乘的无为法，从理论意义上说，掌握了这一句的核心要义，《道德经》的精髓也就把握了。但考虑大多数人的现状，老子还要加以具体的阐释。"无，名天地之始，有，名万物之母。"老子在这里描述了宇宙的起源，并提出了一对重要的概念："有"与"无"。中国文化有个基本的特点，那就是从天道推人事，"有"与"无"推广到人事上，或者具体推广到我们的修身上，它们代表的又是什么呢？如果在具象的修身中把握"有"和"无"的关系，我想性与命、形与神可以相对地表达"有"与"无"。在修身领域，形神共养、性命双修是基本的命题，这两者的关系处理是关乎修身成效的根本性问题。道家认为，身体是以"炁"为基础，以神为统帅的功能体，神"炁"结合正常就能让我们正常生活，神"炁"结合有障碍则会使我们得病，而神"炁"离决则会走向死亡。从另一角度来看，《中庸》有言，"喜怒哀乐之未发，谓之中，发而皆中节，谓之和"。我们可以这样理解，"无"为未发的状态，"有"为已发的状态。因为未发，所以无形无相，无以言说，只可体会其精妙之处。所以为"故常无，欲以观其妙"。因为已发，《礼记》所谓"感于物而动"，此时有形有相，可以观其边际了，故"常有，欲以观其徼"，徼为边际、边界之义。

为了更好地理解"有"和"无"这一对概念，或许我们可以在描述宇宙起源的语境中将其转换成阴与阳。我们的祖先认为，在阴阳交互作用之下，逐渐地衍生出这个多姿多彩的世界。"阴阳者，天地之道也，万物之纲纪。"虽然阴阳世界的存在是客观的，但人对阴阳世界的把握存在着不同的层次。按照《黄帝内经》的说法，有贤人的"逆从阴阳"，有至人的"和于阴阳"，有真人的"把握阴阳"。到了把握阴阳的层次，也就是达到了老子所说的"观妙""观徼"的程度。这是一种在实践中灵活地或者说艺术地智慧应用，用传统术语来说则是"妙用"。一旦生起"妙用"，这时你就能开启智慧，以一种超越的智慧悠然地生活在天地间。阴阳本自具足，本自和谐，无须外在环境条件的限制，所以在老子的理想国中，"虽有舟舆，无所乘之；虽有甲兵，无所陈之"。用现代话语来说，世界是自己的，与他人无关。自我精神世界处于一种从容圆满的状态，所以才会"甘其食，美其服，安其居，乐其俗"，简简单单，怡然自得。至于"民至老死不相往来"，大多被后世理解为画地为牢、故步自封、互不往来，以至于被评判为典型的"小国寡民"思想，但从精神世界层面来看，这句话是老子对精神境界的一种概括和表达，是自我圆满的独立意识的折射，是"相忘于江湖"的洒脱与怡然。

日常非常欣赏北宋程颢先生的诗作《秋日》，这首诗堪称一首哲理好诗，其中所描述的境界值得玩味："闲来无事不从容，睡觉东窗日已红。万物静观皆自得，四时佳兴与人同。道通天地有形外，思入风云变态中。富贵不淫贫贱乐，男儿到此是豪雄。"闲来无事绝非无所事事，在中国传统文化所追求的境界中，立功、立言、立德是"三不朽"的事业，而在三者的层次中，立功最低，立言其次，立德最高。在传统文化看来，正是陶渊明的"不为五斗米折腰"，才挺直他的"贫贱不能屈"的伟丈夫形象。由此推而广之，老子、孔子、庄子、孟子等文化圣人，虽然没有如秦始皇那样，驱使全国人为自己的"千万世"皇子皇孙效力，但他们能管理自身，能战胜自我，能在文化精神世界中傲视群雄，从这个角度看，他们是真正的"豪雄"。

漫步越过无门关

"此两者，同出而异名，同谓之玄"，这里的"两者"则是指代上述的"有"和"无"，两者是一枚硬币的两面，只不过名称指代不同罢了。按照帛书版本的表述，"两者同出，异名同胃（谓）"，并没有"同谓之玄"的表述。从文字学的角度来看，玄写作""，楚系简帛则写作""，到底这个字字义是什么？这个问题让后世大费脑筋。古文字学家林义光先生认为，"玄"是倒悬的丝；郭沫若先生则认为"玄"是钻头，由此引申出旋转的动作，进而会让人头晕目眩；庞朴先生则认为"玄"是旋涡。而我更倾向于"玄"字应为葫芦的形象。葫芦在先民生活中发挥着重要的作用，在其图腾崇拜中作为生育人类的祖先而存在。在甲骨文中，"玄"字与"幺""午"相同，《说文解字》（简称《说文》）中解释："幺，小也。象子初生之形。"则继续保留着初生的含义。从这里可以看出，"玄"不仅是一般意义上的幽远，它还是万物生化的一种生动描绘，蕴含着初始生化的原始含义。

如果按照传世本的解读，"同谓之玄"可以理解为："有"和"无"可以统一在"玄"之初始生化中。"玄之又玄，众妙之门"，一般解读为，幽深又幽深，这是一切奥妙的门户。很多人读到这种翻译就感到很"玄虚"，似乎和江湖术士、牛鬼蛇神、阴阳秘术扯在了一起，这是对老子文化最严重的误读。后来北大汉简《老子》为我们提供了另外一种解读的思路，汉简对于这一句是这样陈述的："玄之有（又）玄之，众眇（妙）之门。""玄"后面带上了宾语"之"，从这里看，"玄"并非通常意义所理解的名词或形容词，而是具有使动作用的动词。结合上述对"玄"的字义的探讨，"玄之有（又）玄之"则是保持事物的初始状态，使之朝着"道"的方向不断前进。如后面老子所讲的"损之又损"，通过对作用对象的不断否定或减损，最终达到"无为"的境界，从这个角度看"玄之又玄"，这是一种功夫论的阐释。

比如说，我要安静下来，在这种想法的指引下，一个人可能能平静一些，但这还不是真正的平静，如果连"我要安静下来"这个念头也没有了，我想那才是真正的平静。《诗》云："如切如磋，如琢如磨。"这本指匠人对美玉等器物的加工，切了之后细心磋，琢了之后慢慢磨，去除那些附着的、粗糙的、阴暗的东西，显露出质地的光辉，这是玉石的加工过程，同时也可以借用到人性的修养过程。在日常生活中，我每日早上一般要做一小时左右的导引术，经过一段时日，心得颇丰，久而久之，认为做导引术就是修身。后来看到一种说法，讲到导引术属于旁门，自己才恍然大悟，自己仅仅把那一个小时当成了修身，而其他的二十三个小时都是在干什么呢？唯有把修身和生活结合起来，时时处处观照自己的起心动念，这才是修身的根本。比如在闲暇时是看一些无聊的花边新闻打发时间，还是自己静静地在经典中与古人对话与交流，是急匆匆地从一个目标奔向下一个目标，还是享受一下慢生活带来的静谧与喜悦，工作中能否做到不贪不占，无名无利的事情是否也能心甘情愿地做好。我想这才是真正的修身，才是真正的不修之修。

以上仅仅是个人的一点生活体验。在道德文章方面，个人非常钦佩清代刘一明先生的修身理论概括，其中有篇《通关文》，文中以关口为喻，阐述修身中遇到的坎坷和困难，如色欲关、恩爱关、荣贵关、财利关、穷困关、色身关、傲气关、嫉妒关、暴燥（躁）关、口舌关等等，并主张以智慧来超越。如"恩爱关"中有一段很有启发意义，摘录如下："盖悟得恩爱是苦，即能逢场作戏，自由自专，不受恩爱之害矣。然父子兄弟夫妇既聚合在一本戏中，为父者亦必做出为父的道理，为子者亦必做出为子的道理，为兄者亦必做出为兄的道理，为弟者亦必做出为弟的道理，为夫者亦必做出为夫的道理，为妇者亦必做出为妇的道理。当知各尽道理，自己本分中应当如是，但不过心中明白是逢场作戏，大家合伙将这一本戏顺顺序序作个完结，彼此便了事也。"将自己作为剧中人物来看，置身其中又超然物外，以这样的理念去把握生活，我想这也是"众妙之门"的生活注脚。

第二章

天下皆知美之为美，斯恶已；皆知善之为善，斯不善已。故有无相生，难易相成，长短相形，高下相倾，音声相和，前后相随。是以圣人处无为之事，行不言之教，万物作焉而不辞，生而不有，为而不恃，功成而弗居。夫唯弗居，是以不去。

老子的好了歌

《道德经》第一章说的是世界本来应是一个完美状态，那么自诩为"万物之灵"的人产生之后，世界是否还是按照这种状态运行呢？到了第二章，老子讲道，"天下皆知美之为美，斯恶已；皆知善之为善，斯不善已"，这里并非说大家都知道美之为美，那就变丑了。老子的原意是，美丑善恶的概念是相对而生的，如果大家都知道怎样才算美，那么同时丑的观念也便产生了，如果大家都知道怎样才算善，那同时也便有了"不善"的概念了。所以老子认为，自从有了美丑、善恶等相对意识的产生，那种平衡的、和谐的状态就被打破，人类的世界就变成了二元对立的世界。

对于这种文化现象，西方的《圣经》文化则以另外的方式表达出来。《圣经》上说，上帝创造了美好的伊甸园，让亚当和夏娃在里面快乐地生活，并使各样的树从地里长出来，树木可以悦人的眼目，树上的果子可作为食物，只是有一点，分别善恶树上的果子不可以吃。后来夏娃禁不住蛇的诱惑，偷吃了能够分别善恶的禁果，并让其丈夫亚当也吃了下去。结果两人眼睛明亮起来，对昔日的赤身裸体感到了害羞，于是找来无花果的叶子来遮挡身体。上帝发现了这个事情后，就将他们赶出了尽善尽美的伊甸园。以上的故事或许并非一个单纯的故事，假如我们将伊甸园比作人先天完美的状态，那么能分别善恶的后天意识产生后，也便会破坏我们先天的状态，并由此导致人世间的种种灾难，我想这也是失乐园的寓意所在。

为了超越这种二元对立的状态，古往今来的哲学家创造出众多的哲学体系和方法，其中当然包括老子的哲学体系以及后世对他的阐发。正如心理学家海灵格说自己创造的"家族系统排列"，就是想把大家带到《道德经》所展示的那个维度的世界。"在那个世界里，没有战争，没有输赢，没有对错……在那里，只有无穷无尽的爱，爱是最大的财富。"按照道家说法，人自离开母腹，呱呱坠地，也便从先天的状态转入了后天状态，而社会经验的习染，也进一步地强化了后天的是非观念。个人的经验中，我们从小就被教育这是好的，那是不好的，久而久之，我们就被这种观念所束缚，甚者深陷其中而不能自拔。而要从观念的世界中解脱出来，则应反其道而行之。记得父亲生前对一切看得很淡，经常挂在嘴边的一句话就是"怎着是好"。其实层层追问"什么是好"的问题，问一百个人，可能就有一百个答案。而真正地把"什么是好"的观念层层剥开，进而再把这种观念看破放下，正如《红楼梦》中《好了歌》所说，"好了也就了了，了了也就好了"，那或许就能获得解脱的希望了。所以从这个意思来说，本句可谓是老子版的好了歌。

差别与分别

"故有无相生，难易相成，长短相形，高下相倾，音声相和，前后相随。""有"和"无"是相对而生的，这里的"有"和"无"与第一章的"有"和"无"是不一样的。第一章的"有"和"无"是描述自然本体世界的，而本章的"有"和"无"是用于描述观念世界中的对立双方。"有"和"无"是因为对方才获得自己的名称，一旦失去任何一方，另一方也便失去了存在的理由。"难易相成，长短相形"比较容易理解，难和易相互促就，长和短相互显示。对于"高下相倾"的表述，帛书版本则表述为"高下之相盈也"。所以有学者怀疑"倾"应为"盈"，而"盈"为"呈"的通假，"相盈"则是相互呈现。如果按照传世版本，所谓的"高"和"下"都是相互倾覆的，在宏观的时空视野下，一切都是处在沧海桑田、周而复始的动态变化中。借用到修身中，人往高处走，高处不胜寒，水往低处流，海能纳百川，孰是孰非，似乎没有定论。"音声相和"的语义所指，历来歧解颇多，下一段单独解释。"前后相随"，前有车，后有辙；前人栽树，后人乘凉。世界上的事物都是在前后因果中运行着。借用到修身中，唯有首先修正自我，世界的面貌才会发生变化，而世界改变了，也便影响到个人的改变。

对于"音声相和"，有的注者用生活现象予以解读，如宋徽宗在《御注老子》中讲道："声举而响应，故曰音声之相和。"将"音声"理解为声音和回声的关系。有的注者则以音乐现象予以解读，认为五声与八音相配合，则构成悦耳的音乐。在现代汉语中，声即音，音即声，两者成了互训词，似乎很难区分其中的差别。但从《道德经》第二章"音声相和"的表述，以及第四十一章"大音希声"的表述来看，两者肯定是有对立内涵的词组。

在日常应用中，如弦外之音、余音绕梁、音容宛在，这样的语境下，"音"似乎很难用"声"来代替，而如唉声叹气、大声疾呼、鼾声如雷，这种情况下，"声"似乎也很难用"音"来代替。从这些应用中我们似乎可以感受到，音更多强调自内而外的情感的抒发表达，声则强调的是客观可以听到的声响。从某种意义上说，有音必有声，只不过有的时候不能单纯用耳朵去"听"。如庄子教导大家要听天籁之音，但不要用"耳"去听，而是要用"心"去听，进而放弃用"心"去听，而用"炁"去听。此前我对此也是茫然无解，后来感觉到关键是听本身就是凝神聚气的过程，一直保持倾听的状态，则可以将内在之音与外在之声合二为一。据说孔子听韶乐，因沉浸其中而"三月不知肉味"，我想这便是进入老子所讲的"圣人"的境界了。

我现在有个基本的看法，即《道德经》的第一章和《庄子》的第一篇《逍遥游》可以对照着读，而《道德经》的第二章则可和《庄子》的第二篇《齐物论》对照着读。为什么庄子在第二篇提出要"齐物"？原因很简单，物不齐。那世界的万物为什么"不齐"？根源就是我们后天的是非观念。为了说明这个问题，庄子讲了一个"朝三暮四"的故事。"朝三暮四"在现代话语体系中一般指做事常常变卦，反复无常，或者用来比喻花心，想得太多。但在庄子的文本中，"朝三暮四"却有着迥乎不同的含义。话说宋国有一个耍猴人，养着一群猴子，开始的时候还能做到丰衣足食，但随着经济状况的日益不景气，他就想把每天给猴子的栗子数量减少一点，但是又怕猴子不乐意，所以就想出了一则策略。开头他对猴子说："生意越来越差了，为了维持生计，从今天开始，一律按照朝三暮四的标准供应栗子：早上给三颗，晚上给四颗。"猴子听说早上分配的数量减少了，都生气了，强烈反对主人的做法。看到这种情况，主人乘机说，那就朝四暮三，早上给四颗，晚上给三颗吧。猴子们一听大早上就能吃到多的栗子，于是乎手舞足蹈，欣然接受。细细品味一下，正是猴子贪吃短视的本性，导致了前后截然相反的态度。用庄子的评论就是，"名实未亏而喜怒为用"。虽然事物的结果是同样的，但我们却被不同的看法左右着。

从这里我们可以感受到，有许多观念并非我们内在本有的，而是外在社会价值观的植入。所以这里应区分两个概念：差别与分别。"差别"是自然的存在，自然界万事万物，千姿百态，彼此之间千差万别，其差异性是客观存在的，我们应当尊重这种差别。但"分别"则是我们的主观意识心，它习惯于对这个世界进行比较和裁剪，并时时干预我们的生活、情感和决策，驱使着我们为所谓"更好"而不断奔波。通过以上情况的分析，我们不难看出，正是我们后天二元对立的观念，才导致了人生痛苦与灾难的发生。在这种情况下，我们的任务就是要去除这些分别的、后天的观念与意识，返回到我们本初的、先天的状态，所以也就有了修身的由来。下面老子提出了解决问题的办法，"处无为之事，行不言之教，万物作焉而不辞，生而不有，为而不恃，功成而弗居"。不要人为地妨碍天地间生生不息的发展变化规律，具体人生而言，就是以一种无为之心悠然地生活在圆满的世界中。

大象的退却

"是以圣人处无为之事，行不言之教"，按照传世版本，老子话语体系中首次出现了"无为"的表述。对于何谓"无为"，可能存在的误解最多。这里首先解决的问题是"为"的含义。《说文》中将"为"解读为母猴。"为，母猴也。其为禽好爪。爪，母猴象也。"现在学界大多不认同这个解读，究其原因，许慎解读的文字仍然是"为"的小篆字形，而无缘见到甲骨文和金文中的"为"字，所以便把已经讹变的小篆"为"作为分析字形、探求字义的依据。对此，近代罗振玉的考释颇有启发意义，"（为）从爪从象……意古者役象以助劳"，"象为南越大兽……古代则黄河南北亦有之。'为'字从手牵象"，将"为"解读为以手牵着大象。有次去参观河南省博物馆，看到大门口有一组雕塑，雕刻的是一位原始人正在驯化一头大象，当时心里还纳闷，为什么将大象放在省博物馆的门口？后来才了解到，古时中原地区温暖湿润，森林茂密，象群出没。非但如此，古时候大象与人类的生产生活息息相关，人类逐渐将其驯化以帮助人们耕田，搬运货物，作为战骑，从事娱乐表演等，可以想象，三千多年前河南人牵着大象溜象，那场面确实令世人新奇。所以在古人的造字意象中，河南被描述为人牵象之地，后来则衍生出象形字"豫"，之后这片区域被称为"豫州"，而河南的简称"豫"也由此而来。对于此问题，英国学者伊懋可曾有单独的一本书，书名即为《大象的退却———一部中国环境史》，书中绘制了一幅总图，描绘了大象从东北撤到西南的漫长退却之路，借以说明中国古代经济发展和环境变迁的情形。

"象"字在发展演化中，由最初专指大象这种动物，逐渐抽象出来用以表达事物的外表、样子，如天象、气象，后来它进入人类文化深层的精神生活中，成为"抽象"的思维方式。可以这样说，有了抽象的哲学概括，人类的思维便有了大尺度的提升。但事物的发展总是辩证的，在这种哲学提升中，有时思维还会被哲学本身所束缚，这便是后世所讲的"执象而求"。对此，《墨经》的解读更是直接，《墨经》中讲道："为，穷知而悬于欲也。"从这里看，"为"并非后世所理解的做事情，而是一种心理现象和活动，侧重强调利用情感与知识等后天意识进行思维，且常常受制于欲念的心理过程。如果在当代话语体系中找一个词与"为"相匹配的话，我想勉强可以用"意象"来代替，"有为"则是心中"有意象"，且为这种"意象"所控制。当然，这里的"意象"并非一般的文学指代，它所强调的是欲望、愿望、希望或谋虑等内心牵引图示。

从哲学意义上来说，心中任何的意象都是不应当执着的。做到了这一点，也便是做到了"生而不有，为而不恃"。"没有占有的生产、没有自我主张的行为、没有被支配的发展"，这是20世纪哲学家罗素根据当时的翻译，对老子思想的一种概括，也是他认为的西方人类文明冲突的解决之道。所谓的"功成而弗居"，从字面意思来说就是不居功自傲，非但有功之人不可以这样，即使普通人对别人有恩惠，也不可以天天挂在口头上，这样反而使受恩者不舒服，甚至会心生厌恶。从修身的角度来说，所讲的"弗居"则是不停留在或者不执着于某种"意象"。对此，西方有句名言，"人类一思考，上帝就发笑"，其实也是强调不要被后天的思维所左右。现实中的经验也告诉我们，越是对生活理想化的人，似乎越收获不到生活的幸福，你对它有多大的期待，往往等着的就是多大的失望。没有翘首的期盼，心中也便没有所谓的涟漪与冲突，心若止水，岁月静好，由此才能做到长久，我想这是老子"不去"的真实含义。

第三章

> 不尚贤，使民不争；不贵难得之货，使民不为盗；不见可欲，使民心不乱。是以圣人之治，虚其心，实其腹，弱其志，强其骨。常使民无知无欲，使夫智者不敢为也。为无为，则无不治。

二桃杀三士

对于"不尚贤"，明代憨山的解读是，"盖尚贤，好名也。名，争之端也"，可以说直接点出了问题的本质。历史上因争名而发生的惨斗不胜枚举。春秋战国时期，齐国有三位著名的勇士：公孙接、田开疆、古冶子。他们三人武艺高强，勇气盖世，都为国家立下了赫赫战功，但三人自恃武艺高强，有功于国家，非常骄横，不把别的官员放在眼里，即使在齐景公面前也不知收敛。对此当时在齐国执政的晏子忧心忡忡，担心三人今后会祸害国家。有次晏子设局，让齐景公把三位勇士请来，要赏赐他们三位两颗珍贵的桃子，而三个人无法平分两颗桃子，晏子便提出协调办法——三人比功劳，功劳大的就可以取一颗桃。公孙接与田开疆都先报出他们自己的功绩，分别各拿了一个桃子。这时，古冶子认为自己功劳更大，气得拔剑指责前二者，而公孙接与田开疆听到古冶子报出自己的功劳之后，也自觉不如，羞愧之余便将桃子让出并自尽。尽管如此，古冶子却对先前羞辱别人吹捧自己，以及让别人为自己牺牲的丑态感到羞耻，因此也拔剑自刎——就这样，只靠着两颗桃子，晏子兵不血刃地去掉三个威胁，这便是"二桃杀三士"的故事。从这个故事可以看出，正常情况下，桃子是杀不了人的，但大家在乎的往往不是桃子本身，而是桃子背后的名号。日常生活中如果过度关注这些名号，则往往偏离事物本来的意义，便会引起纷扰的争斗。

《老子河上公章句》（简称《河上公章句》）将此章总结为安民第三，认为这章是论述政治管理领域中统治者如何统治民众的，但假如将其推广到养生的领域，其原则同样适用。在中国传统文化中，修身、齐家、治国、平天下是一以贯之的系统，管理好自己的身心与管理好一个国家是同样的道理。正如《抱朴子》中论述的那样："一人之身，一国之象也。胸腹之设，犹宫室也；支体之位，犹郊境也；骨节之分，犹百官也；腠理之间，犹四衢也。神犹君也，血犹臣也，炁犹民也；故至人能治其身，亦如明主能治其国。"所以除了先天因素外，自己的身体好不好，关键是自己的君主做得好不好。

从修身的视角来看，聪明才智谓之"贤"，金玉珠宝谓之"难得之货"。"不尚贤"，便是不崇尚聪明才智，这是内不希慕，"不贵难得之货"，便是不贪恋金玉珠宝，这是外不贪求。"不见可欲"，"可欲"可以理解为美好的期盼，当心中不再浮现值得期盼的东西，那时候才是一种心若止水的状态。记得西方也有一句话，通往地狱之门的道路，是由期望铺成的。无论期望看似多么美好，从本质上说这仅仅是一种变相的自我需求而已。在欲念之心的驱使下，我们可能会有许多不健康的生活方式，比如说我们习惯性地充当"低头族"，习惯性地充当"熬夜族"，习惯性地充当"吃货"，习惯性地充当"宅男""宅女"，于是乎在忙忙碌碌中习惯性地失去了自我，成为一种没有根性的张扬。尽管每天我们看起来很忙，其实仔细地想想，我们想要的很多，真正需要的却很少。现在有个心理学的小实验，假如你的生命只剩下一天，你会做些什么？相信每个人会有不同的答案。但有一点是可以肯定的，这时你会抛开所有的面具、抛开所有的矫情，去体会真实的生命。

生活中的"吸星大法"

从历史的经验来看，中国历史上的清明盛世，无论是汉代的文景之治还是唐代的贞观之治，都同统治者推行黄老思想有着莫大的关系。为了缓解经济匮乏、民生凋敝的局面，汉初的统治者推行了轻徭薄赋、与民休息的政策。在这方面，汉文帝更是以身作则，单就其生活而言，即位23年，宫室、园林、狗马、服饰、车驾等开支，什么都没有增加。自己经常穿着质地粗糙的衣服，即使是他宠爱的慎夫人，也不允许穿长得拖地的衣服。帷帐也不准有彩色花纹图案，以为天下人表率。纵观文帝的一生，虽然没有轰轰烈烈的事迹，但其宽厚仁爱、谦让俭朴的文化品格，演绎为人们心目中理想的明君圣主形象。在唐代，统治者不仅以老子的后人自居，而且将黄老思想上升到国家整体治理思想的高度。唐太宗在总结治国经验时说："故夙夜孜孜，惟欲清净，使天下无事。遂得徭役不兴，年谷丰稔，百姓安乐。夫治国犹如栽树，本根不摇，则枝叶茂荣。君能清净，百姓何得不安乐乎？"以上不难看出，清净无为、宽厚仁爱、谦让俭朴无疑是明君重要的品质，也是盛世社会治理的指导思想。

如果以此来反观我们的生活，我们自己身体内的心君是否也具备这些品质呢？在自我修身中是否也能有这样的指导思想呢？恐怕很难，有的时候我想，在我们体内指挥我们做事的并不是我们的真心，而是我们的欲念之心。假如我们把真心称作真君主的话，那欲念之心就是皇帝身边的小人、奸臣，真心如被欲念之心蒙蔽，则如同小人得志、奸臣当道，明主也便不再圣明，终会沦为昏君、暴君之类。由此看来，无论是政治领域还是修身领域的君主，重要的一点就是当位，也就是真正地能负得起君主的职责，如此百官才能各司其职、各得其所，而身体各部位才能按部就班地在那里自我运行。所以《灵兰秘典论》中说："故主明则下安，以此养生则寿，殁世不殆，以为天下则大昌。主不明则十二官危，使道闭塞而不通，形乃大伤，以此养生则殃。"

从这个角度说，本章"虚其心，实其腹，弱其志，强其骨"，既可以作为一种统治策略，亦可以作为修身的指南。从本质上说，心便是一种相，"虚其心"则是"虚其相"，即将心相化解掉。在练习导引术的过程中，我们的指导教师许涛老师经常教导我们不要"着相"，即使是从形象入手的招式，最后的时候也一定要抛掉它。如太极中"狮子抱球""金鸡独立""野马分鬃"等，都是借助动物的形象来比拟动作，人在练习的过程中要以此演形，但最重要的是在演形中化其精神为吾所用，借天地万物而养其身，所以最终还是要忘掉其形的。对于这种情形，古人将其总结为"得意忘形"。"得意忘形"现在大多形容人高兴得忘乎所以，但其真正的意思是因领悟而契入物我两忘的状态。据《晋书·阮籍传》记载，阮籍"嗜酒能啸，善弹琴。当其得意，忽忘形骸"，"忽忘形骸"也应当是"虚其心"的一种表现。

道家文化历来讲究性命双修，假如把"虚其心"作为调节心理机制的性功，那么"实其腹"则是提升生理机能的命功。何谓"实其腹"？繁体的實，从宀，从贯。宀为房屋，贯为货物，以货物充于屋下则为"實"。所以《说文》中说："实，福也。"具体而言，实在这里有充实、密实之义。那下一个问题，用什么来"实腹"？具体到身体来说，那当然不是货物，从修身的角度来说，那就是"炁"。用"炁"来充实腹部，充实丹田，随着不断地积累，"炁"的质地会发生升华性的变化，这就是"变化气质"。理学家张载讲："为学大益，在自求变化气质。"并且讲到，"变化气质与虚心相表里"，这同老子所说的"虚其心，实其腹"不谋而合。日常我们所说某人气质如何，或者说他气质发生变化，也是这个意思。

"弱其志，强其骨"的义理与"虚其心，实其腹"有相通之处，在此不赘述。当然，任何的方法如果不应用到生活中去，那只能是水中之月，没有实际的效用。这里介绍一种由"虚其心"延伸出来的"吸星大法"，针对夫妻关系处理很有帮助。比如生活中常见到这种现象，夫妻两人吵架，都是你一言我一语，大家互不相让，结果矛盾逐渐升级，等打到一塌糊涂，别人劝架的时候，双方似乎忘了最初为何而吵。仔细观察分析这个过程，可以看出吵架的一方在说每一句话的时候，气都是向外呼的，有的甚至是喷射状，而另一方如果还学他，那必然一声高过一声，最后只能打起来。而假如在对方吵嚷的时候，有意识地控制自己吸一下气，将对方的话化解于无形之中，这时对方会感到如同一拳打在了海绵上，结果再大的气也会消掉，对于这种"吸星大法"，有心者不妨试一试。

内心的法宝

"常使民无知无欲"，"知"通"智"，此前有学者认为"无知"是愚民政策，我想这是大大误解老子了。这里"无知"是消解后天巧诈心智的意思。对此，《庄子》中曾讲述过一个"呆若木鸡"的故事。现在"呆若木鸡"是形容一个人呆头呆脑，几乎成为傻乎乎的代名词，其实这个词在《庄子》中是褒义词，而且用于表达道家的最高境界。据《庄子·达生》记载，齐宣王喜欢斗鸡，所以下令让养鸡士培养"战斗鸡"，过了一段时间，问鸡训好了没有？说还没有，此时鸡还有些虚浮骄躁、自恃意气的成分；过了一段时间再问，说还没有，用庄子的话说，此时的鸡"犹应向景"，翻译为现代语来说就是，对别的鸡的鸣叫和接近仍有反应，这里的"景"为场景之义；过了一段时间，宣王再问同样的问题，回答说此时有些意气强盛，仍未达到炉火纯青的程度。到了最后的阶段，所训练的鸡心神完全收敛，别的鸡一望就被吓跑了。通过这则寓言，庄子阐释了"无知"的真实状态和含义。

同样的道理，"无欲"也不是要消除人的自然本能，而是要消除贪恋的扩张。有一位老婆婆，当然也是一位高人，供养一位出家人独自住在草庵修行，每天派一个小姑娘去给他送饭。一天，小姑娘到了庵中，按照老婆婆的吩咐，突然从背后把出家人抱住。小姑娘问道："现在这个时候，你感觉如何啊？"出家人答道："枯木倚寒岩，三冬无暖气。"如同枯树靠着冰冷的石头，三九天没有一丝热气，出家人回答对此没有任何感觉。回来后小姑娘把原话告诉了老婆婆，老婆婆一听，认为这位出家人没有开悟，于是就把他赶了出去，还把草庵给烧了。后来这位出家人开悟后，又回到老婆婆那里，这次面对同样的考验，出家人答道，"天知，地知，你知，我知"。得知了这种情况，老婆婆很高兴，知道了自己培养出一位高人。所以真正的"无欲"并非要人变成一块木头，而是在自具圆满状态下的安稳与满足。另外，从"欲"字的字源来看，《说文解字注》中讲道："欲从欠者，取慕液之意。从谷者，取虚受之意。"似乎也表示有所不足，故产生欲望，中国古人认为，精足不思淫，气足不思食，神足不思眠，真正的"无知无欲"应是一种幸福满足的感觉和状态。

后面讲到"智者不敢为"，老子这里所谓的"智者"，则是为了达到自身的利益，进而对民众进行洗脑的"聪明人"。如二战前希特勒对于极端民族主义的鼓吹，他的演讲往往能引起收听者巨大的"共鸣"。但透过历史来看，当时所谓的"共鸣"不过是一种情绪的传递而已，深谙此道的希特勒要的就是这种情绪感染的煽动性。希特勒所领导的纳粹党巧妙利用德国人民痛恨《凡尔赛和约》、渴望民族复兴的心理，煽动复仇主义情绪和种族狂热，鼓吹日耳曼人必须以战争"获取生存空间"，要"用德国的剑为德国的犁取得土地"，而最终将德国引入战争的深渊。纵观希特勒一生的行径，也不失为一位"智者"，但这位"智者"在把德国拖入泥潭的同时，也给全世界人民带来了深重的灾难。他们的侵略行径，也将永载史册，为世人所不齿。对于社会中"智者"的角色，老子显示出少有的"威猛"，"而为奇者，吾将得而杀之"，对于那些为奸作恶的人，老子是不姑息的。从修身的角度看，任何的邪恶行为都是从起心动念开始的，一个小小的邪恶想法，往往会蝴蝶效应般地引发巨大的冲突与矛盾。所以防微杜渐，真正在内心做到"为无为"，才是内心平和、长治久安的制胜法宝。

第四章

道冲而用之，或不盈。渊兮，似万物之宗。挫其锐，解其纷，和其光，同其尘。湛兮，似或存，吾不知谁之子，象帝之先。

打碎自我

对于本章首句，不同版本有不同的句读，有的版本表述为"道冲而用之，或不盈"，有的版本则为"道冲，而用之或不盈"。虽然不同的版本有着不同的断法，但其基本的意蕴并无太大变化，问题的关键在对"冲"和"盈"的理解上。关于"冲"字的释义，多数学者将其修订为"盅"，《说文》中说，"盅，器虚也"，这里将道比喻成空虚的容器。现在参观一些道教的寺庙，往往可以看到"冲虚"的字样。"不盈"，就是不向外溢出。有人可能会提出这样的疑问，既然用道了，只能会用之不竭，怎么还是"不盈"呢？对此现代学者高亨云："既言'冲'，又言'不盈'，文意重复，疑'盈'当读为'逞'，'盈''逞'古通用。'逞'，尽也……谓道虚而用之，或不尽也。"他怀疑"盈"为"逞"的通用，逞为尽的意思，所以不逞也就是不尽，此种解读可备一说。

从我的观点来说，首先明确的是，道不是有形的、具象的东西。不像我们吃馒头，用之就是把馒头吃掉。如果顺从这个思路走下去，那就容易陷入机械主义的思维误区。老子这里把道比喻成一个空洞的器皿，"冲而用之"就是将万物接纳虚化，如同水入大海一般，怎么装也装不满，也有些类似于财务会计的冲销，账面到了平衡的状态。所以王弼的解释是："冲而用之，用乃不能穷。满以造实，实来则溢，故冲而用之，又复不盈，其为无穷，亦已极矣。"从这个角度看"道冲"，实际上是不断冲破自己设定的界限，是不断打碎自我的过程。对于修身而言，则是身心一直保持空虚的状态，物来境扰，化而为空，空无所空，则空虚不盈。具体而言，世俗社会潜移默化所形成的一系列生活习惯和固有观念，会根深蒂固地生长在我们的观念世界中，自觉不自觉地影响着我们的思维方式、行为方式和价值判断方式。从这个角度看修身的任务，则是以一颗觉明的心时时观照我们的念头，逐渐消除观念世界的束缚，从而时刻保持一种空灵的状态。

　　说到这里，我想起了全真七子中的马丹阳。马丹阳原名马钰，原本是宁海州（现在烟台市牟平区）的一个富豪，俗称"马半州"，也就是说全宁海一半以上财富都是马钰的，就算以现在的标准来看，也是绝对的土豪。但即使这样一个身价的富翁，在经王重阳点化后，毅然抛却一切而出家修道，其决心不可谓不猛烈。然而他的出家也并非意味着从此一个人可以逍遥自在了。马丹阳出家后，按照全真家风，王重阳要马丹阳回故里大街上去行乞化缘，当然行乞并非目的，而仅仅是炼心的方式。按人之常情来讲，作为一个富翁能抛却荣华富贵而出家，这确实是需要巨大的勇气，而再回到故里，面对儿女、面对亲戚、面对好友在大街上行乞，那的确是不能不顾虑的问题。用马丹阳自己的话说，"不怕撞着儿女相识，只怕撞着亲家"，所以他就以曾经发誓不回乡里为由推脱。在常人看来，这个理由似乎合情合理，但从全真修炼的理念出发，正是合情合理的背后，隐藏着一般人不易觉察的顽固观念。这种观念以羞辱心和荣誉感的面貌出现，不似喝酒好色那样容易辨别，但在道家看来，无论以何种面目出现，作为一种潜在的价值观念，它恰恰正是应当予以消除的世俗顽疾。所以听到马丹阳的理由后，王重阳大怒，对其痛加鞭笞。后来正是王重阳的磨炼淬砺，才渐渐地消除了马丹阳内心深处的固有成见，内心变得谦和中虚，从而真正达到了"或不盈"的状态。

"渊兮，似万物之宗"，"道"是那样深沉，似乎是万物的祖先。对此严复曾说道："此章专形容道体，当玩两'或'字，与两'似'字，方为得之。"从这个"似"字中，似乎还能透露出一点这方面的意味，即我们不断接近对宇宙真相的把握，而对人生真相的追求，似乎永远在路上。有时我们以为我们得到了真相，但过段时间反过来审视心路历程，顿感当时仍在梦中。熟悉欧洲中世纪历史的读者应当知道，在那个时代，大家都信仰上帝，但在上帝和信众之间，教皇成为上帝的代言人。于是乎真正的自然之神上帝逐渐模糊，取而代之的是以教皇为代表的传教士所创造的人为的神。布鲁诺作为当时的科学家，就因为反对地心说，被罗马教廷活活烧死。毫无人性的制度与吃人的老虎无异，所以中国古代有句话——"苛政猛于虎"。教廷比老虎还可怕，篡改教义，曲解圣经，把宗教解释权紧紧抓在手里，在这种情况下，大家不得不去畏惧这个"似万物之宗"的人造神了。除了自然信仰敬畏之外，又多了一个人为的敬畏的对象，或者说，又多了一层后天枷锁。而如何才能不断打碎这层枷锁？这就牵扯到下面所说的"挫其锐，解其纷"了。

和光同尘

"挫其锐，解其纷，和其光，同其尘。"这句话在《道德经》中共出现过两次，一次是在本章，另一次是在第五十六章，所以有学者怀疑这可能是这句话在本章出现错简的缘故。但目前我们看到的帛书甲乙本在本章均有这句话的表述，如果这种推测是正确的话，那说明至少在西汉的时候已经出现了错简的现象。"挫其锐，解其纷，和其光，同其尘"是一种处理自己与社会关系的策略与态度，后世的修炼者更是将后两句浓缩为"和光同尘"，并以此作为自己的座右铭。从这种视角来看，这句话侧重讲的是处世之道。有时候发现特别好玩，庄子的《人间世》属于内篇第四篇，同样阐述的是处世的人生哲学，与《道德经》的第四章有异曲同工之妙，所以在这一点上不得不佩服庄子是解老的高手。

从历史的经验看，在未出道之前，修炼者往往展示一种混迹世间的姿态。他们同社会之间似乎保持着一种若即若离的关系，既没有选择跑到深山中独善其身，也没有亦步亦趋地完全遵守世俗的规则，在两者关系的处理上可谓保持着"和光同尘"的姿态与原则。如禅宗六祖慧能，在五祖弘忍大师传法之后，并没有立即出来弘法，而是过起了一种隐遁流离的生活，《六祖坛经》（简称《坛经》）记载，"凡经一十五载。时与猎人随宜说法。猎人常令守网，每见生命，尽放之。每至饭时，以菜寄煮肉锅。或问，则对曰：但吃肉边菜"。《坛经》对他的这十五年记载少之又少，所以研究者很容易忽略这段时期，在这段时期中，慧能混迹在猎人当中，他为什么不出来弘法？他的修行有哪些进步？他的境界又有了哪些提升？我想这些都是值得关注并思考的问题。

我认为，这段时期是慧能将理论与实践切实结合的时期。假如说经过五祖弘忍的传授与验证，在离开黄梅东禅寺之前，慧能达到了解悟的程度，那么离开东禅寺之后，一直到出来弘法，则是慧能大师人生的证悟阶段，他要把悟到的佛法一点一滴地践行到身心的实证上去。而从道家的观点来看，前一阶段是修性阶段，后一阶段则是修命阶段。如果忽略了这一时期，也便是忽略了修行的另一只脚。有的时候我在思考，佛家常说"明心见性，见性成佛"，见性之后的任务是什么？是否就可以一劳永逸地啥都不干了？从慧能大师的修法经历来看，没有这段时间的沉淀和磨炼，慧能后来的成功是无法想象的。所谓"见性"似乎是万里长征的第一步，此后还有更为艰巨的任务去克服。

此点从全真七子中丘处机的经历也可看出些许端倪。丘处机早年隐居在磻溪六年，"日乞一食，行则一蓑"。穴居之地连瓢碗也无，后来又到龙门七年，生活状况一如磻溪。在全真看来，内修心性、外修真功，这才是全真的本来含义。即使自诩心性修养到无念的程度，假如遇到外境一变而心慌意乱，这还是没有达到"全真"的程度，所以还需创设诸多场景来磨炼身心。如丘处机出门乞食，对于一高道来说，已经是需要超越诸多顾虑的事情了，有时还会遇到看门的恶犬，历来狗眼看人低，其情形可想而知。一般人遇到这种情况，未免有畏难退缩、伤感失落之感，而在这位高道眼中，一切又换了一种韵味。《磻溪集》单独有首诗描述了乞食的情形："日奚为？信腾腾绕村，觅饭充饥。拦门饿犬，撑突走跳如飞。张牙怒目，待操心、活龈人皮。是则是教你看家，宁分善恶，不辨高低。"行乞的过程中，遇到凶巴巴的看门狗非但不是修行的障碍，而是自身成长的机缘。这种历练可以退去自身刚躁的锐气，亦可以摆脱纷扰价值观的侵扰，从而为真正的修身奠定基础。

"湛兮，似或存"，通俗的翻译为："道"是虚无的，但似乎又是存在的。这样的翻译不能为错，但给人的印象似乎是，道体就是外在的客体，同我之主体是对立的。从修身的角度来说，这句话倒不如理解为：在做人做事中达到忘我的程度，自己融入周围的一切，我好像消失了，而仔细回头反观，自己似乎还是存在的。这一点庄周梦蝶似乎是个活生生的例子，针对网友对"庄周梦蝶"的提问，霍金的回答是："我们如何知道我们是生活在梦里还是真实存在？——是的，我们不知道，也许也无法知道！这个问题至少要等到我们开始深刻地了解意识和宇宙时才可知。我们必须要孜孜不倦地探索关于存在的基本命题，只有这样，我们也许才会知道蝴蝶（或宇宙）是真实存在，还是只存在于我们的梦里。"是的，这似乎是人类永恒的话题，如果以目前的心智还不足以完全解答这个问题，不如留一个美好的意象在心间，在时光的长河中慢慢去品味，慢慢去解读。

第五章

天地不仁，以万物为刍狗，圣人不仁，以百姓为刍狗。天地之间，其犹橐籥乎？虚而不屈，动而愈出。多言数穷，不如守中。

天地的"超道德"

在本章中，老子继续进行宇宙真相的探讨，提出天地是不仁的，是"无情的"，正如毛泽东主席诗句所言："天若有情天亦老，人间正道是沧桑。"下面老子以刍狗为例来论证天地不仁的道理。刍狗即祭祀用的以草扎成的狗，在祭祀之前刍狗很受人们的重视，还给它装扮华丽的纹饰，但用过以后即被丢弃，甚至还会被烧掉。因为它随祭祀而来，功能使命完成了，自然也随祭祀而去。以此为逻辑起点，老子转入对人生社会道德的探讨，提出圣人应当效法天地，任由万物的自然生灭，应当具有超越世俗道德的"道德"，即圣人应当"不仁"。在这里需要说明的是，许多人抓住这一点，认为老子是反对儒家的。其实老子并非反对儒家的仁义，在这个语境下，"仁"更多指的是不明宇宙真相的、虚妄的、人为的虚情假意，并非儒家所言的真性真情所流露的仁。而且退一万步讲，即使老子反对儒家的话，那也是反对的假儒、腐儒。因为中国文化是一以贯之的文化系统，真正的儒家老子是不反对的，而且两者还是相得益彰的朋友。

对于这种超越世俗意义的道德，或者说天地运行所禀赋的道德，老子在后面的章节称之为"玄德"。三国刘备字玄德，也是用的老子这个称谓。因行文需要，"玄德"的具体内涵阐释暂且不予展开，这里只谈一下结论性的观点。"玄德"描述的是自然无为的德性，它超越一般道德层面的"德行"，而并非一般意义所理解的一味地疼爱呵护，因为那只是人类一厢情愿的感情投射。以人们对死亡的态度为例，从一般人的心理出发，都希望长命百岁，而对于死亡采取一种厌恶的态度，即所谓好生恶死。但在道家看来，死并不是结束，而是生的一部分，从生到死没有绝对的距离，生和死只是一枚硬币的两个面，所以正确的态度是接受死亡，"善待"死亡。"使生如夏花之绚烂，死如秋叶之静美"，这是印度诗人泰戈尔的一句名言，我想，仔细地品味这句话，也可以好好地悟出老子"玄德"的含义。

日常生活中，一个小孩摔倒了，有的家长赶紧跑过去把孩子抱起来，有的则是让孩子慢慢自己爬起来，你说哪种家长更爱孩子？从某种意义上说，还是后一种家长更值得提倡，他的着眼点是孩子人格的独立和完善。由此推而广之，对一个人事事包办，那并非真正意义上的疼爱。记得我们村的老书记，家中老母将近90岁，因为农村住的是平房，厕所都在院子里，冬天冷的时候一般都把尿桶拿到屋子里。家人都想老人都这么大岁数了，还是帮她每天拿尿桶吧，但我们这位老书记不同意，坚持还是让母亲自己提。大家都知道书记是位孝子，肯定不是不愿尽孝，这其中另有原因。这位书记有自己的观点，老人只要能自己活动，尽量还是让她做些力所能及的事情，如果所有的事情都帮她管了，一方面老人得不到劳动锻炼，另一方面心理上会感到自己成了无用之人，会产生很强的失落感。所以表面上的"无情"，却是更高层次的孝道。

橐籥式的呼吸

"天地之间，其犹橐籥乎？"按照传统的解释，"橐籥"即古代的风箱。元代理学家吴澄讲道："橐籥，冶铸所用，嘘风炽火之器也。为函以周罩于外者，'橐'也；为辖以鼓扇于内者，'籥'也。天地间犹橐籥者，橐象太虚，包含周遍之体；籥象元气，氤氲流行之用。"这里吴澄以太虚和元气来解读橐籥，并用体用学说来分别橐籥。天地既然是橐籥，而人体是微观的天地，那么两者肯定存在着相通的地方，按照道家修炼的观点，人体也是一张一合的橐籥。天地之气不顺，则会变为灾祸，人身之气不和，则会酿成疾病。所以要想保持健康和顺，应在人体气机和顺方面下功夫。故在锻炼的过程中，后世许多养生家提出了"炁宜鼓荡"的命题，我想这也是老子"橐籥"理论的启发。

对于"橐籥"理论背后的呼吸作用，佛家同样高度重视。据《四十二章经》记载，佛陀有次问弟子，人的生命有几何？第一个弟子回答"数日之间"，佛陀认为他没有理解生命的真正含义；第二个弟子回答"饮食之间"，佛陀认为他还是没有理解生命的真正含义；第三个弟子回答"呼吸之间"，佛陀很高兴，认为他才真正理解了生命的精髓。从以上故事我们可以看出，第一个弟子从时间的角度论述了生命的长度，仅仅触及生命的含义的边际；第二个弟子的回答深入了一步，从人体与外界物质交换的角度论述了生命，虽然生命离不开通过饮食与外界交换物质，但这不是生命的全部，更不是生命的内涵，所以佛陀也否定了他的回答；第三个弟子从能量交换的角度论述了生命，可以说触及了生命的本质。关于这方面，当代李谨伯先生有专著《呼吸之间》，值得现代人一读。

在传统的修身经典中，把人的呼吸分成四种类型，分别是风相、喘相、气相和息相。而每一种呼吸类型似乎同呼吸的部位的深浅有着莫大的关系，具体而言，我们可以将其划分为喉呼吸、胸呼吸、腹呼吸和体呼吸，不同深浅的呼吸体位，可以对应上面的呼吸之相。日常的经验告诉我们，身体越健康，呼吸的部位越深。我们看新生儿，呼吸时囟门一开一合，仍然保留着体呼吸的印记。随着年龄增长，我们的呼吸越来越浅，而到了临终之际，气似乎就在喉咙，只有出的气，没有入的气，那就表明快到了"神气皆去，形骸独居"的境地了。

所以，日常生活中我们可以有意地增加一点呼吸的训练，尝试着在清净一点的地方多进行一些腹式呼吸。这不但有利于自身的新陈代谢，而且通过呼吸的运动，让我们的五脏六腑做些"体操"。这一点在拳术领域也有相应的体现。中国的拳术不是简单的肢体动作，它的最大的特点是肢体的运动一定有呼吸的配合，到了拳术的高级阶段，则更多地强调内气的升降出入，以至于发展到最后，拳师们总结为，"开合虚实，即为拳经"，"一开一合，足尽拳术之妙"。实在讲，三教修持，皆从呼吸入手。《参同契》开头六句云，"乾坤者，易之门户，众卦之父母。坎离匡廓，运毂正轴，牝牡四卦，以为橐籥"，更是将橐籥理论应用到更高的丹道修炼中。

守中的智慧

从修身角度看，此章可分三个部分，如果说第一部分为言性，第二部分为言命，那第三部分则为言性命双修之法——守中。"多言数穷"，从政治管理的角度看，"多言"指的是法令繁杂，而从修身的角度看，则是发表了过多的言论。《河上公章句》中解释说："多事害神，多言害身，口开舌举，必有祸患。"发展到后世，一些修炼家就认为，说话最伤元气，且易招惹是非，所以就有了"开口神气散，意动火工寒"的训诫。《西游记》中有一幕，孙悟空学会了三灾变化之法，在众师兄弟面前卖弄，结果嚷闹之声惊动了师父，师父嫌他们大声喧哗，不像修行人的体统，并借机将悟空赶走。虽然这并非赶走悟空的主因，但修行人对说话的重视程度可见一斑。

言者，心声也，说话就是表达心中的观点，有观点就有是非的对立。正如庄子所言，"自我观之，仁义之端，是非之涂，樊然淆乱。吾恶能知其辩"。整体的主旨为：仁义的端绪，是与非的途径，都是纷杂错乱的，并没有一个预定的标准，所以若不是教化的方便，古来的圣人都是想要"不语"的。孔子说"予欲无言"，老子讲"道可道，非常道"，孟子所言"予岂好辩哉？予不得已也"。主张面对纷繁的环境，默默并渐次消除心中是非的生发，并进而达到无知无欲的最高境界。

在日常修身中，达到这样的生命体验固然不容易，但保持这样的体验会更难。许多根深蒂固的负面信息已经植入并固化在我们的细胞、血液和神经系统中，修身的过程也就是长期不断清理的曲折过程。在《大宗师》中，庄子借女偊的口谈到自己的闻道过程："三日后而能外天下；已外天下矣，吾又守之，七日，而后能外物；已外物矣，吾又守之，九日，而后能外生；已外生矣，而后能朝彻；朝彻，而后能见独。"在解释之前，首先声明一点，这里的三日也好，九日也罢，并非实指的三天或者九天，而是虚数的指代，实际这个过程也可能需要三年、九年甚至更长的时间。这句话的意思是，（通过修炼）三天后就能忘却了外部世界的变化，对于花边新闻、娱乐资讯肯定是不管不问了；继续保持这种状态，九天后物质诱惑不会再困扰人了，外物不会驾驭在人性之上了；继续保持这种状态，就会参透生死，将生死置之度外，然后就会达到清明洞彻，最终进入绝对无待的哲学本体了。

第六章

谷神不死，是谓玄牝。玄牝之门，是谓天地根。绵绵若存，用之不勤。

先"修"后"养"

现在大多数注家将"谷"解释为山谷，引申出虚空之义，如大家常说的"虚怀若谷"。"谷神"由此引申为虚空之神，按照王弼的解读，"谷神"是万物产生的总根源。他在解读本句时说，"谷神，谷中央无谷也。无形无影，无逆无违，处卑不动，守静不衰，谷以之成而不见其形，此至物也"。假借山谷的空无，提炼出道的虚无精神，并将"谷神"当作道的代名词，这种观点现已成为学界普遍的解读。

现代汉语中，谷是一个多音多义字。除了山谷之义外，它还有另外一个意思，即稻谷的谷，并由此延伸出赡养、长养的含义。如《诗·小雅·甫田》中说："以谷我士女。"《河上公章句》将"谷"理解为养，认为人如果能做到养神，则可以不死。作为第一本完整注释《道德经》的著作，《河上公章句》保留了古本之风，不过在后来流传过程中被更换了面目。如帛书《老子》甲乙本"谷神"表述为"浴神"，唐人陆德明所见《河上》本也作"浴神"。陆氏注曰:"'谷',《河上》本作'浴',云:'浴,养也'。""浴"从字面上讲是冲洗身体的意思,浴神则是给神洗澡、冲洗神灵,有更新、浴养神灵之义,与养神相通。无论是解读为空也好,解读为养也罢,从本质上两者各有千秋,互有长短。假如从养生学的角度来阐释老子,我们更倾向于采纳养神的解释。

说到养神,先秦时期经常有种说法,叫作"形神共养",后来到了宋明时期,大家经常说"性命双修"。在实际的内容指代上,"性命"与"形神"是两个可以相通,而且是可以统一的概念。而对于"养"和"修",前者有供养、滋养、保养身心的含义,相较于"修"的状态,"养"可能更加悠闲、惬意和自在。此前我经常思考一个问题,从"养"到"修",这种词语流变的背后反映了什么?虽然在研究者看来,后世的"性命双修"理论非常完整,方法也相当丰富,可以说达到了极其精微的程度。但我想还有一个根本性的问题没有点出,为什么要讲究"修"?正是心念、语言、行为有偏差之处,所以需要修正过来,这也是所谓"修行"的根本意义,如果没有偏差之处,也便不存在所谓的"修"。从哲学意义上来说,后天状态需"修",先天状态则要"养","无修之修"才是最高的境界。所以从用词的变迁中,我们可以感受到时代精神面貌的变化。日常我们经常说"修养",从现在这个话题看,真正的"修养"应当是一种从"修"到"养"的过程。

身体的本钱

既然养神不死在于"玄牝",那么"玄牝"又是什么?《河上公章句》解释道:"玄,天也,于人为鼻;牝,地也,于人为口。天食人以五气,从鼻入,藏于心,五气清微为精神聪明,音声五性,其鬼曰魂。魂者,雄也,主出入于人鼻,与天通,故鼻为玄也。地食人以五味,从口入,藏于胃,五性（疑为五味，与第一部分五气相对）浊辱，为形骸骨肉，血脉六情，其鬼曰魄。魄者，雌也，主出入于人口，与地通，故口为牝也。"将玄牝解读为口鼻，这多少反映了汉代哲学朴实的特点。对于这种观点，后世的许多修炼家提出了否定的意见。北宋经典《悟真篇》提出："玄牝之门世罕知，休将口鼻妄施为。"查阅历代对"玄牝"的解读，除了《河上公章句》的观点外，有解释为"天地"的，有解释为"真空妙有"的，更多的则解释为"玄关一窍"，不一而足。

对于何谓"玄"，我们在首章进行过探讨。对于"牝"，大多都将其解读为雌性的生殖器，泛指万物的生长之处。而我认为，"玄牝"不但生育万物，更重要的是长养万物，如果仅仅指代母性生殖器，则不能包含养的含义。所以在这里"玄牝"指的是母性所提供一切有生命力的能量，具体到人体修炼而言，则是指代可以为"天下母"的"先天祖炁"。日常我们经常听到，身体是革命的本钱，那么一个问题出来了，什么又是身体的本钱呢？从道家的观点来看，那就是生养万物的"玄牝"。作为宇宙的产物，我们每时每刻都在获取着这种能量，接受着天地的哺育。苏辙在《老子解》中谈道："谓之玄牝，言其功也。牝生万物，而谓之玄焉，言见其生而不见其所以生也。"即"玄牝"生育了万物，但这个过程却看不到丝毫的痕迹。

在这里我想应区分两个概念，"玄牝"与"玄牝之门"，前者我们姑且称之为一种宇宙能量，后者则是能量出入的通道。所以从这里可以看出，口鼻不是"玄牝"，而应当是"玄牝之门"。作为人体与外界物质能量交换的主通道，口与鼻的作用不容小觑。因为口吃东西能看得见，摸得着。对于一般人而言，"人是铁，饭是钢，一顿不吃饿得慌"，所以对吃什么、怎么吃甚是讲究，于是发展出洋洋大观的"吃文化"。而对鼻子呼吸而言，谁都知道不呼吸人就要憋死，但大家觉得全世界满满的都是空气，好像最不缺、最廉价的就是它了，于是乎很少有人在意自己是怎么呼吸的。因此"呼吸文化"与"吃文化"相比，自然是小巫见大巫了，所以自古至今也就在小众中传播，没有形成普遍的社会关注。

要想了解与鼻相关的呼吸文化，我们还是从咬文嚼字开始。首先看呼吸的器官——鼻。鼻的甲骨文写法为"自"，和自己的"自"相同，后来"自"字做了人称代词了。为了区别这两个字，古人另造了一个形声字代替，在"自"字下加了一个声符"畀"，就出现了一个新字"鼻"。从此，"自"和"鼻"就有了不同的分工。鼻作为五官之首，我们有"鼻祖"的说法。在一些地方方言中，称某人有钱，常说"某某家里的钱老鼻子了"，又引申出多的意思。婴儿在母腹中时，靠脐带连着母体进行呼吸，一旦离开母腹，脐带断开，就开始依靠鼻子呼吸，所以鼻子成为婴儿发育中最后起作用的器官。而鼻子一旦就位，也就标志着人由先天状态转到了后天状态。同样的道理，如果修行者想返回到婴儿的先天状态，也应从与鼻相关的呼吸调整入手，以此来接受天地间的能量。老子下面说到，"玄牝之门，是谓天地根"，正是以口鼻为代表的通道，才是人体扎在天地间的根脉，是人获取源源不断能量的门户。

"老子学"的魅力

说到"绵绵若存，用之不勤"，这里还有一个故事。全真七子的丘处机在晚年时候，曾给弟子讲了自己年轻时的亲身经历。当时正值王重阳来到宁海州的马丹阳家，众人闻王重阳之名，纷纷投其门下学道，丘处机就是其中的一位。因当时丘处机年龄较小，所以入门时还是做一些洒扫应对的杂事。有次他不经意间推门而入，听到王重阳在给马丹阳讲解"绵绵若存，用之不勤"章节，看到丘处机进去后，王重阳故意停了下来。当时丘处机还以为是老师给马丹阳开小灶，对于还未正式入门的弟子故意保留。后来他到了晚年回忆这件事的时候，才恍然明白老师并非刻意保留秘诀，而是当时自己还未达到相应的层次，如果盲目下手进行丹道调气的功夫，那是会留下隐患的。具体丹道的修炼我们不得而知，但道家对这句话的重视程度从这个故事中可见一斑。

"绵绵若存"中绵绵两词相叠，描述能量无形无相，连绵不绝，似有若无，这在传统的解释中无太大异议，而对于何者为"存"，这是一个非常值得探讨的问题。历来各家对"存"字的字形分析分歧较大，现代语境下"存"主要是存在的意思。在小篆中"存"写作"㤀"。按照《说文》的解释，"存，恤问也"，在部件结构上左边为"才"（或者为"在"，"在"和"才"在甲骨文中同形），右边的"子"为幼儿状，整个字义为呵护后代的意思。到了清代段玉裁作《说文解字注》的时候，感慨"今人于'在''存'字皆不得其本义"。也就是说到了清代，"存"字"恤问"的本义已经丧失了。如果按照存在的含义翻译这句话，"绵绵若存"则翻译为：大道连绵不绝而永恒存在。虽不能说这样翻译为错，但将古人造字的哲学意蕴给翻译掉了。

从"存"字恤问、存问的本义出发，"绵绵若存"更多的是指代一种状态和诀窍，借用到修身中，则是指本体意识时时观照存问自我意识。《周易·系辞》也讲道，"成性存存，道义之门"，这里的"存存"有不断观照、存问自我意识的意思，也蕴含着尺度的把握问题。孟子在论述养浩然之气中说道："必有事焉而勿正，心勿忘，勿助长也。"在具体做事时保持平和的心态，心中不要有过分的期盼，不可或忘，亦不可太过于着意。关于把握尺度的问题，记得早年有位老者给我举了个通俗的例子，他说这如同农村中邻居去外地办事，走之前嘱咐帮着看家，有情况告诉他。邻居走了之后，自己在家里干活的同时，还留意着邻居家的动静。将这种似有似无的状态推而广之，你就知道如何把握修身的尺度了。

在具体的操作层面，后世多将这句话和具体的呼吸吐纳修炼结合起来，形成了蔚为壮观的道家方术。如宋代有一部有名的类书，名字为《太平御览》，书中辑录各种资料，并按门类等编排以备查检，其中便有单独的方术部。从信息角度来看，此类书即为古人的"数据库"。本书原为《太平总类》，据说书成之后，宋太宗每天看三卷，一岁而读周，所以又更名为《太平御览》。上大学的时候，老师为了训练大家查询资料的能力，规定每人在《太平御览》中选取自己有兴趣的东西，所以至今对此书记忆犹新。如在呼吸吐纳方面，具体方法而言，《太平御览》中记载："每至旦，面向午，展两手于膝之上，徐徐按捺百节，口吐浊气，鼻引清气，所以吐故纳新……承气之时，意想太平元气，下入毛际，流于五脏，四肢绵受其润，如山纳云，如地受泽，面色光涣，耳目聪明，饮食有味，气力倍加，诸疾去矣。"对此，苏东坡在介绍自己的养生方法中也谈道："视鼻端白，数出入息，绵绵若存，用之不勤，数至数百，此心寂然，此身兀然，与虚空等，不烦禁制，自然不动。数至数千……"老子文化的影响力可见一斑。

"用之不勤"中"勤"则有不同的解读。于省吾《老子新证》一书解释为："勤"应读作"觐"。古代铜器铭文中，"勤""觐"都写作"堇"。"觐"，即"见"的意思，道虽然"绵绵若存"，而用之不可见。这种说法，等于对"若存"的进一步说明。据《淮南子·主术训》"力勤才匮"的解释，"勤"即"尽"，认为"道"的用是无穷无尽的。《河上公章句》则解释道："用气当宽舒，不当急疾勤劳也。"正如庖丁所用的刀，以无厚入有间，游刃有余，用完了就保养入鞘，由此宝刀才能生命之光常亮。对于以上的三种解释，自是仁者见仁，智者见智，似乎没有高下优劣之分，读者尽可自行研判与解读。所以有的时候感觉到，正是对老子文本这种见仁见智的解读，才构成了源远流长、丰富多彩、充满生机的老子学，而这也是两千多年来老子的魅力所在！

第七章

天长地久，天地所以能长且久者，以其不自生，故能长生。是以
圣人后其身而身先，外其身而身存。非以其无私邪？故能成其私。

鼻祖的诞生

本章从整体看，首先论述了天地长生的现象与原因，然后由天推人，提出圣人应当效法天地的这种精神，做到"后其身"和"外其身"，最终论述这样的结论，以其无私而能成其私。此章老子首先提出了大家应效法的榜样——天地，后世的"以天地为师"也是这个意思。天地有什么样的特性呢？老子给他定义为天长地久，意思是天和地可以做到持久地存在，后来这种寓意大多借用在爱情方面。现在大街小巷的婚纱摄影，爱用"天荒地老"这样的店名来寓意爱情持久美满。正如古诗《上邪》描述的那样，"冬雷震震，夏雨雪，天地合，乃敢与君绝"，用反面的抒情方式来表达追求爱情长久。关于天地这方面的品德，毛主席诗云，"天若有情天亦老，人间正道是沧桑"，也就是说天地有偏私的话，天地就不会长久地存在了，推陈出新，将传统的情感表达诗句上升为哲理性的历史总结。

接下来老子又开始探究这种现象背后的原因——不自生，即不求自我

的生存。那什么是自我呢？东汉许慎《说文》一书中说："自，鼻也，象鼻形。"也就是说，"自"是一个象形字，其本义就是指鼻子。日常生活中有种现象，人们说到自己的时候，常常指着自己的鼻子，而把远古的祖先称为鼻祖。按照通常的解释，说凡人怀胎，鼻先受形，故称始祖为鼻祖。后来我对这种说法有了新的认知。2013年的时候，在我的老家发现了一本老家谱，编纂的最后年代是宣统年间，屈指算来也有一百多年的历史了。因为要续修，在编纂的过程中我发现一个词，叫作"耳孙"，一开始我以为这是家谱用的别字，应该为儿孙，后来上网一查，原来真有这个词。按照一般的说法，自己上下各九代，共十九代：鼻祖，远祖，太祖，烈祖，天祖，高祖，曾祖，祖父，父亲，自己，儿子，孙子，曾孙，玄孙，来孙，晜孙，仍孙，云孙，耳孙。到了后代耳孙泛指远代子孙。有的时候我就想，同样是生长在脑袋上的五官，为什么做"官"的差距这么大呢？让鼻子当老子的老子，而让耳朵当孙子的孙子。对此，一般解释认为，儿孙对于年代很久远的祖先而言，对祖先只能有所耳闻了，所以此时只能称之为耳孙了。这里我想从养生学角度阐释一下，那就是鼻子处于头部中央，位置中正，而且鼻气通肺，肺是婴儿出生前最后发育成熟的器官。按照道家的说法，婴儿从母腹出来后的啼哭，代表着人从先前胎息的状态转为后天肺呼吸的状态，标志着一个真正独立生命个体的诞生，所以鼻祖一词当之无愧。而耳朵除了位置处于头部的两翼外，古人认为肾开窍于耳，故耳大是肾气健的体征，是子孙后代繁荣昌盛的象征，所以用耳朵代表子孙也便不屈耳朵了。

　　言归正传，有了"自"的产生，也便有了条件，有了边界，我们经常说"这个人很自我"，其实这里应当是两个词，先有自，后有我。关于"我"，《说文》中谈道："从戈从禾，禾或说古垂字。一曰古杀字。"这个字旁在许慎时代已经说不清了，但有一点可以肯定，"从戈者，取戈自持也"。戈在古代是一种兵器，用在这里代表手持兵器，时刻保护自己，这在一个侧面把自我意识表达得淋漓尽致。而天地"不自生"，按照刘一明《道德经会义》的解释，"天无言而四时成，当春则春，当夏则夏，当秋则秋，当冬则冬，顺其时耳。地无心而万物成，当生则生，当长则长，当收则收，当藏则藏，顺其物耳"。《礼记》也记载："天无私覆，地无私载，日月无私照。"意思是天地万物都是无私的。换句话说，天地没有"我"的概念。

痀偻承蜩

既然天地给我们树立了榜样，那我们就应当效法天地，从而把人道的事情做好。在这种情况下，作为人道的代表，圣人是怎么做的呢？圣人是"后其身"，"外其身"，从社会角度来看，圣人在处世中先人后己，反而能赢得尊敬，将自己置之度外，反而能保全性命。生活的经验也告诉我们，真正舍弃一些，会得到更多，如果整个都舍弃了，你会得到整个世界。这种说法在道理上可以说通，在现实中也可以找到相应的例证，这里不再赘述。

下面我们直接从修身的角度阐释一下这句话的含义。按照现代心理学的认识，自我意识并非与生俱来，七八个月大的婴儿开始意识到自己的身体，听到自己的名字会做出反应。从掌握第一人称"我"开始，我的玩具、我的成绩、我的工作、我的工资、我的职称、我的恋人、我的家人，一直到生命体消失，由无数个"我的"组成的体系在支撑着我成为"我"。而在老子看来，这个"我"是需要消除的，老子在《道德经》第六十五章说道："古之善为道者，非以明民，将以愚之。"历来对这一句的解读存在很大争议，认为这是老子典型的愚民政策。其实从修身的角度来说，这里的"民"应当是因身体存在而产生的后天自我意识。对待后天自我意识的态度，不是进一步强化它使得我们变得更加所谓的"聪明"，而是逐渐驯服它，使它返回到如婴儿般的质朴若愚的状态。

具体字义方面，"后"有推迟、放缓、降低的意思，同时还有摒弃、排除之意，如《汉书·卷五十一·邹阳传》所述："愿大王察玉人、李斯之意，而后楚王、胡亥之听。""先"有先前、先代的意思，再推进一步，有根本的、首要的意思，如先天、先务等。"后其身而身先"，从修身角度讲，第一个身是自我意识和欲望的代表符号，具体而言，即摒除后天的意识和欲望，从而使得身体处于先天的自然状态。具体在践行的过程中，能将自身链接到做事情本身，而不要被后天意识自编自导的剧情所左右，那就是一种高超的境界了。如老板吩咐做一件事情，最好是安心去做就好了，如果总是琢磨老板的用意是什么，做好这件事情会有什么奖励，做不好又有什么后果，老是被这些想法所包围，那这件事情百分之九十是做不好的。

说到做事情的高超境界，庄子在《达生》篇中讲到了一个疴偻承蜩的故事。疴偻即驼背的意思，承蜩即现在所说的用竿子粘蝉。拿一根竹竿，用面粉洗出一块面筋，放在竹竿顶端，因为蝉对自身后面一般看不见，所以悄悄地靠近，粘住蝉的翅膀，这样就可以抓住蝉了。故事中，孔子看到一位承蜩老者粘蝉手法十分娴熟，如同在地上捡蝉一样轻而易举，就问他怎样才能达到这样的程度。这位老人说自己确实有自己的一套训练方法，如果能够在竹竿的顶上放两枚球而不让球掉下来，粘的时候蝉就很少能够逃脱；如果放三枚掉不下来，十只知了就只能逃脱一只；如果放五枚掉不下来，粘蝉就像用手拾东西那么容易了。现在我粘蝉的时候，尽管身边天地广阔无边，世间万物五光十色，而我的眼睛里只有蝉的翅膀，外界的东西都不能分散我的注意力，这种情况下哪能粘不到蝉呢？所以孔子非常感慨，做任何事情如能专心致志，本领就可以练到出神入化的境地，如果用这种精神来指导修身，我想肯定也能收获一个完美的人生。

老子的"自私"

"外其身而身存"，天地不仅生人，而且生出万物，从严格意义上说，人和万物是平等的关系，但许多时候我们放不下那种所谓的尊严，总是将自己置身于万物之上，认为人要高于万物，以万物之长自居。但在真正的有道者眼中，人和万物之间应当是一母同胞的关系。孟子曾说过，"老吾老以及人之老，幼吾幼以及人之幼"，这是人类一种同情心的推演，宋代理学家张载亦有句名言，"民吾同胞，物吾与也"，意思是百姓都是我的同胞，万物都是我的同类。"与"在这里当作名词来看，有同类的意思。后来的王阳明说，我们要把天地万物都当成自己身体和心灵的一部分，以这种观念观照，也就无所谓得失、人我甚至生死了。俄罗斯文学家陀思妥耶夫斯基也说过，谁能把生死置之度外，他就会成为新人。谁能战胜痛苦和恐惧，他自己就能成为上帝。

记得季羡林老先生有篇散文《槐花》，记述了外国朋友瞪大眼睛看槐花的场景，本来路边槐花有的是，但因为太熟悉了反而对它们熟视无睹，假如用新的眼光去看世界，那境地自然不一样。老先生在文中写道："我想自己先试一试看，果然有了神奇的效果。我现在再走过荷塘看到槐花，努力在自己的心中制造出第一次见到的幻想，我不再熟视无睹，而是尽情地欣赏。槐花也仿佛是得到了知己，大大小小、高高低低的洋槐，似乎在喃喃自语，又对我讲话。周围的山石树木，仿佛一下子活了起来，一片生机，融融氤氲。荷塘里的绿水仿佛更绿了；槐树上的白花仿佛更白了；人家篱笆里开的红花仿佛更红了。风吹，鸟鸣，都洋溢着无限生气，一切眼前的东西联在一起，汇成了宇宙的大欢畅。"假如打破自我的壁垒，与世界做一个有效的链接，在这种状态下，虽然不一定能多么逍遥自在，但至少这个人是不会寂寞的。

"非以其无私邪？故能成其私。"老子这里的"私"又是什么呢？如果从修身的角度来理解这句话，就牵扯到道家的修炼理念了。在道家看来，普通人很执着于自己的身体，供给它好吃的、好穿的、好玩的，可以说一切以它为中心，将它放在最优先的位置，不愿意让它受一点委屈，可结果往往事与愿违。许多人因厚养过头而适得其反，将自己的身体过早地丢掉了。说到这个话题，想起了《庄子·知北游》中的故事。舜问乎丞曰："道可得而有乎？"曰："汝身非汝所有也，汝何得有夫道！"舜曰："吾身非吾有也，孰有之哉？"曰："是天地之委形也；生非汝有，是天地之委和也；性命非汝有，是天地之委顺也；子孙非汝有，是天地之委蜕也。故行不知所往，处不知所持，食不知所味。天地之强阳气也，又胡可得而有邪？"这段话的主旨是，整个身体根本就不属于你，只不过天地给你个形体，委托你来管理它而已。所以对真正的道家修炼者而言，他们虽然重视身体，但绝不会贪恋它，日常生活中他们可能不享受高贵的饮食，不在乎外在的物质追求，相反因此获得内心的宁静。换句话说，你只有这几十年的经营权，而没有所有权。

第八章

　　上善若水。水善利万物而不争，处众人之所恶，故几于道。居善地，心善渊，与善仁，言善信，政善治，事善能，动善时。夫唯不争，故无尤。

"多情"之水

　　唐代王维有首《青溪》非常有名，现摘录如下：

　　　　言入黄花川，每逐青溪水。

　　　　随山将万转，趣途无百里。

　　　　声喧乱石中，色静深松里。

　　　　漾漾泛菱荇，澄澄映葭苇。

　　　　我心素已闲，清川澹如此。

　　　　请留盘石上，垂钓将已矣。

　　从这首诗可以看出，王维经常造访黄花川这条清溪。溪水虽然不长，但随着山势盘曲蛇形，千回万转。每到一个地方，都会展现出不同的画面。

在水流湍急的乱石中间喧闹而过，在幽静茂密的松林之下缓缓而行。等清溪流出松林，到了一片开阔之地，水草在水中微微荡漾，摇曳生姿。再向前走去，水面又似明镜般的清澈碧透，岸边浅水中的芦花、苇叶，倒映如画。在王维的笔下，溪水展示了它的万种风情，成为诗人不可或缺的审美对象，但在老子的眼中，水却成为我们修身的效法对象。

水的意象在老子的心目中堪称完美，几乎可以成为道的代名词。因为它只知利万物而不争功，众人厌恶的，它却去默默承受。老子认为，有道者应当效法这种精神。无独有偶，孔子对此也有相似的观点。据《孔子集语》记载，子贡问曰："君子见大水必观焉，何也？"孔子曰："夫水者，启子比德焉。遍予而无私，似德；所及者生，似仁……"有次子贡问孔子，君子见到大川必定观瞻，这是什么缘故呢？孔子回答，水是可以启迪君子进行修德的，普遍地施与而没有私心，犹如君子的品德，所到之处，万物生发，犹如君子的仁爱……后面孔子又总结了水的种种可以效法的品德。

《道德经》中，水不是冷冰冰的物，而是带有灵性的朋友，甚至可以说是赐予我们生命的恩人。现实中大家听说过有辟谷的朋友，但从没有听说过有"辟水"的人。水不仅使得我们的营养物质得以运化和吸收，而且使得我们人体的垃圾和毒素得以排泄，如果没有人体的废物排泄，后果估计大家都会知道。在当代科学的视角下，各种形态的水的分子式都是 H_2O，他们之间似乎没什么区别，但在传统文化中，水是一个丰富多彩的世界。唐代陆羽在《茶经》中论述煮茶时，提出了"山水上，江水中，井水下"的观点；翻开李时珍的《本草纲目》，其中水部记载了43类水，不同类水之间不仅性味不同，在治疗疾病上也有不同的功效，如露水可以用于治疗疥、癣之类皮肤病。记得早年父亲有段时间手上长了手癣，当时家里喂了几只羊，早上他经常出去到河边为羊割草，在这个过程中手上自然沾染了不少草木花露，后来手癣没有治疗就好了，这不能不说是花露之水在其中起了巨大的作用。通过这件事，我对水的情感认知又深入了一步。

最高级的风水

水有很多值得我们学习的地方，下面老子从七个方面进行了概括。第一个方面就是"居善地"。说到"居善地"，大家可能第一印象是找到一块风水宝地。按照传统的说法，一块好的风水宝地的标准是后有靠山、左有青龙、右有白虎、前有案山明堂、水流曲折，认为这样才能招财纳福、福寿绵绵。有人也将此称为交椅模式，后面的靠山如同靠背，左青龙、右白虎相当于左右扶手，前门案山相当于放脚的地方，有了这样的一把交椅，一个人则可以很惬意地享受生活。如果仔细品味一下，从人体的角度来看，风水的背后蕴含着深刻的阴阳和合的道理。我们可以设想一下，假如一个人到一间屋子居住办公，他会有什么样的位置选择和安排？相信百分之九十以上的人不希望自己的背后是扰动的环境，因为我们的后背是属于阳的，所以它自然喜欢一个安静的依靠，也即它需要一个靠背。相反，我们身体的前面是属阴的，它自然希望前方有开阔的名堂，流动的曲水，这是人体阴阳性质的自然选择。左青龙、右白虎也是相同的原理，我想这一点可以很好地解释风水模式背后的东西。

在人与居住环境的关系问题上，古人积累了丰富的经验，并探索总结出一门单独的学问，专业术语称为堪舆，即堪天道、舆地道，为中华民族的生生不息做出了重要贡献。站在今天的时代，应运用地理现象学的方法，对这门学问做出科学合理的阐释。对传统修炼者而言，"法财侣地"四种因素中"地"的因素是不可或缺的。道家有"三十六洞天七十二福地"的说法，道家的洞天福地多耸立在高山危岩之上，掩映于苍松翠柏之中。这应当属于"善地"的范畴。修炼者认为，在这些洞天福地中比较容易接受宇宙的能量，从而很好地与大自然进行沟通，这是大家重视"善地"

的原因之一。

但这里还有一个问题值得注意，现代有些人往往很重视"善地"的硬件条件，而很多时候忽略了"善地"的软件条件，这里的软件条件是指自身所营造的文化氛围。从心灵修养的角度来看，其实这里老子是在教人像水一样，放低姿态，始终处在至善的境界。《大学》有言："大学之道，在明明德，在亲民，在止于至善。"郑玄注："止，犹自处也。"孔颖达疏："在止于至善者，言大学之道，在止处于至善之行。"简而言之，人应始终处于先天的至善状态中，这种至善状态，用朱熹的话说，"具众理而应万事者也"。在此基础上积蓄力量，人就可以为自己创设一个和谐、稳定的正能量场域。日常生活中，我们有个小型的读书会，倡导大家每天找个比较安静的地方，让自己的身心对对话，周末的时候参加一下读书会，分享一下近期读书的心得体会。通过这样的一个平台，每个人都有了思想上的提升。我想这也是"居善地"的一种表现形式。

在生活中，最高级的情商，最高级的风水，莫过于对最熟悉、最亲近的人仍保持尊重和耐心，在我们的心中营造一片祥和宁静之地，我想这才是"居善地"的核心要义所在。许多时候我们往往把挑剔和抱怨给了最熟悉的人，却把宽容和耐心给了我们不熟悉的人，以致很多夫妻抱怨，为什么你对外人那么热情，而对自己人却这么不耐烦呢？所以在这个问题上，我们真的需要变得"一视同仁"，用一种全新的眼光去对待身边的家人，那生活肯定会有不同的感受。其实无论亲情、爱情还是友情，都是易碎品，都需要用心去经营。现实中我们可能这样抱怨老人，"不能太溺爱孩子""不能吃太多的盐""不能吃太多的肉"，虽然初衷都是好的，但从老人的角度看，他们更想得到的是应有的尊重，而不是所谓的道理。所以不要用所谓的"概念化的心智"去管理家庭，不能用现在所谓的"科学"去指责老人"不科学"的方式。因为这些不经意的话会刺痛他们，让家庭这件易碎品变得伤痕累累。

心灵的温度

我们知道，老子的思想是一以贯之的体系，老子所概括的水的七个特性并不是分散孤立的，而是一个有机的整体。可以这样说，做到了第一点，其他各点也就可以迎刃而解了。"居善地"，从最根本的意义上来说，就是将心安住在自己本性中如如不动。能以自己的本性时时观照，自然可以做到"心善渊，与善仁，言善信，政善治，事善能，动善时"。所以能处于至善之地，则心止于至善则渊，与止于至善则仁，言止于至善则信，政止于至善则治，事止于至善则能，动止于至善则时，下面则分别予以简述。

"心善渊"，渊在甲骨文和金文中左右有表示水岸的"丿""丨"，中间是像水的样子。按照《说文解字》的说法，渊为回水的意思，即回旋的水，引申为深潭、深水、深厚等义。假如心中没有意识心所起的波澜，一个人则可以保持在无欲清净的状态，如同聚止澄清、无波无浪的渊水一样。"与善仁"，提倡待人接物中，如同水无处不润，无物不济，做到一视同仁，博爱普施。用现代术语来讲则是水具有公信的特征，对此，我个人也有一种体会，当年装修房屋，我姐夫过来帮忙，因地面要贴瓷砖找平，当时我还犯愁是不是要用仪器测量，只见姐夫找来一段透明的软塑料水管，里面灌上水，一端定准基点，另一端看着水平面，在墙面就可以画出与基点相平的线来。看到这种简单有效的方法，真的感慨自己的笨拙，同时对水的公平与魅力有了直观的感受。

"言善信"，清代刘一明先生认为，如同水遇塞而止，遇通而流，所以应当非礼勿言，言必有中。"政善治"，如同水能去污洗尘，有道之士也应当闲邪存诚，近君子，远小人，最终达到治世的目的。"事善能"，如同水随高就低，能方能圆，曲直随行，有道之士也应因事制宜，据理修为。"动善时"，如同水冬天凝冰，春日解散，应期而动，不失天时，有道之士也应得志则现而善人，失志则藏而善己。像这种以自然对象之美来比喻、象征君子的美德，在中国古代美学思想中称为"比德"。对此，宋末元初著名道教理论家李道纯在《道德会元》中将"居善地，心善渊，与善仁，言善信，政善治，事善能，动善时"总结为"利物、容物、生物、应物、化物、成物、顺物"等七个方面，这种概括颇成体系，可备读者参考。有时我在思考，水有三种不同的形态，分别为固态、液态和气态，生活的经验告诉我们，水的形态是由温度决定的，那么人的生命形态是由什么决定的呢？我想时时能保持"居善地"的境界，心中充满爱的能量，这种心灵的温度可以决定一个人的生命形态。

不争是一种与时偕行

在本章的最后，老子做出了总结："夫唯不争，故无尤。"不争在老子的话语体系中出现了多次，如《道德经》第三章"不尚贤，使民不争"；第二十二章"夫唯不争，故天下莫能与之争"；第六十六章"以其不争，故天下莫能与之争"；第六十八章"……是谓不争之德"；第七十三章"天之道，不争而善胜"；第八十一章"圣人之道，为而不争"。那么到底什么是不争？和对"无为"的理解一样，"无为"并不是什么事情也不做，而是教导人不要妄为。"不争"也并非事事忍气吞声，它要人们消除急于求成的心态，顺应自然法则发展，即使在十分低下的位置，也能做到始终如一地付出。从根本上说，"不争"是一种天道自然法则。

上面我们说到水可以做我们的老师，其实只要细心观察、仔细品味的话，自然界的万物都可以成为我们效法的对象。地中海沙漠中有一种蒲公英，这种蒲公英不同于一般的蒲公英，在沙漠严苛的环境下，这种植物不是按照季节来舒展生命的。如果一直不下雨，它就一生一世不开花，而一且下雨，哪怕是微不足道的小雨，它都会抓住机会开花结果，最终完成生命的华丽轮回。正是受这种植物精神的感染，犹太人把它当成礼物送给有智慧的贫穷人，认为虽然当下贫穷，但只要把握时机并大胆做事，终究会获得人生的精彩。由此可以看出，在面对诸多不确定性的情况下，超越外在环境的变化，不断积蓄自身力量，做好当下的每一件事情，我想这也是对不争的一种修身学诠释。

根据《史记》的记载，老子曾对孔子有次意味深长的谈话，其中的一个主旨就是"君子得其时则驾，不得其时则蓬累而行"。即如果时机成熟的话，就可以搭乘时代之车，做一番大的事业；如果时机不成熟，那就像风吹蓬草一样随遇而安。老子的这种教导在孔子身上似乎很奏效，虽然孔子为推广自己的理想而不断奔波，因此也曾自嘲"累累若丧家之犬"，但孔子并没有急功近利地非要达到何种目标，"富贵如可求，虽执鞭之士，吾亦为之。如不可求，从吾所好"。富贵如能追求到手，即使让我执鞭为马夫，我也愿意干。如果不能追求，还是按照我所喜好的去做。这种精神传承到孟子那里，则直接表述为君子"达则兼济天下，穷则独善其身"，当然这里的"穷"不是指没钱，而是自己的志向因外在条件限制而无法施展。从这里可以看出，无论外在环境情况如何，有智慧的人总能保持与其和谐相处。

《易经》中有一卦叫作随卦，又称泽雷随卦。从卦象上看，下为震为长男，上为兑为少女，年轻女子性情温和，而能顺从于年长的男子，所以此卦有少女随长男之象。当然，《易经》反对执象而求，并不是说"随"的上下两卦就代表着大哥和小妹，其生命力在于人们能于现实生活中，给它赋予更多的意象与含义。以太极运动为例，太极拳在一般人的心目中总是很"慢"，但太极拳的"慢"并不是特意地慢，而是跟着气机去走，气动形才动，气没有到就不用动。所以就此而言，形就是兑卦，"炁"则是震卦。假如推广到人与时代的关系上，则应当顺其自然，清净无为，不争在这时候就是与时偕行，既不急于求成，也不放任自流，与其说争倒不如说是等待的过程。

第九章

> 持而盈之，不如其已。揣而锐之，不可长保。金玉满堂，莫之能守。富贵而骄，自遗其咎。功成身退，天之道也。

不刷存在感

"持而盈之，不如其已"，持为持守，如同一直拿着盛满水的杯子，稍有放纵，水便会满溢出来，这种情况还不如适可而止。对修身而言，许多人持守的是自我。如力拔山兮气盖世的项羽，自视甚高，不能容忍别人超过自己，与刘邦的性格形成了鲜明的对比。楚汉战争中，因感到无颜见江东父老而在乌江自杀。项羽为什么要自杀？虽然他自己感叹："天之亡我，我何渡为！"意思是老天要灭亡我，我还渡江干什么呢？我想并不是老天要灭亡项羽，而是项羽自己毁灭了自己。在自杀的因素中，除了巨大的内疚感外，我想还包括项羽持守的那份"霸王"虚荣。对于国家而言，这个道理同样适用。战国时期的魏武侯有次与谋士李克聊天，当时他向李克问道："吴国灭亡的原因是什么？"李克回答是因为吴国屡战屡胜，武侯当时就疑惑了，屡战屡胜对国家来说是件好事，怎么能说是灭亡的原因呢？李克的分析是这样的：屡战，对于下层老百姓而言则会疲惫不堪；屡胜，对上层统治者而言则会骄气凌人，以骄傲的君主统治疲惫的百姓，这样的国家没有不灭亡的。

对普通人而言，许多人持守的是日常所说的"面子"。李嘉诚说，"当你放下面子赚钱的时候，说明你已经懂事了。当你用钱赚回面子的时候，说明你已经成功了。当你用面子可以赚钱的时候，说明你已经是人物了。当你还停留在那里喝酒、吹牛，啥也不懂还装懂，只爱所谓的面子的时候，说明你这辈子也就那样了"。"面子"矜持到一定程度，则会变成"面具"。人生如戏，戏如人生，生活中许多人不得不戴着面具，以更多的角色面对纷杂的社会。但面具戴得时间长了，便会逐渐遮盖住真实的自己，以致最后连自己都不愿面对自己，以为面具就是自己的一部分，所以可怕的不是面具本身，而是面具戴久了却摘不下来了。而修习传统文化最重要的价值在于，让我们无论面对多么善变的面孔，都能保持一颗纯朴善良的心，以简单平和的心态对待世事。对此，《内经》中有"不知持满"的说法，持满则是惜精爱神，如同持着盈满之器，一直保持谦逊谨慎的状态，而"不知持满"则是做事不知道尺度，往往在许多方面做过了头，所以是"持而盈之"的另一种表达。

在修身领域，有不少探讨武术与长寿关系的文章，如论证某某拳术可以长寿。其实长寿和多种因素有关，如先天遗传、后天环境、生活习惯、个人修为等，习武运动仅仅为其中的一个方面。如果单纯地以一种线性思维来证明某种拳术可以长寿，或者不能长寿，那就有断章取义、以偏概全之嫌。单就武术运动而言，在一般人看来，习武之人身体一般比较强壮，相应也应当长寿，但事实却远非如此。有的人有功夫了，但不知节制，胡吃海喝，迷恋声色犬马，耗费的元气太多；有的人动不动要把别人放出去，认为那才显得有水平，久而久之，见面之后总要明争暗斗地试试对方身手，比个你高我低，这就背离了武术真正的原则，因为有智慧的人是不会刷存在感的。《太极拳论》的开创者王宗岳告诫后学："详推用意终何在？益寿延年不老春！"瞬间发人于丈外和"出手见红"与太极的宗旨无关。我们知道，宇宙是无限的，但具体到每个个体则是有限的，如果不计自身有限的能量，而始终处于发放的状态，那就违背了大道的基本精神。有些运动员之所以退役后一身伤病，甚至有的英年早逝，就是因为"损耗"得太严重，为了比赛，高强度训练，为了荣誉，带病上阵，这与运动原本的精神完全背离了。总而言之，掌握好"持而不盈"的分寸与火候至关重要。

刻薄不赚钱

"揣而锐之，不可长保。""揣"这个字，《说文》中给了两种说法，一个意思是揣度，如日常我们经常用的揣摩、揣想、不揣浅陋；另一个意思是锤击。现在看来，揣度是反复考量、不断斟酌的过程，如同反复锤击加工器物，所以两者的意思应当是统一的。这一章中的"而"是递进的意思，翻译出来也就是"并且"。这句话整体的意思是：将一件器物磨得尖锐锋利，这种情况是不能长久的。战国时期卫国的吴起，年轻时遭到乡人讥笑而杀死了三十多人，逃跑前曾向母亲发誓，"不当卿相，决不回卫"。后来他投奔在曾子的门下学习儒术，在得知自己母亲去世后，仍不回去奔丧而继续攻读所谓的诗书，这种情形为以孝而著称的老师曾子所不容，被曾子逐出了师门。以后吴起又投奔鲁国，当时鲁国国君有意提拔吴起，但又忌讳吴起的妻子是齐国人，担心以后吴起会勾结齐国。得知这个消息后，吴起亲手杀死了自己的妻子，借以消除国君的疑虑而获得了提升。为了外在的功名利禄，吴起将自己的心性打磨得如同尖刀一样，虽然赢得了当时的所谓的事业成功，但从情感的角度来说，吴起丧失得更多，光鲜的背后隐藏着吴起的失败之处，最终这位不择手段的孤胆英雄，落得了被乱箭射杀的下场。

从修身的角度看，生活中处处跟别人抬杠，跟别人叫板，这种棱角太鲜明的个性，是不会持续太久的。《论语》中记载，"子贡方人"，也就是在日常生活中，子贡喜欢按照自己的价值尺度去评论、要求别人。通俗地说，子贡喜欢挑别人的毛病。这事干得多了，大家一般会奉送"刺头"的绰号。对此，孔子的教导非常巧妙，他说我平时没有闲暇时间去挑别人的毛病。什么意思呢？每个人修正的是自己，自己的言行修正好了，其他的一切都可以迎刃而解了。

日常生活中，不能总是将矛头指向别人，而是应按照孔子所教导的，"躬自厚而薄责于人"，要多责备自己，多积累功德，少指责别人。说到这句话，我想起了宋代理学家吕祖谦。吕祖谦与朱熹、张栻齐名，并称"东南三贤"。少年时代的吕祖谦性格比较急躁，有一天，他读到孔子这句话的时候，忽然醒悟，觉得自己平生的急躁之情消失了。朱熹听到这件事，感慨地说："如果能像吕祖谦那样学习，就能改变自己的气质之性。"对此民间也有句谚语，叫作"刻薄不赚钱，忠厚不折本"。虽然说的是经商之道，但用到为人处世方面，道理也是相通的。

无知的守财奴

早些年曾参观过山东滨州的魏氏庄园，其主人魏肇庆为清末缙绅地主。整个庄园建筑规模宏大，结构合理，布局巧妙。在我看来，这座具有中国古代军事防御功能的城垣建筑，其设计的主导思想就是防范。防范外盗、防范自然灾害自不必说，还能防范家仆，防范来客，可谓是煞费苦心。通过穿墙而过的管道向内宅供水，靠内外相通的壁洞向内供物，这样可以有效防止家仆和内人"私通"。为了防止来客伤害自己，客厅内设置了一道暗门，而外人根本看不出来这是一道门，门内有个可供一人站立的地方，实际上是安排主人的保镖在里面，听到主人摔茶杯的信号，保镖马上冲出来保护主人。可是这样一个机关算尽的主人，其命运结局却令人感慨。自魏肇庆开始，其家族渐渐衰落，据说其唯一的女儿未能嫁出就早逝，最终魏氏庄园也是人去楼空。有感于此，当年参观完魏氏庄园后还写了一首打油诗，兹抄录如下：

> 游惠民魏氏庄园有感
> 门前高悬方斗钱，庭内深藏财万贯；
> 只为能守富贵业，殚精竭虑设机关；
> 外人家仆皆防尽，岂料未能将家传；
> 金玉满堂莫能守，治家还需法自然；
> 奉劝当今名利客，莫惹后人多笑叹。

从这里可以看出，无论个人，还是家族，乃至一个民族的兴衰，无论看似多么富有，起决定性作用的还是文化的力量。封闭、防范、阴暗的心态注定不会长久，向上、开放、包容的文化才是繁荣昌盛的力量源泉。从修身的角度看，人体本身就是一个巨大的宝藏，可谓名副其实的"金玉满堂"，而身体中最高等级的宝贝是什么？我想就是老百姓所说的精气神，这才是滋养我们身心最重要的东西。但现实的情况是，大家对此视而不见，不懂得这才是自家的宝贝，更不知道如何保养好自己的宝贝，致使许多时候让这宝贵的财富流失了。传统道家认为，精气神是通过眼、耳、鼻、舌、意等窍漏掉的，如我们盯着手机看东西的时候，那精气神就通过眼睛漏掉了。大家有这样的经验，如果盯着手机看上一上午，那可能比干体力活还要累。这是一种因不珍惜、不追求而不能守的情况，而真正精满气足神旺了，则会达到"精足不思淫，炁足不思食，神足不思睡"的程度。

另外还有一种过分珍惜、过分追求而导致不能守的情况。有些修行到一定层次的人，对于世间的名利看得很淡了，但对法术的追求一直热情高涨，总觉得自己学的法不够多，这也想学，那也想试，最终是头上安头，一事无成。其实这也是贪婪的一种。同样的道理，在身体使用方面，只是按着它自身的规则做就可以了，大可不必在身体之外再追求一个所谓的真理规则。在这方面我自身也有过深刻的教训，很长一段时间，我把追求的道理当成了终极的目标，尤其是在练习太极拳的过程中，一味地追求其功效原理，而忽略了练习本身就是大道。现在想想，诚所谓"骑驴找驴"，可笑可叹！

文化的流浪者

随着社会发展，现代人对技术的依赖也越来越强，与此同时人与大自然的接触也越来越少。在以前缺吃少穿的年代，老百姓经常说，没吃过猪肉还没见过猪跑吗？可现在的小孩天天吃猪肉，见过猪跑的却没几个。"世界上最远的距离不是生与死的距离，而是我坐在你的面前，你却在给我发私信……"说起来似乎好笑，但从一个侧面折射出现代人的生存状态：平面获取的信息取代了真实的生命感受，知识信息越来越多，但精神生活越来越贫乏；娱乐无极限冲击了传统的价值观，偶像剧、娱乐花边新闻、大众化娱乐综艺、色情暴力冲突、低幼化游戏充斥在网络中，里面的内容大多和我们的生活没有一丁点的关系，相反还让我们沉溺于享乐和安逸中；碎片化的阅读使我们无法深入地阅读和思考。在物质条件丰富的今天，我们却在虚拟的世界中盲目自大、自以为是，诚如老子所说的"富贵而骄"。

对于现代人的"现代病"，西方现代哲学的开创者尼采也有精彩的论述。他说现代文化是没有风格的，或者换句话说，是一切风格的大杂烩。如果说生命是文化的根，精神是文化的花朵，那么，现代文化是没有根的，也没有花朵，都是一些纸花、假花。这是一种没有坚实而神圣的发祥地的文化，不是有生命的东西，不是真正的文化，只是关于文化的各种意见和情绪的堆积，是关于文化的知识，而且往往是错误的、肤浅的知识。这个时代没有自己创造的文化，只是对过去时代的文化做一些整理和研究，然后得到了一些关于过去时代的文化的知识。如果没有对生命意义的关切，只是以求知为目的，那么无论一个民族还是个人，多么博学也仍然是没有文化的野蛮人。因为如果没有对生命意义的关切贯穿其中，知识就只是一些没有内在联系的碎片，并不能指导人生。所以在尼采看来，现代人的没有文化、野蛮，主要表现为这么四点：一是匆忙，二是贪婪，三是麻木，四是虚假。其生存具有一种抽象的性质，用概念指导人生，浮在人生的表面，是一群无家可归的流浪者。

如何避免文化流浪者的命运？这里我想到了当年丘处机提出的"斗闲"的话题。何谓闲？现在的理解就是散乱的状态，所谓"斗闲"便是从这种散乱的状态中理出一个头绪，保持一种定力，寻出一味快乐。闲来无事的时候如何来打发时间？以随波逐流的方式上上网，聊聊天，每日淹没在碎片化的信息中，那是最容易做到，也是最没有收获的一种方式。现在很多人挂在嘴边的口头禅——无聊，最直白的理解是没有聊天的人，如何将无聊转化为有聊？当然是找一位可以聊天的人。这个人不一定是现实生活中的人，他可以是书中的人物，可以是思念的人物，甚至可以是任何虚空中的人，而你可以与他保持对话和交流的状态。在这种对话和交流中，心灵得到了平复和安宁，或许可以为流浪者找到一个心灵的家园。

功成与成功

现在很多人都在追求成功，无论是从事什么行业，都要预设一个外在的目标，今年我要收入多少，我要做到什么职位，达到了这些目标，我便是成功了，这是今天主流价值观对成功的定义。对于这个话题，古人不叫成功，而叫作功成，先要做功付出，自然而然就会展现出做功的效果来。功成还是成功，别看是简单的位置颠倒，但并非文字的游戏，而是折射出背后的不同理念。前者强调目标性的实现，而后者则侧重过程性的付出。追求成功之际往往带有很强的功利化色彩，所谓一将功成万骨枯，而功成则强调实现某种价值，完成某种使命，"功成不必在我"，易于养成忘我境界和高尚情怀。

记得有次听课，有人提出这样的一个问题："如何把自己的思想装进别人的脑袋？如何把别人的钱装进自己的口袋？"针对这个问题，当时讲课的老师也很有智慧，说这个问题的答案是——"别想"。对此我也很有感慨，现在很多时候我们都是攫取的心态，首先考虑的是一件事能给自己带来什么好处，而往往忘却了获得的前提是付出。你能给别人带来益处，别人自然会聚拢到你这里来。所以看看优秀企业的做法，首先考虑的不是获得的问题，而是考虑能给客户、能给社会回报什么，我想这是当代能够功成的不二法门。虽然我没有经商的经历，但是认为这也应当是经商之道的核心问题，能给大家带来益处，这才是大家选择你的基础，忽略这个基础而单纯考虑自己的收益，这样的生意是做不长久的。

对于"功成身退"，许多人的理解是到一定程度要退居二线，或者要隐居山林，并以"飞鸟尽，良弓藏；狡兔死，走狗烹"来告诫那些贪位恋权的人，应当及早向范蠡、张良等人学习，完成使命及早抽身，免得受到人君猜忌而遭受不测。这种理解并没有错误，但比较容易让人产生误解。这里的"身退"并非单纯地说在权位上退下来，而是指"素其位而行"，强调在思想上淡泊名利，如果不当退而硬是从位置上退下来，那不是存在思想上的偏见，就是有沽名钓誉之嫌，相反也是违背自然了。现在渐渐地认识到，每个人都是带着特定的使命来到世间的，一旦使命完成，有智慧的人会悄然离开，不会再将宝贵的生命资源浪费在无谓的事情上。

从修身的角度看，所谓功到自然成，慢慢下功夫的过程就是人生。武术圈的朋友都熟悉的一句话是，"练拳不练功，到老一场空"。而功夫提升也是渐进的过程，所谓日长一纸，每天功夫才能增长一张薄纸的高度。道家有句话，叫作"三千功满"，这里并不是说你做了三千件好事就功德圆满了。这里的"千"通升迁的"迁"，是指在修炼过程中，由炼精化气的下丹田，升迁到炼气化神的中丹田，再由炼气化神的中丹田，升迁到炼神还虚的上丹田，最终完成"三迁"的功夫，至此可以摆脱生命体的控制，从而达到真正的"身退"。正如蝉在没有蜕变之前，只能在地上老老实实地爬行，因为这时候还没有达到飞行的条件，等到脱离那层躯壳，真正超越了这些限制，则可以飞上树梢，秀一下"绿槐高柳咽新蝉"的美景了。

第十章

载营魄抱一，能无离乎？专气致柔，能婴儿乎？涤除玄览，能无疵乎？爱民治国，能无为乎？天门开阖，能为雌乎？明白四达，能无知乎？

炼形、炼"炁"、炼神

本章言修炼的步骤与要旨。以前阅读此章的时候，总是感到前后句之间似乎没有什么逻辑关系，前面说爱民治国，后面又成了天门开阖，似乎顺序打乱也无所谓。后来参阅了道家修炼的书籍之后，才明白老子此章是一篇逻辑严密、层层推进、浑然一体的功法文献。简而言之，前半部分论述修炼要旨，后半部分论述修炼步骤。"载营魄抱一，能无离乎？专气致柔，能婴儿乎？涤除玄览，能无疵乎？"从形、"炁"、神三方面论述了修炼的原则。"爱民治国，能无为乎？天门开阖，能为雌乎？明白四达，能无知乎？"则从圣人、神人、真人三个层次论述了修炼的步骤或层级。

"载营魄抱一，能无离乎？"从字面意思看，载就是用车装载，具体到人体而言，里面载有两样东西，一是营，一是魄。营，从宫，本义为四周垒土而居住，在这里可以粗略地理解为心的居所，即身体。魄，这个字在道家修炼中用处颇广，不过经常与魂一同出现，这里泛指意识综合体的心。这句话整体上可以理解为：收拢自己的心灵，让心和身合一，如同恋人一样长相厮守，要有"我欲与君相知，长命无绝衰。山无陵，江水为竭，冬雷震震，夏雨雪，天地合，乃敢与君绝"的勇气与气概。

抱一而不离，这是老子在此章提出的第一个修炼原则，我想也是在修炼中贯穿始终的原则。孟子的《告子章句上》写道："学问之道无他，求其放心而已矣。"后面孟子还有个比方，就是放出去的鸡犬到晚上大家还知道把它们找回来，那放出去的心我们也应知道找回来。"放心"在这里不是"请您放心"的放心，而是放出的、难觅的心。20世纪文学、艺术、哲学所津津乐道的时髦主题之一，就是现代人要找回迷失的灵魂。两千多年前孟子提出了这个话题，看来真是古今一也。

"专气致柔"，"专"通"抟"，对这个"抟"字，我个人非常欣赏，感到古人造字非常巧妙传神。现在社会，相信许多大老爷们儿也有发面揉面的经验，经过用力反复抟揉，整个面团变得均匀柔韧圆滑，蒸熟的馒头也会细腻筋道，富有甜味。修炼中，假如不知道怎么抟"炁"的话，我的建议是回家帮媳妇揉揉面团，既增进家庭和睦，又能学习功夫，诚一举两得之美事。而我国古代的修真者也被称为"炼炁士"，有的时候傻想，是否改成"抟炁士"更形象些呢？言归正传，抟"炁"经过一段时间后，你的"炁"会非常足，非常刚，正如现在社会上的硬气功。但老子认为这还不够，还应当继续走下去，这时候"炁"就会从刚走向柔，最后柔软无比。柔到什么程度呢？老子在他的书中第一次使用到了婴儿的形象，当然对于为什么看似柔弱的婴儿却是最坚强的，老子在后面的章节还有所论述，这里也不再展开。

"涤除玄览，能无疵乎"，则是修炼心神的原则。高亨先生在《老子正诂》中讲道："览鉴古通用。玄者形而上也，鉴者镜也。玄鉴者，内心之光明，为形而上之镜，能照察事物，故谓之玄鉴。"炼心要到达什么程度呢？

在老子的修炼原则中，要把自己的心炼得像一面镜子一样。讲到镜子在修炼中的意象，很容易联想到神秀大师与惠能大师的故事。五祖弘忍年老的时候，为了在下一代人中选取接班人，出了一个命题作文，让每人做一首偈子，以此检验个人的修为程度。当时身为首座的神秀大师的偈子为："身是菩提树，心如明镜台，时时勤拂拭，勿使惹尘埃。"而慧能大师不认字，所以请人代写了一首："菩提本无树，明镜亦非台，本来无一物，何处惹尘埃。"历来普遍的观点认为，慧能大师比神秀大师领悟程度要高，所以五祖弘忍也便把衣钵传给了慧能大师。正因这个故事，在一般人的心目中，慧能大师的修法比神秀大师要好，这也让慧能的那首偈子在世人眼中增添了几分光彩。

其实神秀大师和慧能大师，代表了佛家中的两种不同法门。八万四千法门，门门平等，没有高低优劣之分，只不过看哪个更适合自己而已。从历史的经验看，许多人对看似"短平快"的顿悟趋之若鹜，但最终因未经证悟而沦为"口头禅"。针对这一现象，宋代自称讲书君的王柣在《临终诗》中写道："平生不学口头禅，脚踏实地性虚天。"临终而书此，从一个侧面反映了口头禅的弊端。而对于现代人来讲，心中的想法与成见太多，早已不适合"直指人心"的顿悟修法，最好还是一点一滴地从小事做起，一步一步脚踏实地修养，慢慢地扫除心中的污垢，最后达到心境无瑕疵的境界。正如《西游记》中的一首词所说，"心地频频扫，尘情细细除，莫教坑堑陷毗卢"，或许可以与"涤除玄览"互相映照。

圣人、神人、真人

"爱民治国，能无为乎？"初步看，老子在这里是讲国家治理的内容，其实从身国同构的角度看，也可以延伸到身体修炼的领域。《河上公章句》

对此的解释是，"治身者，爱气则身全，治国者，爱民则国安"，"治身者呼吸精气，无令耳闻，治国者，布施惠德，无令下知也"。而能在治国治身中做到无为，这里讲的是修炼的第一个层次——圣人境界。

对于道家修炼的层次，除了筑基入门的功夫外，一般分为炼精化气，炼气化神、炼神还虚等三个层次。而每个层次的表述名称，不同的经典有不同的表达，但从每个层次实际修炼的内容来看，真有些"同出而异名"的味道，对于第一层次，我们姑且以圣人境界来描述。

何谓圣人境界？在修炼领域圣人境界的核心要义又是什么？我们可以从先秦经典的描述中找出些许答案。在《庄子》中，庄子借用宋荣子的形象予以指代，他的描述是："举世而誉之而不加劝，举世而非之而不加沮，定乎内外之分，辩乎荣辱之境。"而《黄帝内经》的表述与此有异曲同工之妙："适嗜欲于世俗之间，无恚嗔之心，行不欲离于世，被服章，举不欲观于俗，外不劳形于事，内无思想之患，以恬愉为务，以自得为功。"从以上的描述可以看出，圣人不一定是建立丰功伟绩的人，但一定是内心强大的人，他摆脱了世俗偏见的束缚，在自在恬淡中按照自己的价值标准生活着。

这里有个大家经常忽略的问题，支撑他们这样生活的背后动力是什么？我的答案可能与许多人不一样，那就是圣人的炼精化气的功夫很好，或者说他们的气化功能很强。这方面，孟子自不必说，他的"养气"学说早已昭示出他的修养功夫。而对于孔子，大家似乎看不出他有什么功夫，但孔子学说主张在礼的规范下，通过后天不断修习逐渐恢复自身的仁之本性，进而达到合乎本性、合乎规律的和谐状态，在功效上，孔子以六艺教学，射御俱佳，也绝非后世文弱腐儒所能比拟。

"天门开阖，能为雌乎？"这就达到了修炼的第二个层次，在修炼层级上这属于炼气化神的阶段，在这里我们姑且称之为神人境界。在道家修炼者看来，通过第一阶段的不断积累，气的质量逐渐发生变化。根据质量互变规律，此时生命体会提升到另外一个状态，用道家术语来描述则是"圣婴""元婴"境界，圣婴逐渐长成，就可以做到元神出窍的程度了。对此，庄子《逍遥游》中用列子御风而行的事例来指代，据说列子得风仙之道，能乘风而行，游行天下。而《黄帝内经》则认为他们可以"游行天地之间，视听八达之外"，对这一层次的人，《黄帝内经》用了"至人"的称谓，意为即将达到真人层次的人。

道家认为，神人虽然可以暂时脱离躯壳而游行天地之间，但仍未达到完全自由的状态，仍受诸多外在条件的限制。在这方面，八仙中铁拐李成仙的故事最具象征意义。在道教经典中，传说他本来是一位相貌堂堂的公子，在一个山洞中修行道术，并且已经达到了很高的造诣，他甚至能够使灵魂和肉体分离。有一天，他决定寻找高人，就命令他的徒弟看守他的躯体，然后他的灵魂就出去云游了。不料，过了几天后，他的徒弟家里发生了大事，需要他赶紧回家，于是他只好把师傅的躯体烧掉回家。不久李公子的元神回来了，却找不到自己的躯体，非常惊慌。最后好不容易在树林里找到一具因饥饿而死的乞丐尸体，当时情况下只好借助他复活了，就这样李公子变成了乞丐的模样。用庄子的话来说，这便是"此虽免乎行，犹有所待者也"，所以此时仍需要"为雌"，仍需要静待时机的成熟，不能强行妄动。

对于第三个层次，老子的描述是："明白四达，能无知乎？"也就是炼神还虚的境界，《河上公章句》中解释为，这种境界"如日月四通，满于天下八极之外"。或许可以这样认为，此时修炼者成为天地日月的化身，自我意识消失，小我化为大我，最后到达无我的程度。对此，先秦经典一般用"真人"来指代这一层次的修炼者。《黄帝内经》对此的描述是："提挈天地，把握阴阳，呼吸精气，独立守神，肌肉若一。"到了这种层次，任何知识或者语言皆为多余，对此哲人的感悟都是相通的。庄子云："天地有大美而不言，四时有明法而不议，万物有成理而不说。"而作为儒家创始人的孔子也有同样的感受，有次孔子对子贡说："我真的什么话也不想说，只想保持沉默。"子贡有些疑惑："您什么都不说，那我们这些学生怎么能记述您的意思呢？"孔子就用天举例："天何言哉，四时行焉，百物生焉，天何言哉？"意思是上天神灵说什么了吗？不过放纵四时在有序地运行，任由万物自由蓬勃地生长。

　　对于这种境界，我辈凡夫俗子只能高山仰止。而怎样来描述这种境界，那也是很费脑筋的事情。所以老子开篇就讲，"道可道，非常道"，但为了济世度人，他只能退而求其次，只好通过文字来加以说明，这也是《道德经》五千言的由来。在这方面，除了传统用经典文字来表达外，许多图示表达也很令人神往。如大家所熟知的《牧牛图》，在《牧牛图》的文化意象中，牛取其倔强难驯常常比喻为心，而牧童则为修炼者本体，牧牛的过程也便成为降伏其心的过程。传统《牧牛图》有十幅，等到第十幅达到最高境界的时候，只剩下一轮明月，人与牛都不见了。普明禅师对此幅图做的颂为，"人牛不见杳无踪，明月光含万象空，若问其中端的意，野花芳草自丛丛"，或许这也能为真人境界做一注解吧！

第十一章

三十辐共一毂，当其无，有车之用。埏埴以为器，当其无，有器之用。凿户牖以为室，当其无，有室之用。故有之以为利，无之以为用。

人生的留白

"三十辐共一毂，当其无，有车之用。"意思是三十个辐条集中汇集到一个车毂上，正是因为车毂的中空，才具有了车的作用。毂，车轮中心的圆木，周围与车辐的一端相接，中有圆孔，可以插轴。为什么是三十呢？这是古人效法月数的结果，一个月有三十天，三十根辐条汇集到一个车毂上，如同一月三十天的轮回，"共"在这里通"拱"字，为拱卫、集中的意思。车轮中间的毂好不好是行车的关键，一旦中间毂与车轴的缝隙过紧，也就是说太"轴"了，需要给上点油或者松一松，即需要给它足够的空隙，或者说需要增添"无"，这样才能驾驭好你的车。由此推而广之，人之四肢百骸，共同组成了身体这部车。我们要想开好身体这部车，也需要给自己足够的空间，装载太多的东西则是负荷运行，长此以往便会车损人亡。而其中至关重要的，是我们要知道"无"的作用，内心不要背负太多的东西。

　　"埏"本义是以水和土，引申为抟击、抟揉，"埴"则指细腻的陶泥。老子那个时代虽然有青铜器，但那只是贵族的专属，假如按照历史测算，那时的青铜贵重程度不次于现在的黄金。即使在当今物产丰富的年代，普通老百姓用金锅金碗也不常见。言归正传，老子告诉我们抟击陶泥制成器皿，正是因为有中空的部分，我们才能用它来煮东西。现代很多文章会用杯子装水来比拟我们的心量，心量越大，包容得越多。在工作、学习、生活中，学会放空自己，如同空杯一个，心理学中称这种心态为"空杯心态"，放得越空，拥有的也便越多。而从根本上说，杯子还是有固有形态的物理框架，杯子概念本身就意味着边界与束缚，而放弃一切的功能和形态，放弃自我的概念，融入无限博大的自然演化之中，那可能就接近老子所讲的无为状态了。

　　"凿户牖以为室，当其无，有室之用。"现在房子问题几乎成为普通老百姓的头等大事，我们买房子，表面上看是买的一个实体结构，实际上我们真正在意的，还是这个实体结构所围成的空间，即我们可利用的面积。所以这句话还是论述了"无"的重要性，其对修身的启示意义不再赘述。这里补充一个话题，看到这句话，我想到了老子生活环境的问题。既然老子在描述建造房屋时使用了"凿"这个词，那说明不是通过夯土等方式而建造房屋，是否可以这样推测，在老子那个时代，除了半地穴的房屋建筑外，是不是还存在着住窑洞的现象？当然这是额外的话题顺带提一下，希望有心人多加关注。

　　通过上述三种现象的论述，老子告诉我们"无"的重要性。具体到修身领域，我们可以将身体看成车、看成器、看成室，如何用好车、用好器、用好室，那是人生需要思考的课题。对于如何应用身体中"无"的问题，我认为庄子概括得非常好。他说，"虚室生白，吉祥止止"，把自己的念头和负能量打扫出去，内心光明的东西就会显现。这种情况肯定是吉祥的。用现代术语来说，就是不要把内心塞得满满的，给自己的内心留一段空白。

简单而言，要给自己的人生留白。

留白本是绘画时留下空白，是中国艺术创作中常用的手法，往往能表达意境之深远，所以极具中国文化特质。中国画的最高境界，不在笔墨勾勒之间，而是"妙在笔画之外"的空灵与寂静；中国文学的最高境界，也不在洋洋洒洒数万言，而在于"不着一字，尽得风流"的高傲与雅趣；音乐的最高境界，不在于音符填满空拍，而在于"此时无声胜有声"的休止与顿悟。艺术需要留白，人生更需要留白。人生的留白，既是生活的智慧，更是生命的境界。下围棋时，有人喜欢死死围住对方，有时围住别人的同时也束缚住了自己。多给对方些理解、宽容、自由，也是给自己留足空间的方式。

人生的留白，是打破生命固有成见的过程，其实也是否定自我、打破自我的过程，这个过程并非一帆风顺，而是充满着艰辛、坎坷与反复，但收获也是相当丰盛。那是"久在樊笼里，复得返自然"的欣喜，是"雄关漫道真如铁，而今迈步从头越"的豪迈，是"晚来天欲雪，能饮一杯无"的情趣。不经意间会发现，原来天地之间竟有那么多不同的活法，人生原来也可以换一种不同的方式，放空了自己，也便拥有了整个世界。

左眼看世界　右眼看自己

老子在本章最后得出这样的结论："有之以为利，无之以为用。"这句话的注解值得推敲，有的注解译为："'有'给人带来的便利，完全靠'无'的作用。"这样的翻译完全强调了"无"的作用，似乎有失偏颇。有的注释译为："有了器物才能给人带来便利，器物中空才能发挥器物的作用。"我想这种翻译比较妥当，虽然老子强调了"无"的重要性，但也并没有否认"有"的价值。在他的理论体系中，"有"和"无"是相互依存的，而且是

"同出而异名"的。虽然这是哲学的命题，但其实践指导意义不容小觑。

以对身体的态度为例，许多佛家论述将其称为"臭皮囊"，似乎不值一文，并强调要观身不净。曾有篇文章说我们这个身体就是个臭皮囊，外面有一层皮，把这层皮剥开，就会发现里面没有什么好看的，胃就像个茄子，肠子就像不规则的电线，里面全都是臭烘烘的、带着血腥味。身上的九孔常流不净，眼睛生眼屎，鼻子要流鼻涕，耳朵还有耳屎等。假如说要用这些论述来对治一下我们对身体的迷恋，给昔日的狂热态度降降温还可以，但如果说这就是身体的实相，那就大错特错了。因为这种还是戴着有色眼镜看问题，完全不符合佛家《心经》中的"不垢不净"原则。另外一个问题，身体的"有"是基础，在修行的领域称为色身。"借色身以修法身"，这是大家都熟悉的原则。"有"是实现的基础，"无"则是实现的手段，非但不能轻视身体的作用，相反，还应当积极地创造条件促进本体意识的觉醒，正如我们通过田地来收获粮食，没有田地，一切都无从谈起。

有时候我在想这样一个问题，所谓的"有"和"无"，不过是人从不同层面对世界认知的结果，正如我们的左眼和右眼，虽然观察的角度不同，但都是同一个世界的不同表征。一位西方哲人曾这样说过，人应当有两只眼睛，一只眼睛用来看世界，另一只眼睛用来看自己。由此推而广之，传统哲学和现代科学不过是对世界的不同认知方式而已，两者的并存发展并不矛盾。有位老兄去看失眠的毛病，西医讲这是神经官能症，中医讲有些肾虚火旺、心失所养，堪舆师讲要调理一下居住环境的布局，到底哪家正确？似乎没有固定的答案。虽然现在人文社会科学也冠以科学的名号，可是在现实生活中，自然科学和人文社会科学各讲各的理论，很少有人用综合的眼光去看待它们。而本书则试图在现代科学和古典哲学中找到一个最佳的契合点，消弭两者看似不可逾越的鸿沟，让两门学问在融合中得以发展。

现代科学发展，量子力学方兴未艾，大家都投入了极大的热情与精力去观察、去研究。不可否认，量子力学以前所未有的冲击力改变着我们对世界的看法，甚至是物理世界的基本思想。这里我们无意探讨其烦琐的公式与符号，只想从微观的量子力学角度来感知世界，那应当是怎样的一种场景？想要做到这一点，首先你需要放下我们碎片化的概念指导，用整个直觉去感受体悟周围有形和无形的世界。此时你会发现我们的周围弥漫着云雾般的物质与能量，各种物质能量的东西自由地出入我们的人体，完全放松我们的身心，整个人如同浮游在水中一样自由和轻松，万物的边角和界限逐渐变得模糊起来，你会觉得自己也会融入世界中，小"我"逐渐消融在无边无际的浩瀚中，成为不可分割的整体。此情此景，庄子那句"独与天地精神相往来"，成为生命真实的感受。

第十二章

五色令人目盲，五音令人耳聋，五味令人口爽，驰骋畋猎令人心发狂，难得之货令人行妨。是以圣人为腹不为目，故去彼取此。

眼耳舌三漏

按照《河上公章句》的说法，这一章属于"检欲"的内容，也就是说检点自己的欲望，以更好地恢复到自我本然的状态。现实生活中，很多时候我们把满足欲望当成快乐，但前提条件一旦消失，这种快乐也就烟消云散了，且乐之所至，即忧之所在，转瞬也便乐极生悲。正如《红楼梦》第一回中僧道的判词，"那红尘中有却有些乐事，但不能永远依恃，况又有'美中不足，好事多魔'八个字紧相连属，瞬息间则又乐极悲生，人非物换，究竟是到头一梦，万境归空"，可谓是对世间快乐实相的精彩概括。这就需要我们认真审视日常生活的一言一行，检点一下那些属于不检点的言行，并自觉地改正过来，以达到真正的快乐。

先说"五色令人目盲"，五色在古代为青、赤、黄、白、黑五种色彩，老子在这里用"五色"代指我们所生活的五彩斑斓的世界。"目盲"在这里并不是指眼睛瞎了，而是指眼睛不知道如何取舍，从而看不清世界本来的面貌了。现实中看世界的眼光一旦被迷惑，其危害有时可以达到令人发指的程度。这种说法并非危言耸听，别的暂且不提，在看待孩子教育的问题上，许多时候我们往往看到的是孩子的科目成绩，而对孩子的内心世界视而不见，这背后肯定有错误的价值取向问题。退而言之，单就视力这个问题而言，看看周围的大学生，不戴眼镜的有几人？虽然我们不能把"目盲"等同于近视，但在某种程度上，近视也是老子所讲的"目盲"的一种表现形式。究其原因，似乎还不完全是读书的因素。即使有大量的书要读，有大量的文字材料需要处理，也肯定达不到全民皆戴眼镜的状况。所以这里有必要介绍一下南怀瑾老先生的防近视秘籍，看书的时候，不是眼睛老盯着书中的字，而是书中的字跑到眼睛中来；看山水的时候，山水的形象映射到脑海中来。这样做的过程中，潜在意识要告诉自己，不能让自己的心神随着外物乱跑，否则那就是神"有漏"了。"漏"到一定程度，就会气阻神销、胸怀紊乱，再也看不清世界的本来面貌，即使是2.0的视力，那也和瞎子没什么区别了。

"五音令人耳聋"，五音在古代为宫、商、角、徵、羽五声音阶，这里代指动听纷繁的靡靡之音。老子认为，这样的音乐可以令人的耳朵失聪，当然，这里并不是说使耳朵失去听的功能，而是丧失了灵敏的听觉辨别力。与"五色令人目盲"的道理相通，我们的耳朵总是爱听所谓的"好听的"，耳朵的神也就不时跑了出来。孟子说："人有鸡犬放，则知求之，有放心而不知求。"意思是家里的鸡犬跑了出去，我们都知道把它们找回来，唯独自己的心神跑了出去，却不知把它们收回来。而一旦将自己的心神收敛回去，耳朵对世界的感受会更加敏锐。日常我在做导引术的时候有这样的感受，初期的时候似乎从没有注意到鸟鸣，后来心思沉静，外界细微的声响都可以入耳，以前不经意的鸟鸣，此时也变得鲜活起来，如同给你的导引术奏乐一般，或许可以称得上天籁之音。

"五味令人口爽"，有人一看到"爽"这个字，认为这代表着吃下美味而感到爽快，一位吃货碰到一桌美味，那不爽才怪呢？但这里的"爽"可不是爽快的意思，日常生活中我们有"毫发不爽"的说法，意思是做事情能做到丝毫没有差错，"爽"在这里是差错的意思。所以这句话真正的意思是：一旦被美味所迷惑，舌头上的神也就跑到了美味上，就会令我们本有的味觉出现差错。看看我们现在的生活，麻辣厚味的东西大行其道，川菜火锅遍地开花，一方面，这反映了现代人阳气比较弱，需要这些厚味的东西来提升阳气；另一方面，这些调味品的大量摄入，往往会掩盖食材本有的口味，从而使味蕾发生严重的偏差。

日常生活中我也喝点小酒，自然也就愿意结交一些喜欢品酒的朋友，当然，在这个圈子中，品酒师最有发言权。一般人的印象中，品酒师这个行业真是太好了，想喝什么就喝什么，想喝多少就喝多少。其实真正走进他们的生活，还真要用"清苦"这两个字概括。他们日常绝对不能吃辣椒一类辛辣的东西，即使自己的本职工作——品酒，也要绝对适可而止。一个总的原则：不可以破坏自己生而俱全的味蕾。从理论意义上说，我们每个人都可以做品酒师的，只不过我们不能过清心寡欲的生活，以致我们的味觉系统大受其害。所以老子讲"味无味"，即能把最没有滋味的食物吃得有滋有味，那才是人生的高境界。明代洪应明编撰了一本书，书名为《菜根谭》，作者的意图是让人从最普通、最无味的菜根入手，做到"性定菜根香"，这可以说是"味无味"的绝佳注脚。

心与行两魔

以上老子告诉我们，贪恋五色、五音、五味会使我们的视觉、听觉和味觉能力麻痹，从而失去辨别力。下面老子则从心和行两方面入手，对人的身心失衡规律进行了阐释。"驰骋畋猎令人心发狂"，疯狂地追逐猎物令人心放荡、神志狂躁。"驰骋畋猎"，这种状态用来形容现在网迷的孩子，那真是再恰当不过了。大好的青春白白地浪费在这些上面，看到这些我就有点心酸，甚至有时我在想，如果他们不上大学，可能发展比现在还要好。被辛辛苦苦的家长送到大学后，他们摆脱了昔日紧张有序的生活，假如自控力不够的话，就会沉迷于网络中而不能自拔。我身边有太多这样的例子，他们的眼中已经没有这个真实的世界，呈现在面前的是完全虚拟的世界。记得有个孩子因沉迷网络，被家长关进了戒除网瘾的场所。谈到自己的感受，这个孩子说，那几天只要闭上眼睛，脑海中浮现的就是游戏中的画面，伸手摸到任何一样东西，都如同摸到鼠标一样。还有个孩子，自己在网吧连续几天打游戏冲关，最后终于过关了，兴奋之余向网吧的老板要了一瓶矿泉水，喝完后就倒下猝死了。从中医角度来说，这个孩子的心神完全跑到了外面，而内部的精气这几天损耗殆尽，不足以把心神摄取回来，所以也就出现了上面的猝死现象。

　　"难得之货令人行妨"，何谓"难得之货"？举个例子，大家知道中国是一个爱玉的国度，生前将玉视为宝物，死后也要用玉来陪葬，这在世界上是少见的。在考古中有个有意思的现象，虽然新疆是和田玉的故乡，但在新疆地区的墓葬中极少发现玉器陪葬，而千里之外的中原地区，在墓葬中却常有和田玉器的出土。这其中的差别似乎反映了观念的差异。《说文解字》中说玉为"石之美者"，在古代西域也即现在新疆地区人的眼中，玉本质也就是美丽的石头，没有必要用这些来陪葬。所以一种东西是否昂贵，有时并不是东西本身，而是人给它们赋予的价值。关于玉还有这样的一个故事，春秋时期宋国有位贤臣子罕，当时有位宋国人得到了一块美玉，就拿来要献给子罕，子罕表示不接受。这个宋国人以为子罕不相信这是块真玉，特地告诉子罕已经找玉工鉴定过了，这确实是一块宝玉。子罕告诉他，你将玉作为宝贝，我将不贪婪作为宝贝，如果我接受了这块玉，那我们两个都失去了宝贝。从这里可以看出，如果没有贪念，也便没有所谓的难得之货。

何谓"行妨"？"妨"本来的意思是阻碍、伤害，如妨碍、妨害，如果这件事没有伤害，我们会用"不妨""何妨"等词组。还有一种情况，迷信的人认为某人或某物对某人不利，也会用到如"妨主""妨家"等词组。所以结合以上情况，"令人行妨"是指会使人的正常操行变形扭曲，诸如贪污、偷盗、掠夺等行为。大家都熟知柳宗元的《捕蛇者说》，里面的捕蛇者讲述了自己三代捕蛇的悲惨经历，而柳宗元提出要给他换一下赋役的方式时，这位捕蛇者却死活不肯。从常规的眼光看，这位捕蛇者言行确实怪异，但熟读历史便会发现，比毒蛇还要毒的不是别的，而是不合理的社会制度，是潜藏的贪婪之心。改正了这一点，每个人的行为就会正常起来。

最简单的才是最好的

"是以圣人为腹不为目，故去彼取此。"这里老子说得太生动了，我们不是为了眼睛而活着，而是应多多考虑肚子的感受。从另一个角度说，我们应当正视身体给我们的正确信号，而不是单纯地任由后天欲念指挥自己。古人云，"偃鼠饮河，不过满腹"，人其实就需要那么一点点，就可以满足生存的需要，无奈现代人虽然需要的很少，但想要的太多。当代人把健康放在嘴上，可能说得太多，以至于对这个词有些麻木了。现在流行一个词，叫作"健康银行"，其实用传统术语来说，便是"内财"。何谓"内财"？简单地说，就是身体内给健康留下的钱财，从修身的角度说，就是体内的精气神。内部的精气神非常足，而且运行状态良好，我们就说这个人内财很富足。

"故去彼取此"，老子这里的"此"，我想就是与生命活动息息相关的"内财"，代指能促进身心健康的信仰、品德和智慧。相对"此"而言，

"彼"从字面意思来说，就是离我距离远的东西。具体而言，与生命健康快乐无必然关系的财富、荣誉、地位，这些都属于"外财"的范畴。如果说"外财"属于身外之物，那"内财"则属于"身内之物"了。此前投资理财专家经常津津乐道一个故事，那就是苹果公司创始人之一韦恩以800美元的价格卖掉了自己10%的公司股份。按照当时他们计算的苹果市值，韦恩卖掉的股份价值约为350亿美元，由此大家一致评价，这也许是历史上最傻的一个决定。后来等乔布斯英年早逝后，大家才渐渐意识到其实人生可以有很多选择，而韦恩对当时的决定并不后悔，并坦言说："如果我继续与他们待在一起，我可能只会成为墓园中最富有的人。"一个好的社会，应当是重视身内之物的社会，同时也是将"身内之物"和"身外之物"完美结合的社会。日常有个词叫作"荣华富贵"，其实这里面有两层含义，"荣华"本义为草木开花，借用在身体方面则是指身体健康状态下所呈现出的生命光泽，即为上述的内财富足；富贵则是我们所说的钱财富足、地位高贵。生活中我们经常把"荣华富贵"看作大富大贵的代名词，而忘却了其内财的指代，荣华富贵放在一起，说明"内财"与"外财"也是统一的整体。

记得上大学时，非常流行那种透明的水杯，上面印着"the simple, the best"的广告语，至今记忆犹新。参透其中的真实意蕴，我们的生活似乎可以少受一些人为的束缚。手机也不必是苹果的才为时尚，有也好，无也罢，能实现基本的通信就行；车子顶多是一种代步工具，也不必非要宝马才有面子；面对琳琅满目的品牌衣服，选择一件穿着舒服就行。尽量地把生活简单化，这样才能把心思省下来做点有意义的事情。别人说鲁迅是天才，可他自己说："哪里有天才？我是把别人喝咖啡的工夫都用在工作上的。"值得现代人学习。

第十三章

宠辱若惊，贵大患若身，何谓宠辱若惊？宠为下，得之若惊，失之若惊，是谓宠辱若惊。何谓贵大患若身？吾所以有大患者，为吾有身，及吾无身，吾有何患？故贵以身为天下，若可寄天下，爱以身为天下，若可托天下。

淡泊名利的贵生者

与"宠辱若惊"相关联，日常生活中我们听到最多的词就是"宠辱不惊"。明代小品文集《小窗幽记》中有这样一副对联：宠辱不惊，闲看庭前花开花落；去留无意，漫随天外云卷云舒。对于"宠辱不惊"，许多解释是：受宠和受辱都不放在心上，将宠和辱看作两个并列对待的词。如果按这种理解解读"宠辱若惊"，那就是得宠和受辱都使人感到惊慌。以此为解读起点，此类人的形象可以这样描述：他们一直生活在惊恐不安之中，刚刚得到荣誉地位时，受宠若惊，得到之后，又害怕失去，终日在一种惊恐中度日。

幸好我们有不同的版本，本句的阐释便有了别样的路径。按照竹简版《老子》的说法，此句可以句读为，"人宠、辱、若缨"，这为我们揭示了另外的一种蕴意。按照此种句读，本句的语法结构是：人宠是主语，辱为谓语，若缨是补语（或者说"辱若缨"是谓语）。缨本义为脖子上的帽带，引申为束缚。整句话的意思是，受到人主的宠爱是屈辱的，这如同受到了捆绑束缚一样。另外，老子在下文中只讲到了宠，而没有解释辱，由此也说明宠辱不是并列的关系，而是主谓的关系。在《道德经》中，老子经常将看似相反的事物统一起来，如"曲则全，枉则直，洼则盈，敝则新"，借用上述的表达方式，本句话可以表述为"宠则辱"。老子认为，受宠其实也就是受辱，它在本质上是对人性的束缚，所以很自然地得出下面的结论："宠为下。"为什么说"宠为下"呢？因为受宠是人臣、人子追求的目标，受宠表明现在的身份是低下的，而有邀宠的成分在里面，就会有失去人格独立与自由的可能。另外从字面意思来看，《说文解字》说，"宠，尊居也，从宀龙声"。其为会意字，意为龙处在屋下，虽然地位尊贵，但失去了自由，不能翱翔于九天，受制于自我编织的金丝笼，而且如果自我把控不好，有时还会付出血的代价。

大家都熟知汉代的戚夫人，她被大家所熟知并不单纯因为她是刘邦的妃子，也不单纯因为她自身的美貌，而是她所遭受的几乎是历史上最惨烈、屈辱的刑罚——人彘。读读历史我们知道，戚夫人出身并不高贵，但很受刘邦的宠爱，宠爱到什么程度呢？经常在刘邦面前哭哭啼啼，却不担心自己的过失。为什么要啼哭呢？其中重要的一点，就是要求刘邦立自己的儿子如意为皇太子。不过后来事实证明，这样啼哭也似乎很奏效，曾有几个场合刘邦要废掉太子刘盈，若不是吕后的操作和张良的计谋，估计西汉的历史就要改写，这当然加深了她和吕后之间的矛盾。最为要命的，除了依靠喝酒跳舞邀宠外，几乎没有听说她有什么其他的作为。相比后来文帝的母亲薄氏来说，戚夫人似乎有些过分地张扬了。即使刘邦死后被吕后惩做劳役，她还自编自唱了一首《戚夫人歌》。她每天一边舂米，一边大放悲歌。歌词的意思是：儿子在当王，娘却当奴仆，谁能把这个消息告诉我儿子呀！据说这首歌音律很美，但犯了一个致命的错误，这将矛头引向她的儿子赵王如意，从而更加坚定了吕后要灭掉她们母子的决心。后来的故事大家都比较熟悉，儿子如意被杀害，她自己被砍掉四肢，挖去眼睛，熏聋耳朵，割掉舌头，以这种方式结束了自己的一生。看到这，除了感慨她政治上的单纯外，更让我想起了老子"祸莫大于不知足"的教导，一句话，在德不配位的情况下，尽量还要把持住自己。

三黜与三命

"何谓贵大患若身？"联系上一句，受宠者在下位，那尊贵者就是居上位。受宠者以得宠为荣耀，则肯定受辱，尊贵者如果以尊贵而沾沾自喜，则肯定会有祸患。如果对应竹简版《老子》的上一句，"人宠、辱、若缨"，此句可以句读为："贵、大患、若身"，意为占据尊贵的位置是有祸患的，这种祸患有时和失去生命一样重大。当然，这里我仅仅提出一种对本句的解读，至于答案是否妥当，还请读者自行判断。从社会领域看，贵指拥有尊贵地位的人。古往今来，最尊贵的莫过于皇帝，但皇帝的生存状态到底如何呢？有人做过统计，从秦始皇到溥仪，历代封建王朝皇帝的平均寿命不到40岁，皇帝这个职业被人戏称为历史上最不幸的职业之一。大家知道南北朝时期朝代更替频繁，生活在这样时代的皇帝命运就比较悲哀。如南朝宋顺帝刘准，据《南史》记载，刘准"姿貌端华，眉目如画"，不可谓不聪颖，他10岁登基，13岁被迫禅让萧道成，同年被害，临终前曾发出这样的感慨，"愿生生世世，再不生帝王家"，道尽了末代皇帝的悲哀。

从修身角度看，"贵大患若身"中的"贵"更多地指代一种主观感受。从字面意思看，贵从"贝"，表示与钱物有关，本义为物价高，与贱相对，在这里引申为某物在心中的位置高，意为重视。"患"，从字形结构看，上串下心，"串"就是穿在绳上的一组东西，在心里有东西在悬挂着，就是牵挂、担心、忧心。所以《说文》中讲：患，忧也。所以从修身角度可以将这句话解读为：有些人在现实生活中老是患得患失，始终将外在的得失看得和生命一样重要，而没有做到真正放下。清代思想家王夫之在《老子衍》中说："众人纳天下于身，至人外其身于天下。夫不见纳天下者，有必至之忧患乎？宠至若惊，辱来若惊，则是纳天下者，纳惊以自滑也。"自滑就是自惊，用现代术语来说，就是把所有问题都自己扛，把自己搞得身心疲惫。

在现实生活中，我们肯定离不开工资收入、离不开岗位晋升，可以说人人都需要，没有必要否定。关键问题在于心中将其摆在什么样的位置，如果将其作为人生的最高目标，那这些得失肯定会牵累你的心。这一方面宋徽宗的解读非常精彩，"物之悦来，寄也。寄之来不可拒，故至人不以得为悦；其去不可圉，故至人不以失为忧"，这里宋徽宗打了一个比方，以寄存的态度对待外物，所以得失不萦绕于心，我想这是比较理想的模式。

"胃先生"与"嘴先生"

刚刚接触老子的时候，感觉以老子为代表的道家是非常重视自己身体的，后来在品味的过程中，才体会到原来根本不是那么回事。"吾所以有大患者，为吾有身，及吾无身，吾有何患？"老子认为，身体是修道路上的障碍，如果没有了身体，我还有什么值得忧患的呢？这里有人可能会产生疑问，到底我们如何对待我们的身体？这里我想借老子的一个词来表达应持的态度，"为而不持"，重视它但是不贪恋它。所以这一章在理解上的难点问题是对待身体的态度，这里不是说不重视身体，把它看作可有可无的"臭皮囊"，而是不要因个人的私心而变得过度贪恋身体，换一种说法，我们要养生而不要贪生。

　　我曾购买过一套民国时期编写的开明国学读本，虽然是给儿童看的，但我自己有时也看得乐此不疲。其中有这么一篇文章，题目是《尽量吃呀》，宗旨是让人不要贪吃。文章是通过"嘴先生""胃先生"的对话展开的，"嘴先生"管不住自己的嘴，见了美味的东西就要多吃，结果搞得"胃先生"消化不了这么多食物，所以开始抱怨"嘴先生"。掩卷遐思，如果推而广之，我们身体也是诸多"先生"构成的，可以说是一个小型的社会。如果对这位"先生"好一些，可能别的"先生"就会有怨言，那么怎样才能让诸位"先生"和平相处呢？对于这个问题，两千多年前的庄子也曾提出过解决问题的方案。《齐物论》中记载："百骸、九窍、六藏、赅而存焉，吾谁与为亲？汝皆说之乎？其有私焉？"庄子说，四肢百骸、五脏六腑组成了一个生命体，对于这些部位，应当和谁最亲近呢？你对它们都同样喜欢吗？还是对其中某一部分格外偏爱呢？如果希望各部位和平共处，那就要有公平无私的态度对待各部位，进而忘掉自己的身体。

　　在具体的操作方面，最好的办法是在心理上消除荣辱的观念，不以物喜，不以己悲，以一种忘我的态度投入生活中去。老子认为，达到这种境界后，就可以将天下的经营权交给他了，所以他讲："贵以身为天下，若可寄天下，爱以身为天下，若可托天下。"这句话可以理解成：假如一个人把天下看作自己身体的一部分，将天下看得和自己一样重要，那这样的人就可以把天下交给他管理。因为老子强调"后其身而身先，外其身则身存"，反对万乘之主以身轻天下，即贪图个人享乐，而忽略了一国百姓的身家性命的君主。所以圣明的君主应当忘却"小我"，像对待自己身体那样对待"大我"，对待天下。总结一句话，唯有将外在的世界看轻、看淡的人，才有资格将天下托付给他。同样的道理，唯有真正忘我的人，身体的经营权才可以放心地交付出去。

第十四章

视之不见名曰夷，听之不闻名曰希，搏之不得名曰微，此三者不可致诘，故混而为一。其上不皦，其下不昧，绳绳不可名，复归于无物，是谓无状之状，无物之象，是谓惚恍。迎之不见其首，随之不见其后，执古之道，以御今之有，能知古始，是为道纪。

世界真是这样吗？

"视之不见名曰夷"，用肉眼看却看不到，这样的情况叫作"夷"。大多数注家将"夷"注释为"无色"，有的注家遵循《说文》的解读，将"夷"解读为平易，如唐玄宗李隆基注曰，"夷，平易也"。还有的注家将"夷"义进一步延伸，以灭义为解，如元代吴澄注曰，"夷谓平夷，夷则泯没无迹，故视之不见"。在不同的版本中，这句话也有不同的表述，有人认为本句应为"视之不见名曰几"，而更有帛书中将其定为"视之而弗见，名之曰微"，情况不一而足。

其实这并不妨碍我们对老子这句话的整体理解，有些东西我们想看却用眼睛看不到，换句话说，这个世界存在着我们的眼睛看不到的东西。在我们的眼睛看来，周围是一个五彩缤纷的世界，但世界真的就是这个样子吗？我们知道，人的眼睛仅仅可以看到光谱中的一小部分，其余大部分是我们肉眼无法直接观测的。可以设想一下，假如我们可看到全波段电磁波并且自由切换，那确实很兴奋也很恐怖，切换到 X 光波段时满街走的都是骷髅人，切换到红外波段则能自带夜视仪效果，而这些都是同一世界的不同影像。科学发展到今天，我们明白了宇宙中还有诸多的暗物质与暗能量，这些都等待着我们去发现探索，以前所说的"眼见为实"，确实应当予以重新审视了。

"听之不闻名曰希"，我们用耳朵去听却听不见，这种现象叫作希。与上面同样的道理，我们耳朵可听的声波范围很窄，更多的是无法通过耳朵直接听到的。后面的章节老子也讲到了"大音希声"，字面的意思是最大的乐音反而听起来没有声响。在道家的修炼者看来，天地是有大音的，只不过我们单纯用耳朵听不见。庄子的《齐物论》也有这样的记载：南郭子綦对颜成子游说，"女闻人籁而未闻地籁，女闻地籁而未闻天籁"，即你听过人为吹奏的声音，却未必听过大地吹奏的声音；你听过大地吹奏的声音，却未必听过上天吹奏的声音。具体的内容我们不在这里阐释，但庄子在这里借助"人籁""地籁""天籁"，表达了三个层次的人生境界，引导我们去感悟那永恒和谐的"天乐"。

下一句"搏之不得名曰微"，则从人体感触形质的角度来阐述。道体本身无形无质，无法通过身体的感触而获得具体的形质。举个例子，我们每天都用手机打电话、看新闻、聊天，表面上是具体文字声音，实际上从信息的角度看，我们都在与空中弥漫的无形信号打交道，从形质上说，这些信号我们也不能抓一把放在手里。因为科技的发展，现代人对信号的性质都非常熟悉，但在老子那个科技尚未发达的年代，举出"搏之不得"情形的例子就不容易了。所以很多时候老子用水来打比方，假如生活在科技昌明的时代，相信老子也会以信号的例子来说明"微"的。当然我们并不是说空中的这些信号就是道体，它们仍然是道的具体表现，而不是道体本身。

以"听"入道

通过以上分析可以看出，其实宇宙的实相，并不是我们日常观察所见的山川大地、日月星辰、江河湖海、花虫鱼鸟等这些具体的影像，而是一种"夷、希、微"的状态。下面老子告诉我们，大道是不可以通过后天的感官去把握的。"此三者不可致诘"，对于道的把握，老子告诉我们，它是看不见、听不到、摸不着的东西，也就是我们的感官是无从直接认知的。那么一个问题就来了，既然无法通过感官去把握，我们通过何种方式去把握它？是否我们等待实验室更先进的仪器去发现、去观测？老子认为，不是这样子的，我们应当调整一下认知的方向，如果真正要把握宇宙的实相，必须恢复到我们先天的状态，通过"混而为一"的直觉体悟方式，达到与天地合一的境界，从而在把握本体的基础上，真正地妙用在现实的生活与修行中。至于何谓直觉？20世纪初的法国哲学家柏格森在他的《形而上学导言》中曾专门给直觉下过一个定义，"所谓直觉，就是一种理智的交融，这种交融使人们自己置于对象之内，以便与其中独特的、从而无法表达的东西相符合"。

说到这里，我们不妨谈谈庄子，看看他是如何使自己置于对象之内，从而实现与"无法表达的东西相符合"的，我将其称为：由"听"入道。当然，这里的"听"不是大学英语的听力训练，"听"的训练是为了修身入道。《庄子·人间世》讲道："若一志，无听之以耳而听之以心，无听之以心而听之以气。"静下心来慢慢地收敛心神，专注一心，放弃耳朵感官的功能，用心去感受这个世界，再放弃心的思维认知功能，用"炁"去感受这个世界，由此渐进到混沌空明之境。无独有偶，先秦道家有本著作叫《文子》，据传为老子的学生、范蠡的老师文子所作，唐代被奉为《通玄真经》。历史上曾一直质疑其为伪书。1973年河北省定县汉墓出土大批竹简，其中就包括《文子》一书，至此这段公案才告一段落。《文子》中则有"以耳听者"、"以心听者"和"以神听者"的论述，虽然在字词表述上有所差异，但其内在的思想却与庄子是一致的。两者都主张超越感官能力和认知能力的种种缺陷，直接从"炁"的层面把握世界，以此来感知宇宙的脉动。以"炁"为载体建立场域，从而在"我"和"世界"之间搭建起一座桥梁，展现了更高层次的对"听"的回归。

通过以上论述可以得知，感知器官不可以穷极对道的描述，所以只能放弃感官，通过本性去把握，这一点似乎各家文化都意识到了。西方犹太人有句格言，"人类一思考，上帝就发笑"，佛教也有"不可思议"的提法，主张突破逻辑分析和文字语言的局限，积极调动如感知、理解、情感及联想等诸种心理因素，从而把握对象的内在意蕴。在传统民间武术圈中，往往把那些不善于用心揣摩体悟、一味蛮练者称为"傻把式"，所以师父在择徒的过程中往往重视其"性根"。清代武术家武禹襄，在日常的练拳过程中不断揣摩王宗岳的《太极拳论》，每有心得，当即用纸条记下，贴于堂房墙上，反复验证实践，终成一代太极拳宗师。

大道的情形

老子在本章内强调，必须通过内证的方式才能真正把握大道的情形。那大道的情形是怎样的呢？老子告诉我们："其上不皦，其下不昧，绳绳不可名，复归于无物，是谓无状之状，无物之象，是谓惚恍。"这句话描述了老子进入道的境界后所见到的景象。从字义上看，"皦"这个词有光芒四射的意思，昧则是昏暗不明的意思，"绳绳不可名"，传统的解释认为，"绳绳"是连绵不绝的样子，意为大道连绵不绝而无法被形容。在研读老子的过程中，我发现"绳绳"似乎还有一种解释。绳本义为用两股以上的棉麻纤维或棕草等拧成的条状物，后来指木工用的墨线，引申为准则、准绳。两个绳连用可以理解为用准绳去测量、衡量，意为测量大道的结果却是道不可以被测量、描述，感到上述的解释似乎亦通。自然科学中有一条有名的测不准原理，两者解释可以相互佐证。这句话整体是说，道既不光明四射，也不昏暗不明，用准绳去测量的话，却无法确切地描述它。对于"惚恍"一词，现在多做"精神迷离、难以捉摸、心神不宁"等意思，但老子在这里用这个词，却是表达心性光明的意思，后面在第二十一章会具体解读。

"迎之不见其首，随之不见其后"，这里隐含着大道既没有首，也没有尾，一直在那里做着类似圆周的运动，无怪乎我们的祖先将道简洁地描述为太极图的模式，那是无始无终的完美宇宙示意图。《易经》中有句话，叫作"见群龙无首，吉"，现代语境中，群龙无首成为一盘散沙的代名词。但《易经》作者真正的意思是所有的"龙"连接成圆环，如同老子所说的"迎之不见其首，随之不见其后"，达到了和谐圆满的状态，这样的结果自然是吉祥的。从这个角度来说，中国的太极图是中国人富有诗意的理想国模式，但这种图示并不是用来欣赏的，其最大的价值，或者其最终的落脚点，是要用这种高度浓缩的哲学观念来指导现实的生活，也即"执古之道，以御今之有"，这里就牵扯到道的妙用了。

具体到本章而言，生活中要有妙用，即要做到视而不见、听而不闻、搏而不得。因为一旦执着于自身的感受，你就会执象而求，最终和你想要得到的东西咫尺千里。比如在现实生活中，家庭不是说理的地方，这一点几乎成为现代人的共识。在家别讲道理，这是一条黄金法则。在这里我分享一个千古不易的秘方，此方应用起来非常有效。当唠叨之场景浮现时，这时候你要注意控制自己不要在意对方说什么内容，而只关注对方的嘴部运动，进而学会欣赏对方说话时的神情、动作，如同欣赏电影中的特写镜头一样，唠叨完毕，你还要学会对对方的神情动作赞美一番，达到了上述要求，估计所有的抱怨会因之烟消云散，所以我总结了一句话：和谐家庭，从"听之不闻"做起。

"执古之道，以御今之有，能知古始，是为道纪"，能够明白道体，并且能恰如其分地在现实中做到妙用，用现代术语来说，掌握了宇宙人生的规律，并且恰如其分地应用到我们的工作学习中。"能知古始，是为道纪"，从字面意思来说，"纪"有用丝线维系的意思。古始则指代古道之始，能够真正了解古道之始，则大道就能为我所维系，无论行走坐卧，都符合大道的规则，也可以说"造次必于是，颠沛必于是"。从另一个视角来说，纪有纪年、纪元、纪行、纪实、纪传体等的用法，在这里道纪可以参照中国历史的写法——纪传体，皇帝的为本纪，其他人为传。道纪也就是道的本纪，能够将古往今来道的演化过程真实地描述记载下来，这就是道纪。

第十五章

古之善为士者，微妙玄通，深不可识。夫唯不可识，故强为之容。豫兮若冬涉川，犹兮若畏四邻，俨兮其若客，涣兮若冰之将释，敦兮其若朴，旷兮其若谷，浑兮其若浊。孰能浊以静之徐清？孰能安以动之徐生？保此道者不欲盈，夫唯不盈，故能蔽不新成。

修身的七个阶梯

文章的一开头，老子就告诉我们，他心目中的有道之士，都是细微、深远、通达之人，深刻到远非一般人所能理解的程度。正是因为一般人无法理解，所以只能在人们可理解的层面勉强予以描述。这正如佛家禅宗，为了找到自己的本性而不受语言文字的困扰，他们提出了"以心传心、不立文字"的口号，可是纵观禅宗的发展史，越是提倡不可说、不可立，禅宗却说得最多，立得最多，连篇累牍的禅宗语录公案几乎让后人望而却步。其实禅宗真正的目的是告诉我们，要超越"文字相"进而把握问题的本质，而不是简单地抛弃一切语言文字。这里老子也看出了语言文字的局限性，提醒大家千万不要被表象的文字所迷惑，所以用了"强为之容"的说法。

"豫兮若冬涉川"，昔日读这一章的时候，感到这句话令人不爽。修道之人，看淡名利生死，一切都应潇潇洒洒，率性而为，怎能一上来就战战兢兢、犹犹豫豫？后来在《诗经》中也读到类似的语句，"战战兢兢，如临深渊，如履薄冰"，想想年轻人刚开始学习做人，还是应当虚心谨慎一些，思想上对这句话开始有所认同。后来在练习太极拳的过程中，一开始要走太极步，但怎么走也走不出感觉。这时有位师兄教导我，太极步就如同猫在捕捉猎物，爪子向前探时要谨小慎微，有时时机不对还会撤回来，要用这种感觉慢慢体会。经过一段时间练习后果然收获不少。同样的太极步，另一位师兄则用"冬涉川"的例子教导我，冬天踩在冰面上，每一步都不能完全踩实，因为你要预备后撤。练习到高的境界，如同在水面上凌波微步，一羽不能加，那种美妙无以言说。

有了这些体会，再看老子这句话，感觉完全不同了。人生也好，生活也好，修行也罢，首先要心存敬畏，《论语》中说，"君子有三畏：畏天命，畏大人，畏圣人之言。小人不知天命而不畏也，狎大人，侮圣人之言"。其实对大部分人而言，君子和小人都不是书本上的人物，他们同时活在你的心中，当你把自己当成世界的中心，把自己的认识当成真理，听信欲望和意识的支配的时候，表现在外面就是对一切的藐视和傲慢，那就是典型的小人形象。相反，本有的虔诚和敬畏生发出来后，你就成为君子的化身了。

"犹兮若畏四邻"，按照《河上公章句》的解释，这时候有道之士的状态是：行动起来如同受制于人，好像干了一件违法的事，害怕四周的邻居看到。此前我对这句心存疑惑，修道之人不应是缩头缩脑、胆小怕事之人，怎么老子在这里说"若畏四邻"？所以百思不得其解。后来渐渐地意识到，中国传统文化是向内求的，这里畏惧的对象不是外人，而是内心反复起伏的欲念，所谓"易涨易落山溪水，易反易复小人心"。在修身的初步阶段，应当时刻保持一种警惕的状态，防止欲念不加节制而泛滥成灾。宋代的普明禅师有个著名的《牧牛图颂》，表面上是讲牧童放牛的过程，实则借以比喻修炼者对心意的调服过程，其中有图有诗。有年我到重庆去参观大足石刻，里面就有这组牧牛图石刻，足见佛家对此的重视程度。《牧牛图颂》中的第二篇《初调》是这样说的："我有芒绳蓦鼻穿，一回奔竞痛加鞭；从来劣性难调制，犹得山童尽力牵。"所以在修身的初步阶段，收摄心神是一门重要的锻炼科目。

《中庸》有言："是故君子戒慎乎其所不睹，恐惧乎其所不闻，莫见乎隐，莫显乎微，故君子慎其独也。"阳明先生也说："盖不睹不闻，是良知本体；戒慎恐惧，是致良知的功夫。学者时时刻刻常睹其所不睹，常闻其所不闻，功夫方有个实落处。"我想这是对老子"豫兮""犹兮"最好的注脚。其实真正的潇洒，是一种遵循规矩的高度自由。即使被庄子赞誉为"踌躇满志"的庖丁，其解牛的境界不可谓不高，但到了关键时刻，仍然"吾见其难为，怵然为戒，视为止，行为迟，动刀甚微"。所以修行并非潇洒到什么也不顾，此前的时候我犯过这样的毛病，别人一重视某个问题，就认为对方是看不开，或者太执着，进而口无遮拦，夸夸其谈，没有规矩，这种就是典型的疏狂。

问题说到这里，现在想对这七个方面做一个简单的概括，以往的注家都认为，这是老子对"善为士者"七个侧面的描述。本人不揣浅陋，在这里提出这七点是"善为士者"修道过程的七个次第，是对修道者所达到境界的过程描述，即豫兮→犹兮→俨兮→涣兮→敦兮→旷兮→浑兮。有了以上的"豫兮""犹兮"功夫基础和训练，人心则会从散乱的状态变得有序起来，便会对大道所昭示的秩序和规则肃然起敬，所以到了这个阶段便会"俨兮其若客"。俨是由人字旁和严字组成，意为庄严、庄重、整齐，所以老子说这时候他会如同出门做客那样庄重，因为此时修炼者心中有所秉持，有所敬畏。这样一直修炼下去，昔日修炼者心中某些固化的观念会逐步地被打破，身体也会因此而变得更加柔软。这一点我深有体会，上学的时候因坐姿不对，加上长时间电脑前的伏案工作，导致了身体脊柱有些侧弯扭曲，背部肌肉僵硬，经过一段时间的导引术练习后，背部明显有冰凌融化的感觉。所以这个阶段是逐步清理固化观念、释放能量堆积的过程，而等这些负面情绪和虚幻观念被清理干净后，一个人本真的面目便会显露出来，此时则会达到敦厚的"朴"的层次，所以老子说"敦兮其若朴"；由这种境界继续保持下去，由小我走向大我，此时心胸变得更加开阔，深远空旷之境显现，老子对此概括为"旷兮其若谷"；由此再深入一步，则从大我走向无我，这时修炼者就会成为最高层次的"自然人"，此时他会和光同尘，悠然地生活在自己的本位和使命中，从外表再也看不出新奇的东西，对于这种境界，老子将其概括为"浑兮其若浊"。

不完美才美

"孰能浊以静之徐清？孰能安以动之徐生？"刚刚接触到这句话的时候，脑海中马上浮现出一幅画面，一位新生儿从混沌的状态，睁开眼睛开始打量这个世界，这种"徐生"的瞬间确实是一个惊心动魄的时刻。生活中有这样的现象，静置一杯浊水，放上一段时间，杯子里的泥沙就会慢慢沉淀，水就变得澄清起来。人也是相同的道理，能保持静定的状态，则杂乱的思绪也会尘埃落定，人就会变得安静下来。在老子的体系中，任何事物都是从两方面看的，静定好不好呢？这本身就是个伪命题，静定到一定程度，自然会有动的东西生发，正如打太极拳，人在静定的状态慢慢起势，无极的状态则变成了阴阳运动的状态，但这种运动不是乱动，而是有根性的动，这时候真正的妙用也便生发出来了，最后到了收势，人又回归到无极的状态。正如周敦颐在《太极图说》中提到的："动极而静，静而生阴，静极复动。一动一静，互为其根。"从这里来看，中国传统的思想是一以贯之的系统。《大学》有言："知止而后有定，定而后能静，静而后能安，安而后能虑，虑而后能得。"这也是讲的惩忿窒欲的方法与程序，可以说与老子的说法有异曲同工之妙。虽然程序和方法都好理解，但真正践行的功夫却是很难的，所以老子在这里用了"孰能"一词，也就是说世间谁能做得到呢？读到这里有些感慨，自古圣贤皆寂寞，这句话一点也不假。有时修道者正如一个人的呐喊，莫说支持者，连反对的声音也听不到，借用陈抟老先生的话说，那真是"白云高卧，世无知音"了。

行文至此，老子教导世人要保持徐清、徐生的状态，那么怎样才能保持呢？老子的药方是"不欲盈"，也就是调整到一种恬淡虚无、知足常乐的心态。说到这儿，我想起了《西游记》对这个问题的阐述。《西游记》的作者在安排唐僧师徒取经回来后，又让他们在通天河落下云头，在被昔日救过的大鼋驮到河对面的时候，因唐僧忘了问大鼋何时可以修炼成人身，大鼋一气之下沉入水中，师徒五人连同经书也一起沉入水中。天亮后大家翻晒经书，经书却不小心被揭破。当时孙悟空说了一句话："盖天地不全，这经原是全全的，今沾破了，乃是应不全之奥妙也。"其潜台词是，天地尚且不全，我们也应效法不全的道理，多少也要留点遗憾才好。世人都追求完美，而真正的有道之士则注重求阙。近代曾国藩曾修建一个书斋，取名"求阙斋"。为解释这个书斋的名字，他还专门写了一个"求阙斋记"，所以求阙的背后应是不求盈满的心态。

生活中有一类人，我们姑且称之为完美主义者。完美主义者试图呈现自己最完美的一面，不能接受外界不完美的评价。所以完美主义者背后是对外界赞许的期待，而不是自我的认同与满足。人人都追求完美，人人都要努力奋斗，这里丝毫没有否定的意思，但有益的奋斗关注的是自身的成长，而完美主义者是关注他人的成长。应当说，完美主义是人成长的枷锁。为了去除这种枷锁，我们需要接纳自我的不完美。

"蔽不新成"，如果从"蔽"字的解读来看，蔽从艸，敝声，本义是小草的意思，引申为遮蔽、遮掩。"蔽"，其他如帛书、傅奕本都写作"敝"，憨山大师等将其解读为"旧",认为旧的东西才最持久,能经得起风霜,耐得住折磨,而新成者,虽有一时之光显,不久便会损折。在解读中,憨山还以张良辟谷不出山为例,来论述"蔽不新成"的道理。用河上公的说法,"蔽者,匿光荣也",也便是遮盖住自己光亮的一面,和光同尘,做到光而不耀。从"敝"的本义延伸,可能就衍生出一种"蔽"的心态,如同一件旧物件,我们对待它的态度是放在一边弃而不用。如果把这种心态推广到修身领域,把我们所谓的肢体聪明统统弃而不用,即庄子所说的"隳肢体,黜聪明",这样"蔽"掉的是形体,而精神仍是"不新成"的圆满状态。对这句话,有些版本写作"敝而新成"。其实无论是"不新成",还是"新成",两者看似相去甚远,而一旦将其置于老子的思想体系中,两者的区别尽可泯灭。说他不新成,是强调走不到尽头,说它新成,是强调走到尽头,还有新路可走。从这里可以看出,老子思想确实有很大的包容性,体会到了这一点,也便达到了"旷兮其若谷"的境界。

第十六章

致虚极，守静笃。万物并作，吾以观复。夫物芸芸，各复归其根。归根曰静，是谓复命。复命曰常，知常曰明，不知常，妄作凶。知常容，容乃公，公乃王，王乃天，天乃道，道乃久，没身不殆。

何者为静？

"致虚极，守静笃"，历来被认为是身心修炼的基本原则。致虚，用现代术语来说就是保持心灵空虚放松的状态。守静，并不是单纯意义上坐在那里一动不动，而是无论行走坐卧，一直保持身心平稳和谐的状态。对于本句，郭店楚简的表述为："至虚，恒也，守中，笃也。"恒字最早出现在甲骨文，初文写作"亘（gèn）"，从二从月，"二"代表天和地，"月"即月亮，表述月亮圆缺往复于天地之间，引申出长久、持久的意思。后来其演化比较复杂，又引申出恒心之义。"笃"最早见《说文解字》的小篆，其本义是马行走缓慢，后来延伸为忠实专一、深厚、厚重、加厚等意思。

说到文字的解读，其实中国传统文化有个很有意思的现象，那就是读音相同的汉字往往有着连带或者相关的意思。如"政者，正也"，从事行政管理的本义就是公平公正；"义者，宜也"，所谓义，也就是要做到中道适宜；"仁者，人也"，按照我个人的理解，恢复到人本然的状态才能称为仁。下面我们看一下老子文本中的"静"，静从青从争，本义为色彩搭配得当。"青"为初生之颜色，"争"为上下两手双向持引，所以守静的含义为不受外界滋扰，能够坚守初生本色、秉持初心。而只有守住了这个初心，内心负面的能量和信息才会减少，后天的意识才逐渐得以净化，由此才会出现"净"。净化之后，内心敬畏的东西就会出现，由此出现了"敬"，从"静"到"净"再到"敬"，在路线上说就是修炼路径的"径"。揭示这种路径的就是经典的"经"。在此过程中会有绚丽多彩的修炼内"景"，由此产生层次各异的人生之"境"。

让我们再次回到"静"的探讨。从以上分析可以看出，"静"并非完全不动，相反，它是一种更高层次的动。正如我们生活的地球，周围的建筑和树木给我们的感觉都是不动的，但天文的知识告诉我们，它们包括我们自身，都是随着地球高速运转的，所谓"坐地日行八万里"，我想这是一种大动，或者是老子所说的"静"。而把这一点应用到生活中，人一旦静定下来，就会发现身体各部分就会按部就班、有条不紊地运作起来，从而达到生命活动的一种自我本然的状态。如果需要给自己一个提醒，那就是不要打扰它们自我运行的状态。

这一句话可以说把修道的方法、层次和境界都讲到了，可以引发很多的阐释，这里只针对现代流行文化强调一点。有时候我更喜欢楚简《老子》的表述，"至虚，恒也，守中，笃也"，为什么呢？因为它突出强调了践行、坚持、专一、忠厚，可谓是现代人的对症药方。现在流行的快餐文化，使人心更加浮躁，很少有人能够几十年如一日坚持一件事情。大家都熟知的郑板桥的《竹石》："咬定青山不放松，立根原在破岩中。千磨万击还坚劲，任尔东西南北风。"面对纷繁的变幻世界，我自立根坚定，认准后便毫不动摇地坚持下去。但生活中经常有人说，你说的道理我都懂，但我就是做不到。严格意义上说，这就是典型的偷换概念，道理就是道理，做到也好，做不到也罢，它始终在那里起作用，关键是你去不去做。

内观自求

对于"万物并作，吾以观复"，一般的译本将其翻译为：万物蓬勃生长、纷纷呈现，我观察他们的循环往复。大多将"万物"看作大自然中客体的万物。因本书是从修身角度来解读《道德经》的，所以这里我们将"万物"视为主观的万思万虑之物，或者简洁地说，就是我们思虑中纷繁的念头，即所谓"人之心君如侯王，人之百虑似万物"。"万物并作，吾以观复。"这里牵扯到三个问题，谁来观？来观谁？观什么？第一个问题，"吾"也就是观察的主体，这里的"吾"即为本体意识。第二个问题，"万物"是观察的客体，即为纷扰的自我意识。第三个问题，"复"是观察的内容和主题。对于其中的"复"，许多版本将其解读为循环往复，如同大自然的花开花落、日夜更替、四季轮回，我想这种解读也没有错误。但还有一层意思似乎没有点出来，那就是返观内省之义，从而回归到其原本的面目。

说到"复"，《易经》便有单独阐释这个问题的复卦。复卦初九是这样讲的："不远复，无祇悔，元吉。"念头刚刚生发出来，我们马上就意识到错误并改正过来，这样没有产生什么过错，也不会让人太后悔。所以解释爻辞的《象》曰："不远之复，以修身也。"刚刚开始行动，就能知过必改、复归正道，这里强调了及早自我省察的重要性。修身中纷繁的念头不断地涌现出来，这种情况下我们如何应对？这里老子提供了一种重要的方法，那就是内观。何为内观？这里我们给它下一个定义：内观是本体意识对于自我意识的觉察与观照，是修身中从小我走向大我，进而进入无我状态的重要途径和手段，也是自我觉醒的重要标志和基本素养。老子认为，本性如大海，念头如浪花，通过内观的方式，让自己的后天意识始终处于被审视的状态。念念归静，自然也便波澜不惊，始终处于本我的状态。

在学习老子的过程中经常有这样的体会，原来世间还可以有这样的想法，这样的生活，这样的境界，这样的世界。在习以为常的世间拓展一片新的天地，然后进入这片天地，生活问题的答案变得不再唯一。在人生可以有多重选择的时候，身心也便有了自由的感受，所听的鸟鸣有音乐的美妙，所见的落日有图画般的静谧，不同季节的风也有了仪态万千的风情。如果从这个视角来审视生活，你就会觉得其实每一个场合都是充满诗意的修身之所，每一个人物都是角色各异的修身的主人公。现实与历史的一切如同舞台剧，鲜活地展现在你的面前。

现实版的放牛娃

下面我以自己的亲身经历为例，细致地描述一下自己的心路历程，借以诠释"夫物芸芸，各复归其根"的修身学内涵。以前对于儿子的学习，我是非常"上心"的，每天做作业，我都要给他把课本的内容重新梳理一遍，不会的作业重新讲上一遍，积极性不可谓不高。但事与愿违，儿子每次考试的成绩不断地突破我的底线，自己的心情随着成绩的起伏而起伏，于是乎伴随而来的是无数次的叱责，无数次的教训。后来我也不断反思，自己怎么变成了这样？年少时对自由的追求是那样强烈，对素质教育的渴望是那样迫切，怎么转眼之间自己变成了一个"刽子手"？在反思中我慢慢地意识到，社会通俗的价值观深深地同化了我。记得曾经看过这样一个故事。有人问一个放牛的孩子："孩子，你放牛是为了什么？"孩子回答："为了赚钱。""赚了钱之后干什么呢？"孩子回答："娶媳妇。""娶了媳妇后干什么呢？"孩子回答："生孩子。""生了孩子后让孩子干什么呢？"

孩子回答："再放牛。"以前对这个故事中的孩子还不断发笑，后来仔细想想，现在我们不还是信奉这样的价值观吗？孩子你要好好学习，学习好了可以找个高收入的工作，这样才能找个高素质的媳妇，然后你们的孩子起点就更高，就不会输在起跑线上了。现实中的我和故事中放牛的孩子有什么不同？

痛定思痛，我感到不可以用流行的价值观去束缚自己，去捆绑孩子，而应在提供基本生活保障的前提下，培养他们良好的习惯，告诉他们人生的基本道理就可以了。有了这种思想的改进，整个人顿时也轻松了不少。但后来有很多时候还是管不住自己，总是感到有个根本性的问题似乎还没有解决，为什么我只顾及我的儿子？别人家的孩子即使没有良好习惯，不知道人生基本道理，有时我也一笑而过，毫不在意呢？我想这就触及了内心深处的一个基本理念：他是"我"的儿子。但仔细探讨一下的话，他真的是"我"的儿子吗？这就让我想起了《庄子》中的一段话："（汝身非汝有也）是天地之委形也；生非汝有，是天地之委和也；性命非汝有，是天地之委顺也；子孙非汝有，是天地之委蜕也。"刚接触这种观点，确实很惊讶，身体不是自己的，那到底是谁的？庄子告诉我们，身体不过是天地委托我们代为管理一段时间而已，过了这段时间，尘归尘，土归土，身体就回归到它应该去的地方了。所以从某种意义上说，生命和生命体是不同的，我们关注的往往是生命体，而忘却了我们仅仅是身体暂时的"代理人"而已。

经过这样层层的剖析，我才渐渐地体会到，生命体开始、展开乃至灭亡都是代理的过程，更别说作为生命体延续的子孙了。世界上没有一样东西是属于我们的，所有此前为之奋斗的东西或许都是虚妄的追求。等所有的这一切尘埃落定，也就是万物"归其根"的时候，一个更深层次的本我也便慢慢苏醒过来，而这个过程也就是"复命"的过程。

花开花落总是春

原则方法讲述完毕，下面老子讲述了修身的效应问题。"知常曰明"，能够明白宇宙人生的真相，则可以保持心性光明的状态。这里的心性光明不单纯是一般的哲学观念的光明，而是有生理基础的身心光明的状态。中国近代民间教育家王凤仪，因家贫而不曾读书，自幼给人家放牛，天性纯朴善良，喜欢思索人生的大道理，三十五岁那年听大善人杨柏宣讲书，因大悟"贤人争罪，愚人争理"的原理，而沉痛后悔自己的过错，身患十二年的疮痨，一夜之间霍然痊愈。同年十月杨柏宣因遭诬陷被捕入狱，王凤仪效法"羊角哀舍命全交"的故事，誓死前往朝阳府营救杨柏宣。行到中途，身心顿感一片光明，夜间好似白天一样，从此之后王凤仪豁然开悟。王凤仪的经历可谓"知常曰明"的典型案例。对于这种现象，庄子有云，"虚室生白，吉祥止止"，内心的杂念清除出去，智慧光明自然会显露出来。相反，如果带着过多的目的和欲望生活，则会在自我迷途中越走越远。

现实生活中，所谓的不公与抱怨很多时候不是生活本身有问题，而是我们的价值观与打量世界的眼光出现了问题，甚至可以毫不客气地说，看不惯这个世界是因为自己修养不够。而一旦修正自己的看法与价值取向，努力地做好自己时，所谓的"问题"也就都不是什么问题了。这种境界有点类似于孔子所讲的"耳顺"。用胡适的话说，耳顺是能容忍"逆耳"之言，听"逆言"不觉得"逆耳"。站在对方的立场，考虑对方的层次，张三只能说出张三的话来，说成别的就不是张三了。以这种眼光去打量世界，一个人可以养成宽广包容的心态，由此则可公正客观地善待万物，进而成为王者，这即老子所讲的"知常容，容乃公，公乃王"的道理。何为王者？并不是当上首领就是王，从修身的角度看，"王"就是真正成为自己心灵主人的人。

在这一章节的表述中，老子层层推演出，由容到公，由公到王，由王到天，由天到道，由道再到久，再到没身不殆。按照王蒙先生的说法，这是中国哲学的模糊逻辑方向，大道决定一切，本源决定结果。但至于能否走到最后的结果，那只能在漫长的修身之路中，好好遵循老子"致虚极，守静笃"的教导，真正把握住自己本心。其实解读这一章的时候，正是本书正要杀青的时候。此际妻子不经意间问我，写完了到底有什么收获？一时我竟然无法回答，自己到底得到了什么？似乎正如《红楼梦》"阻超凡佳人双护玉"一节中宝玉所说的，"如今不再病的了，我已经有了心了"，也许自己也有了"心"吧。有感于此，口占一首打油诗："二十年来忙修身，有朝忽悟解其纷，若要问我何所得？花开花落总是春。"也算是本章的小结吧。

第十七章

太上，下知有之，其次亲而誉之，其次畏之，其次侮之。信不足焉，有不信焉！悠兮其贵言，功成事遂，百姓皆谓我自然。

　　按照传统的解读，本章是论述统治者治理层次的。最高明的统治者，大家仅仅知道他的存在，其次的大家亲近他赞美他，再其次的大家害怕他，最其次的大家轻慢他。对此，孔子也提出："道之以政，齐之以刑，民免而无耻；道之以德，齐之以礼，有耻且格。"大意是，如果用政令来引导人民，用刑法来规范人民，那么他们虽然也能免于犯罪，但会丧失羞耻心；如果用道德来引导人民，用礼乐来规范人民，那么他们不仅不会犯法，而且有羞耻心。道之以德、齐之以礼、道之以政、齐之以刑，大致可以分别简称为德治、礼治、政治和刑治四种层次的治国模式。如果借用到修身的领域，我们可以划分为四种不同层次的人生境界和心理类型，下面具体论述一下。

自我超越的人

　　太上，为至高无上之义。道家尊奉老子为"太上老君"，这应当是最尊贵的称号了。古代皇帝退休了，被人称为太上皇，也是古代政治生活的最高荣誉。在本章中，老子认为最高的统治者，大家仅仅知道他的存在而已。而在《永乐大典》中收录的《道德经》版本中，此句表述为"不知有之"，也就是说统治者采取无为而治的统治策略，大家根本意识不到他的存在，或许这更符合老子的本意。正如"大器晚成"和"大器免成"的表述一样，"大器晚成"，是指成就一番事业需要有长时间的磨炼与积累，所以往往要到了年龄很大的时候才取得成功。"大器晚成"虽然很晚才得以成功，但毕竟还有人为加工的成分，"大器免成"则摆脱了这种束缚，一种浑然天成的璞玉，根本不需要人为地加工。

在这里我提出一个问题，那就是从修身的角度来看，"太上"是指的什么？"不知有之"的"之"又是指代的什么？在社会政治领域，太上为最高的统治者，而在修身领域，"太上"则是指的生命的本我，"之"则为后天意识中的自我，"不知有之"，也就是说连自我这个观念也没有了。打个比方，静心练习中提示自己不要再有别的念头，我要静下来了，其实从根本上说，"我要静下来"本身就是一种念头，真正的安静状态，就会连"我要静下来"这个念头也给忘了。在道家看来，后天思维一动，先天的状态便被破坏掉了，对此，西方也曾有类似的论述，"人类一思考，上帝就发笑"。如果放下后天人为，回归无为，先天状态就自动运作起来，而"太上"境界的人便是先天本我和后天自我融为一体的人。

日常生活中，我们经常听到的一句话是"傻人有傻福"。表面上呆呆傻傻，性格开朗，乐于助人，不知人情世故，不懂权宜变通，肯吃亏，能受气，反而经常有不经意的好运。这里我想到了《水浒传》中的鲁智深，表面上看鲁智深是个"纯粹"的粗鲁之人，在五台山出家后从不打坐参禅，每夜都是鼾睡如雷，起夜之时甚至在佛殿后拉屎撒尿，似乎和"智深"没有半点关系。但在作者的创作理念中，鲁智深实则是一位粗中有细、率性而行的上智之人。以拳打镇关西为例，在开打之前，他先是让郑屠为他切肉，故意刁难，借机拖延时间并激其怒气，结果郑屠不堪忍受而率先发难，这一招使得自己变成了被害者。他在打的过程中边打边骂，细数郑屠的种种恶行，让自己在围观的群众眼中成为正义的一方。最后三拳打死镇关西，走的时候撂下一句话："你这厮诈死，洒家和你慢慢理会！"但还是一边骂，一边大踏步开溜了。后来鲁智深大闹五台山，被智真长老送往东京大相国寺，途中经过桃花村。在借宿的过程中，得知桃花村刘太公的女儿被强盗所逼婚，遂答应帮助刘太公退了这门婚事。对于这件事，刘太公不以为然，书中是这样描述的，太公道："他是个杀人不眨眼魔君，你如何能够得他回心转意？"智深道："洒家在五台山智真长老处，学得说因缘，便是铁石人，也劝得他转。今晚可教你女儿别处藏了，俺就在你女儿房内说因缘，劝他便回心转意。"且看鲁智深是如何说因缘的呢？先是要了二三十碗酒喝，然后把自己脱得赤条条的，坐在销金帐中，静待强盗的到来。等桃花山二寨主周通来了之后，鲁智深给他好一顿胖揍。后来周通逃出桃花村，回山寨去请大寨主为自己报仇。而所谓的大寨主，却是鲁智深在渭州结识的李忠。最终周通听从鲁智深的劝告，折箭立誓，取消了与刘小姐的婚事。从这里可以看出，鲁智深这场因缘确实说得非常精彩。从修身的角度来看，鲁智深是达到本我状态的人物，或者说是忘掉自我的人物。无怪乎作家张恨水这样感慨：鲁师兄者，喝酒吃狗肉且拿刀动杖者也，然彼只是要做便做，并不曾留一点渣滓。世之高僧，不喝酒，不吃狗肉，不拿刀动杖矣，问彼心中果无一点渣滓乎？

自我悦纳的人

如果不能忘却自我，等而下之的状态又是什么样呢？老子说，"其次亲而誉之"，从修身的角度来说，这样的人有生活的自信，接纳自我，肯定自我，生活在一种愉悦的状态。自我悦纳，从字面上理解就是接纳自己，无论是好的、坏的，无论是优点、缺点，都能乐观对待，以发展的眼光看待自己。在自我悦纳的基础上，培养自信，从而实现充实快乐的人生。早年对于"孔颜乐处"不是太明白，在世人的眼中，孔子、颜渊等人既无雄厚的资本，又无骄人的官位，孔子是"饭疏食饮水，曲肱而枕之，乐亦在其中"，颜渊则是"一箪食，一瓢饮，居陋巷，人不堪其忧，回也不改其乐"，他们快乐的资本到底在哪里？现在看来，他们以人格的健全程度为看点，在顺应本我的基础上能够接纳自我的生活，从而在不为人知的角落中，默默地做些快乐的事情。现实中，很多青年人特别是高校里的大学生总是抱怨自己能力不够，没有特点，没有学生干部经历，没有颜值等，总是自叹不如人，自寻烦恼，严重的还会走向自卑、自我否定的极端。其实，这都是没有悦纳自我的体现。

其实正如穿衣戴帽一样，任何事情包括所从事的职业，只有适合自己的才感到舒服。即使是世人眼中高贵的天子之位，如果不适合自己也是得不到快乐的。历史上的刘盆子本是西汉末年的一位放牛娃，后来以抽签的方式阴差阳错地被起义军推举为皇帝。在登基之前还穿着破烂衣服，披头散发，突然之间被捧到了九五之尊的地位，接受诸位将领的朝拜，刘盆子一时被吓得不知所措，甚至下跪请求诸位将领放他一马。可是事与愿违，这个皇帝还必须要当。一向习惯了自由散漫的放牛生涯，面对朝廷诸多的繁文缛节，刘盆子当然不适应，中间还曾鼻涕一把泪一把地请求辞掉这位子，但还是没能如愿以偿。据说当了皇帝后，他还是愿意跑出去跟昔日的放牛娃嬉戏一番，算是在田野之趣中补偿一下庙堂之苦。从这个角度看，刘盆子自我认知非常到位，如果不是历史开了个玩笑，相信他也可以达到自我悦纳的境界。

自我逃避的人

如果后天意识再演化一步，成为"不合理"想法，以至于与先天本性发生了冲突，久而久之，先天本性则害怕见到这个由"不合理"想法组成的自我，从而不敢去直面真实的自我。鲁迅先生说过，"敢于直面惨淡的人生"，可是许多人不敢去正视自我，为了不发现自我，他们会表现得勤快与忙碌，但这其实是一种自我逃避的方式。据统计，现在有70%的疾病是心因性疾病，即心理因素引起的疾病，而心理疾病往往由我们不合理的想法所造成。现在正是新冠肺炎疫情时期，大家都忙着去防范新冠病毒，其实很少有人意识到，不合理的想法是我们思想的病毒，它让我们变得恐惧、焦虑、逃避，从而成为一个自我逃避的人。

现在人的焦虑现象逐渐增多，发展到了后期，则成为焦虑症。按照个人的理解，焦虑症者已经分不清想法和事实之间的关系，许多时候事实不一定是这样，而他自己认为一定是这样的。或者有时候自己也清楚这不过是自己的一种想法，但是却控制不住这种想法的产生，于是乎这种想法不断侵扰自己，最终把人搞得狼狈不堪。如有的焦虑症者本来处于安静的环境，但老是感觉背后有人在盯着自己，所以就非常不自在；或者感到头顶的灯会突然砸下来，或者感到运动起来后骨骼会垮掉……总之，这些莫名其妙的想法不断产生，严重地影响到正常的工作和学习。

世界上不存在单纯的生理问题，也不存在单纯的心理问题，两者之间是相互影响的。从表面上看，焦虑的产生是因为念头不断产生，我们自身对其又无可奈何，久而久之对其产生恐惧的心理现象。如果再深入探讨一下的话，其实这还是综合性的生理问题。这里有一个故事，有位小伙找到心理医生，说自己所喜爱的女朋友跟人走了，自己感到没有了生活的希望，所以一直想自杀。幸好这位心理医生也非常精通中医，他并没有给这位小伙分析什么，只是说自杀也不差这一会，我给你补补气吧。医生用传统的方法给这位小伙补培了元气，结果这位小伙起来后说不想自杀了，而且要上法庭给自己讨回公道。在传统中医看来，如果元气虚弱到一定程度，那对后天意识的固摄程度就会大打折扣。后天意识不断地编织出虚幻的世界，元气虚弱者则很难有驾驭的能力，久而久之就会陷入其中而无法自拔。所以从根本上来说，抵御焦虑症还是要培植自身的元气。

自我抛弃的人

当后天欲念膨胀到一定程度，人已经完全丧失了对它的控制，这时它如同体内已经失控的高速卡丁车，来来回回碾压我们的身体，由此引发人体的诸多问题：身体正常的自我运行秩序被打乱，基层的组织细胞受到忽视、排挤和碾压，于是乎开始反抗、挣扎和变异，最终身体给出了它的信号，我不想再活下去了。对于这种现象，《黄帝内经》将其总结为"内格"。所谓的内格，也便是身体内部的格斗，从精神领域来看，那是先天本性与后天意识的争斗。有人给即将处刑的杀人犯做了这样的一个实验，告诉他们要把他们困在一个密闭黑暗的空间，在他们的手腕上划上一刀，然后让血慢慢流尽而死。实验过程中，死囚被捆在床上，并蒙住眼睛，实验科学家在死囚手腕假装割了一下，并让死囚相信，在他旁边滴的水事实上是他自己的血。死囚无法看到真相而相信这是事实，过了一段时间，实验的对象真的死去了。因为意识看不见、摸不着，我们习惯性地忽略了它的存在和威力，其实精神世界生病了，同样也可以剥夺肉体的存在。

以上可能是极端的例子，其实类似杯弓蛇影的案例一直在我们生活中演绎着。民国时代的章炳麟可谓是一位大学问家，章炳麟亦有很多徒弟，如钱玄同、刘文典、鲁迅、周作人、黄侃等，其中鲁迅可谓是最有名气的了，可是在学问方面章炳麟最为推崇的却是黄侃。章炳麟曾说："黄侃清通之学、安雅之词，举世罕与其匹。"可见黄侃学问之高深，黄侃专攻《说文解字》，上课的时候一不带原书，二不带讲稿，但讲课仍能口若悬河，头头是道，学生下课翻书检对，居然一字不差，足见其功底之深厚。但黄侃本人却谦虚非常，认为年轻时一则学力不够，二则意见不成熟，所以主张50岁前不著书。在其50岁生日的时候，他的老师章炳麟为其庆生并送其一副对联：韦编三绝今知命，黄绢初裁好著书。在一般人看来，章炳麟的本意是借用孔子韦编三绝的故事，鼓励已过知天命之年的黄侃再接再厉，希望有好的著作问世，但在黄侃的眼中，自己敬爱老师的对联中蕴含着"绝命书"的意思，这也似乎预示着自己不久将绝命于人世，所以当下愕然。在这种想法的驱使下，黄侃郁郁寡欢，结果当年就因饮酒过度而离世。章炳麟的寿联竟然一语成谶，令人唏嘘不已。现在想想，让现代人谈虎色变的癌症，许多情况下其实是自我暗示下的恐惧膨胀，是自我加压下身体不得已的革命，如何在心理建设中达到身体的长治久安，这是现代人需认真对待的人生课题。

最高级的心理学

有个道德经心理网是这样翻译这一章的：

> 最好的咨询师，求助者并不知道他的存在；
> 其次的咨询师，求助者亲近他并且称赞他；
> 再次的咨询师，求助者畏惧他；
> 更次的咨询师，求助者轻蔑他。
> 咨询师的诚信不足，求助者才不相信他。
> 最好的咨询师是多么悠闲啊，他不随便说话。
> 咨询成功了，求助者都说："我本来就是这样的。"

其实每行每业都可以在这一章中获得启发和灵感，从而找到自己的行业标准和层次。我想强调的是，解读老子没有绝对的对错之分，而是要从不同维度、层面和角度汲取老子的思想养料，从而让我们的精神世界更加丰富多彩。所以日常生活中不要让《道德经》成为书橱的摆设，而是让它走进我们的生活，从而成为我们工作学习的一部分。现在有很多心理学的老师随着学习的深入，大多都走入了传统经典的学习，尤其是《道德经》的修习。在心理临床中也大多把《道德经》用于心理学的指导。

为什么《道德经》能用于心理学的指导？我想这与老子所站的高度有关。大家都熟悉司马迁的一句话："究天人之际，通古今之变，成一家之言。"以前对"究天人之际"不是太明白，现在看来，人是从天的产物，人道遵从天道，正如老子所言，"天下有始，以为天下母"，明白了天道如何运作，也就知道了人应当如何生活，这是一种从根源看问题的高度和境界。虽然老子没有告诉我们具体问题的现成答案，但他在根源层次对宇宙人生进行了揭示。我们可以以此为指导，促进对各领域的研究与探索，从而形成整体性的认知和把握。

现在情绪管理成为心理学的热门话题，相信有了上述的认知和把握，在生活中你会成为出色的情绪管理高手。这里有两个概念需要区分一下，情绪管理学家和情绪管理家是不同的。有位老兄开设情绪管理学的课程，但回到家与妻子还是争吵不断，妻子抱怨他虽然开着这门课，但本身的情绪管理也不怎么样，为此他自己也很是懊恼。正如养生学家和养生家的区别一样，前者把情绪管理作为一门学问来看待，侧重于理论探讨与研究，其弊端则是容易陷入空谈和臆断。后者则比前者高一个层次，其不但具有扎实的理论功底，而且关注实际应用，能在不同环境中恰如其分地把控自己，从而在理论和实践中都达到了圆满的状态。而一旦达到了这种圆满状态，语言往往变成了多余，用老子的话说就是"悠兮，其贵言"，正如热恋中的情人，对方的一个眼神都可以心领神会，而等到一方要找另一方好好谈谈的时候，估计双方感情已经差不多了。

　　在自我情绪管理中，先天本性和后天意识是矛盾的双方，关于两者之间的关系，《走出强迫症：找回美丽的日子》一书的比方很有意思，它将病态的后天意识强迫症比喻成破坏我们生活的犯罪嫌疑人；把鉴别哪些是强迫症状、哪些是现实问题的过程比喻成识别犯罪嫌疑人；把认识强迫症虚假空本质的过程比喻成对犯罪嫌疑人的当庭审判；把运用系统脱敏疗法处理焦虑恐惧情绪的过程比喻成罪犯劳动改造。正如《清静经》所描述的那样，后天意识如同顽皮的孩子，不时来扰乱我们那颗原本清净的本性，更多的时候我们把它当成了真实的自我，所以也就自觉不自觉地随其流转。而最高级的心理学是以先天的本我审视观照后天的心理念头，最终消除纷扰的后天心理活动，达到自然本然的生命状态，这也便是老子所讲的"我自然"的状态。

第十八章

大道废，有仁义。智慧出，有大伪。六亲不和，有孝慈。国家昏乱，有忠臣。

重温鲁迅

辛弃疾的《清平乐·村居》描述到："茅檐低小，溪上青青草。醉里吴音相媚好，白发谁家翁媪？大儿锄豆溪东，中儿正织鸡笼。最喜小儿亡赖，溪头卧剥莲蓬。"在这个五口之家的生活场景中，每人的活动与身份都那么完美地结合起来，似乎没有人命令谁去做什么，但每个人都各得其所，都活出了自己的价值，由此推而广之，使得万事万物各在其位、各尽所能、各取所需、各得所愿，我想这是大道完美运行的一种状态。在老子看来，后天的欲念一旦产生，大道运行的完美状态就受到了破坏，在这种情况下，世人不得不提出仁义的旗号来返回到先天的状态，针对这种现象，老子提出了"大道废，有仁义"这句话。

许多人看到这句话，认为老子是在批评儒家，其实老子在这里只是强调仁义不是先天就具有的，而是人们在大道的状态受到破坏的情况下提出来的。仁义仅仅是对治社会问题的手段和方法，正如我们生病之后需要吃药一样，只有有病的时候才需要这些，如果根本没有病，那是不需要吃药的，相反没病吃药还会吃出问题来。从这一点来看，儒家和道家并没有不可逾越的鸿沟，而所谓道家和儒家只是后人所贴的一种标签而已，对老子而言，包括向他请教的孔子，自然不会将自己局限在所谓的门派之见中，如果说有所不同，那也是研究层面和实现途径的不同。从根本上说，他们的学说同为"道"的不同表达方式而已。正如雅斯贝尔斯在《大哲学家》一书中所提到的，"两者的差异在于，老子直接通向道，而孔子则是间接地通过建立人世间的秩序来实现的，因此，他们只不过是同一个基本的见解所产生的相反的实践结果而已……虽然两位大师放眼于相反的方向，但他们实际上立足于同一基础之上"。

从根本意义上来说，老子并不反对仁义，正如我们生病了不可以反对用药一样。老子在这里只是点出了问题的本质，大道是第一性的，仁义是大道的衍生物，所以不具有绝对的意义。因此对于后天"模拟训练"出来的"仁义"，我们在生活中应保持清醒的头脑，不要舍本而逐末，顾此而失彼。其实后世的词汇变化也很有意思，在老子的话语体系中，道德是排在仁义之前的，所以在《道德经》第三十八章写道："故失道而后德，失德而后仁，失仁而后义。"但在后世不自觉的变迁中，道德仁义逐渐变成了仁义道德，仁义的地位超过了道德，这也似乎印证了风气日下的无奈现象。所以后世批判假道学，认为他们"满口仁义道德"，干的却是吃人的勾当。鲁迅先生在《狂人日记》中这样写道："我翻开历史一查，这历史没有年代，歪歪斜斜的每页上都写着'仁义道德'几个字。我横竖睡不着，仔细看了半夜，才从字缝里看出字来，满本都写着两个字'吃人'。"时间发展到今天，我们站在历史唯物主义的角度，鲁迅先生的话是没有问题的，在那个时代，中国社会需要一种义无反顾的精神来打碎旧的社会。我们也相信，"横眉冷对千夫指，俯首甘为孺子牛"的鲁迅是热爱中国传统文化的，正因为爱得热烈，所以批判得彻底。可是目前大部分人都以为鲁迅先生完全反对传统文化，而忽略了鲁迅先生的生活背景，体会不到鲁迅先生语言背后的深意。可是，世界上有太多的可是，但愿在传统文化的沐浴之下，世上的"可是"能再减少一些。

"手机控"的后果

如果单纯从字数上说，本章是通行本《道德经》中字数最少的一章，随着郭店竹简版《老子》的出土，许多学者对本章的表述也产生了不同的看法。因为楚简版《老子》中根本就没有"智慧出，有大伪"这句话，所以他们倾向于认为，"智慧出，有大伪"属于后人加入的衍文，假如此说成立，本章更显得"简练"了。至于祖本《老子》中是否有这句话，因为楚简本属于孤证，所以在此也不好评判。在这里我们按照通行本的表述，探寻一下这句话中两个词的原始含义问题，以期更好地指导我们的修身。第一个问题，何为"智慧"？现实生活中大家都赞叹智慧，但在老子的话语体系中，这个词并非指先天本有智慧，而是指代后天聪明智巧。老子认为，人的后天聪明智巧一旦开发出来，那我们先天的状态也就被破坏掉了，也即苏轼所说的，"既凿浑沌氏，遂远华胥境"。

第二个问题，何谓"伪"？王弼的解释是："行术用明，以察奸伪，趣睹形见，物知避之，故智慧出则大伪生也。"将"伪"解读为虚伪奸诈，这种诠释对后世影响很大，历代学者几乎都沿用这种说法。而现代人一看到这个词，马上会联想到假冒伪劣，所以对于"大伪"更是深恶痛绝了。但一个问题出来了，如果这样解释的话，"大伪"无论如何是不能同仁义、孝慈、忠臣相提并论的。所以陈鼓应等道家文化学者认为，"智慧出，有大伪"属于衍文，应当予以删除，并把该章校注为"大道废，有仁义；六亲不和，有孝慈；国家昏乱，有忠臣"，此处可备一说。但仍有不少学者坚持通行本的表述，他们认为，从汉字的造字传统看，伪是形声字，为后天人为的意思，虚伪、作假应是后来的引申义。如荀子主张"人之性恶，其善者伪也"，认为人的本性是恶的，善良的人是通过后天努力达到的。在《荀子·性恶篇》中，荀子说："不可学，不可事而在人者，谓之性；可学而能，可事而成之在人者，谓之伪。"显然这里的"伪"是后天人为制造的意思。

如果按照"伪"的这个义项来解读的话，这句话可以解读为：人的后天智巧开发出来后，大量人为制造的东西便会涌现。这一点和社会发展的实际情况是一致的。环顾我们的生活，自然的东西越来越被人造的产品所取代，人对其依赖性也越来越强。从大的方面说，这如同打开了潘多拉魔盒，人在自身获得巨大便利的同时，也打开了人类所有的邪恶，无怪乎有人评论：人类创造的目的就是毁灭。从小的方面说，人对物的依赖程度越来越严重。以现代人"手机控"而言，饭可以不吃，觉可以不睡，但手机不可以没有，孩子有可能丢了，但手机绝对丢不了，没有手机的生活几乎是无法想象的。从根本意义上说，人类创造根本的目的是生活得更好，但如果被自己创造的"物"所控制的话，那人也便在无形中被异化了，用马克思的话来说，人的异化是"自身的行动，对于他来说，成了一种陌生的力量，监督并反对着他，而不为他所控制"。

从修身的角度来说，这些人为的、机械的、冷漠的东西会掏空人与人之间的温情。现在无论什么场合，都可以看到每个人都低着头专心致志地玩手机，往往与素未谋面的人聊得不亦乐乎，而对身边的人与事却视而不见。更为可怕的是，过度依赖这些人造智能技术容易让人们失去思考动力和能力，有研究人员发现，人长期与机器的碎片化信息交流，控制人类面对面交流的神经回路会逐渐退化，大脑的神经递质也会减少，甚至失去功能，最后造成人与人交流产生困难。如果出现这种情况，那就很难想象未来的人类社会是个什么样子了。

失味的"孝道表演"

"六亲不和，有孝慈"，"孝慈"包含两方面的含义，一方面指对上孝敬，另一方面指对下慈爱，即所谓的父慈子孝。为了论述方便，我们单从子女的角度来讨论，当然，真正知道如何做子女了，也自然知道如何做父母了。记得上大学时，历史老师曾阐述过这样的一个观点，即一个社会在提倡什么，往往就反映了这个社会正缺失这种东西。汉代提倡以孝治天下，选官上实行察举制，注重乡里舆论对德才评判的权威性，应当说这本身没有问题，但就怕假借孝廉的名号，为自己谋私利。到了东汉末年，出现了大家熟悉的民谣，"举秀才，不知书，举孝廉，父别居，寒素清白浊如泥，高第良将怯如鸡"，这从一个侧面反映，"父别居"的产生和孝慈的提倡是一体的。在本章中，老子并非反对孝慈，而是反对因孝慈而产生的"孝慈主义"。正如在当今社会，我们应当提倡科学，但绝对不提倡"科学主义"。"科学主义"以高高在上的审判者姿态，动辄以"科学"的名号评判一切，而且打扮得特别像科学，用数据、图表、公式、参考文献进行包装，一旦不是以这种形式出现的成果，则贴上不科学的标签，这无形中给科学的发展戴上了枷锁。

说到孝，现实生活中我们并不缺乏。我老家村里有个本家嫂子，婆婆自1997年便瘫痪在床，当时家里还有一对儿女上学，其情形之艰辛可想而知。后来为了生活，我的本家哥哥要去外地打工，儿女也都要到外地求学，家里只有嫂子一人照顾婆婆，更有10多亩地的农活需要打理。所以很多时候情形是：嫂子早上先把婆婆照顾好，然后再到地里去干农活，中间的时候再回来一趟，看看老太太饿了没有，渴了没有，再把屎尿端出去。这样的事情做一天可能觉得没什么，可是让人做上一年、十年、二十年，那可能是对人性一个巨大的考验了。难能可贵的是，嫂子直到今天还在做着，而且一直做得很好。有的时候我对嫂子说，就凭着这些年的坚持，您评选上感动中国人物也不为过。后来在修订我们家谱的过程中，我把她的事迹修进了家谱，希望她能成为后人学习的榜样。

当然，重要的是孝的精神，而不是孝的形式，最高层次的孝应当是发自内心的自然情感流露，应该是自发主动的行为，而并非对别人做法的简单机械复制。所以不应当站在局外人的角度，用一种理念把人进行道德绑架，用一些名号来绑架人性。现在有种倾向，孝道文化中的形式主义越来越严重了，如前些年某景点规定，在景区门口给父母磕个头，全家就可以免除门票。看到这样的促销手段，真是令人哭笑不得。在我们老家过年的时候，晚辈给长辈磕头是非常正常的事，如果为表达尊敬和庄严，本无可厚非，但磕头来换取几张门票，那可能就成为即兴的"孝道表演"了。再者，每个家庭幸福的定义不同，而子女尽孝的方式也不会相同，真心希望社会少些作秀的活动，让子女能在做好孝敬本分职责的同时，内心也能做到充实与超越，我想这也是老子真心希望看到的。

以病苦为师

读读诸葛亮的《出师表》，有时会潸然泪下。纵观诸葛亮的一生，自从被刘备三顾茅庐请出山后，他就一直兢兢业业为刘家江山打拼，最终奠定了三国鼎立的局面。刘备去世后，又六出祁山攻打魏国，因种种原因无功而返，最后鞠躬尽瘁而死在军中。作为历史上有名的忠臣，我个人很敬佩诸葛亮的人格，也惋惜他的人生悲剧，从某种程度上说，这不单单是个人的人生悲剧，也是一种时代的悲剧。因为忠臣出现的时候，也往往是天下大乱的时候，从根本上说，我们宁愿忠臣埋没不彰，也不愿天下大乱，否则一人获忠臣之名，天下则蒙昏乱之祸，这是得不偿失的历史悖论。所以孔明也曾自叹：自己虽然有功于国，但却获罪于天。从个人情感上，我们宁愿他一直过着悠悠的草堂生活，而不愿他辛劳成疾、死后博得武侯名号的结果。闲来无事的时候草就了一首打油诗，借以表达惋惜之情："三顾茅庐鼎成势，六出祁山师无功，推却草堂春睡梦，博得身后武侯名。"

对于"国家昏乱"，有的注家则从身体层面进行了注解。根据吕祖秘注《道德经心传》，"何谓国家？身心是也"，"何谓混乱？心不定，入世而昏，心不定，逐境而乱"。从这个意义来说，我们每个人都是自性清净的国度，只不过由于后天愚妄的遮蔽，使得我们烦恼丛生，而此时能够纠正我们烦恼的就是"忠臣"。从修身视角来看，"忠臣"就是我们的自我调节能力。当身体出现不和谐的情况时，人才会思考如何调整身体进而达到和谐的状态。历史的经验总结中，修行有成的人往往自小多病，甚至一辈子病不离身，但却能带病延年，这一点在《神仙传》《高僧传》中都有记载。以前我有种观念，似乎进入了修行圈就不应当生病，如果一天到晚病恹恹的，那就是修行没有到位。后来渐渐意识到，这样的断言也不尽然。虽然在一般人看来，病苦是要极力避开的，但往往是痛苦和疾病，成为一个人看清问题并以此修行的机缘。所以南怀瑾先生有句话讲得很好，他说人生应以病苦为师，可谓是经验之谈。当然，这里面有个度的把握，如果执着于苦，变成了苦行僧的作风，那就偏离了修身的轨道。

明代思想家吕坤有部代表作《呻吟语》，书中谈到，"三十年来，所志《呻吟语》凡若干卷，携以自药"，将自己病痛时的感悟记录下来，借以对治自己身心的问题，可谓是"以病苦为师"的典型案例。假如以病苦为病苦，那可能是一种很悲催的人生。《吕氏春秋》将生命层次境界进行了划分，"全生为上，亏生次之，死次之，迫生为下"。日常生活中，我们都把死亡当作最为可悲的事情，但是《吕氏春秋》却提出了一种比死亡更可悲之事，那就是"迫生"。这里的"迫生"不单纯是指物质生活的匮乏，更主要的是指因心理精神的严重失衡导致的一种生不如死的体验。而唯有将这种病苦进行创造性的转化，人生才有超越的可能，进而向着"全生"的境界进发，而到了"全生"的境界，则会忘却所谓的病苦是非。庄子曾经说过，"忘足，履之适也。忘腰，带之适也。知忘是非，心之适也"。忘记了脚的存在，那是因为鞋子非常舒适；忘记了腰的存在，那是因为腰带非常舒适；心忘掉了是非，忘掉了所谓的"修"，那是因为本性非常清净。有了上述的实证经历，或许才能真正安顿我们的灵魂和生命。

第十九章

绝圣弃智，民利百倍；绝仁弃义，民复孝慈；绝巧弃利，盗贼无有。此三者以为文不足，故令有所属：见素抱朴，少私寡欲。

孔子评职称

"绝圣弃智"，在湖北郭店出土的楚简《老子》中并没有这样的字眼，它的表述为："绝智弃辩，民利百倍。"据此有学者怀疑"绝圣弃智"是后世学者妄改所致，此说提出来仅供大家参考。在很多译本的翻译上，都把这句话翻译为断绝圣人，抛弃智慧。后面的"绝仁弃义""绝巧弃利"则被翻译为：杜绝和抛弃仁义，杜绝和抛弃巧诈私利，"绝"被理解为"断绝"的意思。其实"绝"除了这个义项之外，还有独特、极端、绝顶之义，如绝妙、绝伦、绝色等。个人感觉这里的"绝"翻译为"最高层次的"比较合适，也就是说最高明的圣人是不需要聪明智慧的，最高层次的仁是超越了规则束缚的，最高级的巧是摆脱了物欲干扰的。从通行本的整体来看，"圣"在老子的理论体系中是理想的目标和状态，赞颂圣人在《道德经》中比比皆是，老子断不会单单在此处提出要断绝圣人。另外，从下文来看，老子提到了"此三者"，也就是说这三样东西，假如并列翻译的话，则会出现圣、智、仁、义、巧、利六样东西，估计老子会说"此六者"了。

"绝圣弃智"，这里的"智"指代的是后天的聪明，而非先天流露出的本来智。既然后天的聪明才智出来了，在社会运行中我们总要设立一定的规则和等级，引导世人按照特定的规则，向着既定的目标来努力。而这一特定的规则与目标往往具有超强的惯性，愿意的人被牵着走，不愿意的人被赶着走，正如古代八股取士制度下的知识分子，大家的聪明才智都花在这些外在的名相上面，而真正的性命修养之事却被忽略掉了。以今天高校的职称评定来说，以论文尤其是SCI论文论英雄的现象由来已久，不注重工作的内容与实效，甚至在临床医学领域，假如没有足够的文章和基金项目，那也只能被边缘化或淘汰。这里做一个大胆的假设，假如孔子生活在当今这个时代，让他还是去做教师，他会成为什么样的人？别的姑且不论，单从孔子的科研成果来看，《论语》肯定不行，因为那是孔子去世后弟子编纂的。其他的如《诗》《书》《礼》《易》《乐》仅仅算是修订，《春秋》马马虎虎可以算是编纂，估计让孔子拿着他的那些著作去评职称，顶多评个副教授，教授那是可望而不可即的了。

从社会领域来看，用后天的聪明来进行社会管理，那就容易造成社会上层管得过死，社会基层活力不足的情况。想想当年计划经济体制下，每一样东西都要按照指令计划生产，在消费方面则采取严格的配给制，粮票、布票、油票、肉票、鸡蛋票、食糖票大行其道，其生活情形可想而知。对社会而言是这样，对于个体的修身来说，道理都是相通的。现实中，凡是太精明、爱算计的人，往往都是很不幸的人，甚至是多病和短命的。《红楼梦》中的王熙凤，精明能干在贾府中是出了名的，乃至贾母都奉劝她要少用些心机，否则这样的人是不长寿的。对王熙凤而言，"机关算尽太聪明，反误了卿卿性命"，这也是她一生命运的写照。从社会角度看，不用后天的聪明管理社会，那老百姓会获得一百倍的好处，即所谓"民利百倍"，从个人修身来看，日常大家经常听到的一句话是"难得糊涂"，当然这里的糊涂并不是说这个人傻，而是不用后天的聪明才智，无思无为，由此才能达到真正养生的目的，从这个视角看，"民利百倍"即为修身有成的效应和外显。

武禹襄造拳

"绝仁弃义"，按照上述的"绝"的义项，此句可以理解为：最高层次的仁是超越了外在规则束缚的，"义"在这里可以理解为外在的规则条框。现在有一种现象，就是老人生病临终的时候，做儿女的总不想让老人待在家里，一定要把他们送到医院去被"临终"。有个统计数据，人一生所用医疗总费用的30%左右用于生命最后一年，而最后一年中的40%用于最后一个月。许多时候大家也知道送去也是等死，但宁可让父母躺在冷清的重症监护室，浑身插满管子，被迫地接受活着，也不能让其体面地在家安详地告别大家，因为这样就被外人说"不孝顺了"，我想这无形中是一种道德绑架。还有一种现象，在教育孩子方面，许多家长给孩子报了很多的辅导班，明明知道这些肯定也学不过来，但就是抱着"不能输在起跑线上"的想法，担心别的孩子都去，我的孩子不去会不会被社会淘汰啊？于是辛辛苦苦地在不断地折磨孩子。从以上现象来看，无论是孝敬父母还是教育孩子，我们似乎都被某种外在的规则所绑架。当然，这里并非说在生活中不应遵循规则，而是说不应无视客观条件的变化而被规则所左右，由此才能真正做好儿女、做好父母，才能达到老子所说的"绝仁弃义，民复孝慈"。

"绝巧弃利"，从社会领域来说，心中没有贪欲，自然不会有盗窃的行为。从修身的领域来说，心中没有贪念，自然不会调动身体的气血去为欲念服务，所以会一直保持自然轻松的状态。说一个《庄子》中的例子，"以瓦注者巧，以钩注者惮，以黄金注者殙"。如果用砖瓦作为赌注，因为赌注微乎其微，心中没有负担，所以能轻松娴熟发挥。钩指的是带钩，泛指日常有用的物品，这方面"窃钩者诛，窃国者诸侯"为大家所熟知。假如用带钩一类的物品做赌注，则心中会有所顾忌，所以表现得战战兢兢、笨手笨脚。更进一步，用黄金作为赌注，心中患得患失、慌乱无主，则会屡出昏招，甚至会全盘崩溃。总之一句话，真正的娴熟是没有利益的考量的。

说起"盗贼"，其实每个人身体内都有一个"盗贼"，当我们昏昏沉沉、无所事事时，当我们左顾右盼、六神无主时，当我们逞强狂欢、无所顾忌时，这个"盗贼"就在偷走我们的时间，盗取我们的气血。而当我们排除功利、凝神聚气、专心致志做一件事情的时候，这时候"盗贼"就不会起作用了。很多时候，历史的许多进步都是在"玩"的心态下完成的。比如武式太极拳的创始人武禹襄，本为官宦之家，并不以习武为业，但他自幼痴迷于武艺，曾亲自到陈家沟学习拳法。凭借其执着好学的精神，加上深厚的理论功底，仅一月之余学成回乡，由此武艺大进。即使被誉为"杨无敌"的杨露禅，也是让自己的儿子杨班侯到武禹襄处学习。不但如此，武禹襄还有深厚的著作流传于世。今天读其著作，尤其是关于"气"的论述，会心处还是禁不住拍案惊奇。将"玩"的理念贯穿到练拳养气中，一个人可以体会到更多的乐趣和韵味，至于推手孰胜孰负，输赢都付之一笑，以这种心态创立的武氏太极拳，可以说是以滋养生命为根本的。张三丰先生遗论，"欲天下豪杰延年益寿，不徒作技艺之末也"，诚为不易之言。

子贡做错事

"绝圣弃智，民利百倍；绝仁弃义，民复孝慈；绝巧弃利，盗贼无有。"按照元代道士李道纯《道德会元》的说法，"绝圣弃智"强调的是"无为"，"绝仁弃义"强调的是"无心"，"绝巧弃利"强调的是"无欲"。接下来一个问题出现了，在翻译"此三者以为文不足，故令有所属"时，有观点将"文"解读为"文字表述"，认为上述"三弃"的文字表述属于消极反面的论述。但仅仅这种反面的论述不足以让人明白表达主旨，而要从正面表述才能让人有所从属，所以才导出"见素抱朴，少私寡欲"的结论。用唐玄宗的话就是，"但令绝弃，未示修行，故以为文不足垂教，更令有所属者，谓下文也"。这里将"文"视为老子表达观点的表述。

而我更加倾向于将"文"翻译为文华、文饰、人为，与"质"相对。即老子认为，"智""义""利"属于后天人为的东西，这些东西不足以圆满解决问题，所以应与先天本智相系属。对于何者为"文"？《易经》的贲卦象辞中有这样的表述，"观乎天文，以察时变，观乎人文，以化成天下"，简单而言，根据天象的变化，来认知时令的变迁，根据社会人文情状，来教化天下，而贲卦的"贲"，本身就为文饰、修饰、装饰的意思。相较内容而言，"文"属于外在的形式，比如一位姑娘本身长得非常漂亮，再配上得体的衣服，头上加点小花，可能更加妩媚动人，所有的这些都有重要的修饰作用。而对于"文"的修饰作用，《论语》也有这样的记载：

> 棘子成曰："君子质而已矣，何以文为？"
> 子贡曰："惜乎，夫子之说君子也！驷不及舌，文犹质也，质犹文也，虎豹之鞟犹犬羊之鞟。"

当时卫国大夫叫棘子成，问子贡这样一个问题，君子朴朴实实就可以了，还要那些文采干什么？当时子贡回答说，君子说出话来，古代最快的车子也追不上，其实质朴和文采是一个统一体。鞟指去掉毛的皮，即平时所说的革，后面这句话的意思是，去了皮毛的花纹之后，虎豹的皮革和狗羊的皮革还有什么区别？针对否定文采的言论，子贡强调了文采的重要性。我们知道，不同的语境下，相同的问题会有不同的答案。世界上所有的事情如同炒菜，咸的时候应多加点水，淡的时候要多加点盐，无所谓对错的问题。中国传统文化认为，"质胜文则野，文胜质则史"，质朴胜过了文饰就会粗野，文饰胜过了质朴就会虚浮，只有两者相得益彰，才能达到"文质彬彬"的君子境界。从修身角度来说，如果不与先天本智相连接，单纯地追求这些外在的"文"，便会丧失背后根性的东西。

让我们把话题转入本章的探讨中，老子认为智、义、利等都属于后天"文"的范畴，在这里并没有完全否定它们本身的意思。老子反对的是，人们对它们的固执地遵循乃至刻意地利用。如孔子的学生子贡，自认为做了一件"好事"，却受到了孔子的批评。当时鲁国规定，凡是鲁国人被抓到国外沦为奴隶的，若有人能花钱把他们赎回，可以得到政府的奖金。当时子贡很有钱，曾花钱把国人赎回，却不接受政府的奖励。按道理说这是典型的做好事不图回报，应当大力表扬才对，没想到却遭到了孔子的批评。在孔子看来，做任何事情不能单纯地为做而做，而应当综合考虑事情的影响和成效，看看能否在一方产生移风易俗的效果，当时鲁国富有的人少而穷苦的人多，若是受了赏金就算是贪财，那么那些不肯受贪财之名的人和穷苦之人，就不肯去赎人了。相反，子路看到一个人掉进水里了，于是就把他救了上来，这个人为答谢而赠送子路一头牛，子路欣然接受了，孔子看到这种情况，反而表扬了子路，认为以后鲁国救人的风气便会传播开来。从这里来看，世俗的道德并非一成不变，关键是看以何种心态应用，以及应用会产生何种效果。

身入情乡便是仙

在这一章的最后，老子总结了一下结论性的东西："见素抱朴，少私寡欲。""见素抱朴"不用说，要人现其本真，守其纯朴，不被外物所牵。这里重点讨论一下老子所说的"少私寡欲",单纯从文字上看,少私寡欲还不是无私无欲,似乎还没有达到理想的最高境界。但这里的"少私寡欲"是建立在"见素抱朴"的基础上的,或者说是显其本真之后的自然状态。"少私寡欲",一个少字,一个寡字,投射出老子修身文化的特色。寡欲并非完全消除欲望,如果人为地消除,那可能又违背自然了。以我们欲念中的男女关系为例,儒家文化讲究"食色,性也","发乎情,止乎礼",承认并尊重男女间发乎自然的纯真的感情。连理学家朱熹也提出:"闺房之乐,本无邪淫;夫妻之欢,亦无妨碍,然而纵欲生患,乐极生悲。"就老子的修身文化而言,它倡导符合自然人性的东西,对于男女关系的课题,后世的道家文化更是发展出研究房事和祛病延年的卫生术——房中术。本来"房中"在古代是十分常用的字眼,大抵人类有男女即有房中之事。既然存在这种客观现象,房中术以男女两性之间闺房生活为研究课题,其本身并没有问题,秦汉时期仍然被堂堂正正地列为四大方术之一。但中国人习惯用曲折委婉的方式来表达此类问题,由此使得这种方术平添了诸多神秘的色彩。更为可怕的是,历史上居心叵测的人以修身养性之名,行淫秽之实,致使房中术更加走火入魔,陷于邪途。以至于现在人对于房中术讳莫如深、避如蛇蝎,似乎房中术就是诲盗诲淫的代名词。其实从本质及作用机制来看,房中术为节欲养生保气之术,它创造性地把男女闺房之事与养生,甚至修仙联系起来,在当代社会自有研究弘扬的价值。

对于男女情感关系,现代人将其概括为爱情。有好友吕冠众先生于爱情学颇有心得,给爱情所下的定义也颇有深度,他认为"爱情"是人类追求男女在生物、心理、社会、环境等主体四大组成要素上的以最全面深刻交流及最佳结合为基本方式的延续、完善、发展、享乐、自由现世生命的强烈愿望和行动。以此为逻辑出发点,从人体经络运动的视角来看,经男女自觉自由的爱情激发,人体经络运行会出现一种完美和谐的状态。所谓"情人眼里出西施""一见钟情"等,多与当事者自身"经络运动"得到互补和升华有密切关系。儒家文化也讲道："食色，性也，人之大欲存焉。"我们熟知马克思和燕妮，两人帅哥美女，颜值才华并存，是人类长河中难以逾越的高峰，而之所以青年马克思取得如此的成就，背后才情并茂的燕妮的爱情激励是个重要因素。基于"谈情说爱"拥有如此的魅力，以及当今社会因爱情、婚姻疑惑不适所引起的严重问题，所以有必要在大众文化中普及传播这门学问。

当代许多修行人，将男女之事视为洪水猛兽，认为一有男女之念，那就是贪念在起作用，就是破了戒律。所以告诉自己要克制，尤其是面对有些纯真的感情，不是说拒绝就能拒绝的，有很多时候又是欲罢不能，身心始终处于一种挣扎的状态，因而渴望得到一种对治的两全之方。对此，有首诗生动地表达了这种心态，"曾虑多情损梵行，入山又恐别倾城，世间安得两全法，不负如来不负卿"。有一次去太行山有个叫红豆峡的地方游玩，据说里面生长有红豆杉，也许是眼拙，进去后并没有发现红豆杉，景色倒是蛮漂亮的。到了山顶后，发现一句"身入情乡便是仙"的镌刻，顿时联想到理想的爱情同修身并非冲突，两者可以完美地结合在一起，由此勾引出几许诗兴，所以便连缀成下面的几句打油诗，也算是对"少私寡欲"的一种回应吧。

太行山红豆峡偶成

红谷峡中红豆杉，未见红杉心憾然，

幸赖修桥铺路力，得睹幽谷真容颜，

崇云之颠接古寺，古道深处藏七贤，

俯首玉带成叠翠，抬头瓦井现天残，

奇峡云水兴诗句，欲借神笔涂嶂岩，

诸恶莫作培福地，众善奉行养洞天，

心出世枷即成佛，身入情乡便是仙，

未知可否继古韵，刻上崖头留馨传。

第二十章

绝学无忧。唯之与阿，相去几何？善之与恶，相去若何？人之所畏，不可不畏。荒兮其未央哉！众人熙熙，如享太牢，如春登台。我独泊兮其未兆，沌沌兮如婴儿之未孩，累累兮若无所归！众人皆有余，而我独若遗，我愚人之心也哉，俗人昭昭，我独昏昏；俗人察察，我独闷闷。澹兮其若海，飂兮若无止。众人皆有以，而我独顽似鄙，我独异于人，而贵食母。

"绝学无忧"，大多翻译为：抛弃了学问，就可以使人无忧。如果这样翻译，那应当对"学"有正确的界定，这里抛弃的应当是束缚人性的异化之学，而不是断绝人类文化的意思，否则还没有了解和学习人类社会所传承的知识，一上来就抛弃学问，那就成为一种无知和狂傲了。其实按照第十九章对"绝"的阐释，"绝"在这个地方不妨翻译为"最高层次的"，整句话成为另外一种意蕴，即为：最高层次的学问，是让人感到无忧的。宋代张载有句很有名的话，"为往圣继绝学，为万世开太平"，许多人以为这里的"绝学"是即将要断绝的学问，所以大家有必要传承下去。但我想张载先生真正的意思是：圣贤的学问是绝高层次的学问。这从一个侧面也反映出绝学和一般的知识性的传授有着明显的不同，它是一种明明德的切身践行之学。对于本句，许多注家认为应当属于第十九章的内容，正好和前面的"见素抱朴，少私寡欲"形成连贯的语式，这种说法不无道理。对于这种《道德经》的章节问题，清代刘一明在《道德经会义》序中谈道："《道德经》虽言天地之道、侯王之道、用兵之道、为士之道，总是一义贯穿，非同著书，事有条目，可以分章。"他认为，原本的老子亦应当是不分章节的，"不但不可分八十一章，即'道德'二字，亦不可分为上下二经"。但八十一章的分注沿袭已久，如果强行改动，则有矜奇立异之嫌，所以我们这里亦是按照传世版本的表述，不再另起炉灶。而且就内容主旨而言，"绝学无忧"亦可作为贯穿全文的中心思想，所以放在本章亦无不可。

"绝学"变"绝学"

"唯之与阿，相去几何"，"唯"是形声字，从口，隹（zhuī）声，本义为急声回答声，是应诺、应答的意思，大多数是下级对上级的应答，成语中有唯唯诺诺的表述。"阿"，按照通行的解释，则是怠慢地答应，认为这是长辈回答晚辈的声音。按照帛书甲乙本的表述，"阿"写作"訶"或"呵"，考虑到与"唯"的对应关系，认为还是用"呵"这个字眼更确切一点，即呵斥、指责的意思。本来人生是平等的，但一方是阿谀奉承，一方是颐指气使，尊卑之情状自不待言，但在老子的眼中，这两者其实也没有什么差别，因为他们都是被同一种尊卑的价值观所左右，是二元对立矛盾体的两面而已。

"善之与恶，相去若何"，同样的道理，善和恶两者也没有什么分别，当然，这仅仅是哲学意义的观点表达，并非在现实生活中教导大家善恶不分。这一点老子在《道德经》第二章也有明确表述，"天下皆知美之为美，斯恶已；皆知善之为善，斯不善已"。强调善恶仅仅是相对意识的两面而已，因为假如有种观点认为某种行为是"善"的，那在"善"的对立面一定是恶的。如果要精确区分什么是善恶，其实探讨本身就是二元对立的观念在起作用，这如同《庄子》中记载的"郢人斫垩"的故事。有位楚国人鼻头上被沾染了一点像苍蝇翅一样的白土，当时一位老工匠抢起板斧，砍掉了白灰而丝毫没有伤着鼻子，而这位楚国老兄也面不改色心不跳。宋元君听到了这个事情，找来老工匠想看看他精湛的技艺。未想到这位老工匠慨然长叹：我可以搭配的伙伴已经死去很久，现在已经不可能再为你表演了。所以世间所有的事物都是相对而生的，离开了其中的一方，另一方也便失去了存在的意义。而要超越这种二元对立的观念，就要达到中和的状态，从传统文化的视角来看，无善无恶应是人生的大境界。对此，古人有不同的表述，大舜将理想的状态概括为"允执厥中"，至今这句话还悬挂在故宫中和殿。子思将其概括为"喜怒哀乐之未发"的状态，宋代王阳明则提出28字的心法，即"无善无恶心之体，有善有恶意之动，知善知恶是良知，为善去恶是格物"。

初步听到"人之所畏，不可不畏"这句话，当时的理解是大家所害怕、所忌讳的，你也不能不遵从，心想修道之士应当是见义勇为、义无反顾的，怎么能对这些世俗的妥协退让呢？觉得老子是不是有点懦弱了？后来随着社会经验的积累，觉得现实社会的诸多游戏规则，还是应当遵循的。《易经》有句话，"先天而天弗违，后天而奉天时"，精神可以绝对自由，但既然身处这个社会，就要遵循这些规则，我想这也是历史的经验。另外，按照帛书《老子》的表述，"人之所畏，亦不可以不畏人"，即大家所畏惧的对象——人君，亦应当敬畏、畏惧他的人，与今本的解释相比，韵味又有很大的不同。

后来把这句话放在"绝学无忧"这一主题之下，我认为还有探讨的必要性。从修身的角度看，"人之所畏"，这里的人是指世俗意义上的人，而"不可不畏"的主人公，按照河上公的说法，则是掌握真理的修道者。世俗之人总为眼前和未来的生活顾虑重重，生活在一种担心畏惧之中，那么掌握真理的修道者就没有任何畏惧吗？不是这样的，真正的修道者心中也是有敬畏的，心灵中有那么一片不可触碰的禁区，或者说信仰皈依的地方。对此，孔子曾提到，君子有三畏：畏天命、畏大人、畏圣人之言，总结出他心中敬畏的对象。

所以在真正的圣人眼中，自己并非高高在上的救世主，而不过是能时时保持觉悟的众生而已。他希望大家都能在起心动念时保持畏惧的状态，而不是单纯地畏惧事情的不良后果。按照佛家的说法，众生畏果，菩萨畏因，两者畏惧的对象不同罢了。所以他不需要接受世人的膜拜，更不需要大家来畏惧他，只需安安静静地做好自己即可，因为他知道这是一种生命本有的状态。我由衷地相信，老子是希望人人都能掌握"绝学"，人人都可以做到"无忧"的，但很多时候事与愿违，理想总是美好的，而现实的情况又是非常骨感的。在二元对立的世界中，在"唯之与阿""善之与恶""所畏"与"不可不畏"之间，老子看到了太多的无奈，"绝学"只成了理想目标而即将被湮没，最高层次的学问"绝学"真的成了即将失传的"绝学"了。

自信的源泉

在接下来的篇幅中，老子给自己画了一个自画像。这一章的自我描述和前面十九章的自画像略有不同，本章更多的是从世俗社会这面镜子来反照自己。老子说，在世俗人眼中，自己愚笨、无能、顽固、孤僻……在熙攘的世界中是那样格格不入。当然，这里面有相当的调侃的成分，虽然调侃归调侃，但自嘲调侃还是要有自信资本的。有个哥们儿，本身长得有点胖，内心深处很是在意别人说自己胖，见到人时别人还没提及，自己先调侃一下自己这个胖子，但自己独处的时候却非常痛苦无奈，一定程度上说，没有自信的调侃那是一种自残。在本章中，最后一句话是点睛之笔，道出了老子自信的源泉——“贵食母”。正因为如此，老子才达到了绝学无忧的程度。从这个角度说，本章自可成为前后呼应、浑然一体的篇章。

大家知道，道为万物之母，食母即为食道。举个通俗的例子，如同婴儿不吃杂食，唯有在母亲那里汲取乳汁一样，道应当是所有修行人共同的精神食粮。在老子的眼中，世人应当与道保持一致，并不断从中汲取滋养自身的能量，如果一味追求外在的物质享受，那就有些本末倒置了。《易经》中有一颐卦，历来本卦被认为是探究颐养之道的，卦辞中这样写道：“观颐，自求口实。”观察万事万物的颐养之道，就是靠自己的力量来求取自养。在很多版本的翻译中，“自求口实”被翻译为靠自己的力量来谋求食物，我想这是忽略了其中的一个细节。作者写的是“自求口实”而不是“自求口食”，“实”为实在的“实”，而非食物的“食”。所以这里蕴含着一种理念，那就是人应当追求内在的充实，而非单纯外在的食养，用文言文风格的话来说，就是君子“谋道不谋食”“饱道德而食仁义”。

有人对此可能有不同的意见，“饱道德而食仁义”，大家都去喝西北风吗？在庄子看来，还真有“不食五谷，吸风饮露”的神人，不过这里不叫“喝风”，而是“食炁”。如果这一点成立的话，现今对于呼吸作用的认识似乎还有待于进一步的发展。现在教材对呼吸作用的解释为：生物体内的有机物在细胞内经过一系列的氧化分解，最终生成二氧化碳、水或其他产物，并且释放出能量的总过程，叫作呼吸作用。这种定义似乎意味着，生物在空中只是借助空气中的氧气进行氧化分解，而能量的来源是生物体内的有机物。正如植物可以吸收能量与物质，人体是否也在吸收宇宙中的能量呢？假如这个命题成立的话，那调整呼吸便不是简单地吸入空气中的氧气那么简单的事情了。“天食人以五气”，更多地侧重于人通过呼吸可以摄入天地间的能量，这一点发展到后来，就形成了以“辟谷”为代表的养生术了。

辟谷是我国古老的养生术,《庄子》记载:春秋时期单豹避世隐居深山,不食人间烟火,"不衣丝麻,不食五谷,行年七十,犹有童子之颜色"。这是对辟谷者最早的描述。《史记·留侯传》:"张良性多疾,即导引不食谷。"这是正史中对辟谷最早的记载。这里需要说明的是,辟谷可以与不吃五谷画上等号,但绝对不能和不摄入能量画等号。辟谷只不过是暂时改变了人体能量的吸收方式,许多时候辟谷与"食炁"联系在一起,如《大戴礼记·易本命》说:"食肉者勇敢而悍,食谷者智慧而巧,食气者神明而寿,不食者不死而神。"从这一点看,人体所谓的呼吸系统也是人体的进食系统,按照真正辟谷人的说法,气态食物是否丰富,直接影响人的寿命。

"察察"的妙玉

"荒兮其未央哉",历代对荒的解读有歧义,有注者将其解读为世俗之人的荒芜淫乱无度,而有的注者将其解读为修道者的博大无边。现暂从第一种解读。下面讲到熙熙攘攘的世俗之人,内心欲念处于被激发的状态,老子在这里打了两个比方,即如同参加盛大的宴席那样快乐,如同春日登高眺望那样舒畅。在一般人看来,上面的都是人生的乐事,但在老子的眼中,这些属于后天情志交感摇动而已,已经背离了先天快乐的范畴。接下来老子描述自己的状态,"我独泊兮其未兆"。泊,为安静、淡泊之义,用现代术语来说,就是内心的欲念还是处于休眠的状态,自然也便显示出娴静安适、随遇而安的状态。在老子看来,这是一种恬淡闲适的快乐,但这种快乐不是任何外在感召而来,而是先天本自具有的生命的乐章。到了庄子那里,这种快乐被称为"至乐",并有单独的篇章介绍,有兴趣的可以参阅一下。

"沌沌兮如婴儿之未孩"，大家都知道老子推崇婴儿的状态，但这里可以明显看出，婴儿状态和"孩"的状态还是有区别的。按照《说文》，"孩"指的是小儿发出"咳咳"的笑声，本作咳，从口，亥声，从年龄上说，这应当属于幼儿时期。小儿的"咳咳"笑声固然可爱，但在老子看来，远没有婴儿"无知无识"来得自然，饿了就哭，困了就睡，赤裸裸的没有所谓的羞耻心，也没有所谓的自尊心，所以也就没有所谓的烦恼。"累累兮若无所归"，当然这是老子的自嘲之语，无独有偶，孔子也曾自嘲"累累若丧家之犬"。我想这是中国圣人在历史山谷中的自言自语，虽落落不群，无所依傍，但仍格调高越，清雅如诗。看到这，忽然想到了庄子所描述的"巧者劳而智者忧，无能者无所求，饱食而遨游，泛若不系之舟"的画面，那种自由与浪漫，或许唯有老庄等圣贤可以担当。

"众人皆有余，而我独若遗，我愚人之心也哉。""遗"为失去的意思，在这里引申为不足，与前面的"有余"相对。从修身的角度看，普通人不是比圣人少了点什么，而是多了点东西，多了什么东西呢？就是我们后天的意识心。如果后天意识心进一步发挥作用，则会变成"昭昭""察察"的状态。"昭"是明亮的意思，"察"的本义为观察、仔细看，成语中有明察秋毫的提法。"察察"两个字叠用，则进一步突出了察看的程度，可以翻译为严苛的分别。事情发展到这一步，似乎走向了问题的反面。

《红楼梦》中的妙玉，用现代的话来说则是典型的"洁癖"。她喝茶用的茶具是成窑五彩小盖钟，泡茶用的水也要区别旧年蠲的雨水和收的梅花上的雪。在妙玉"察察"的眼光中，林黛玉品茶时品不出是何种水，这是"俗"；刘姥姥来自乡村，自然也就成为"脏"，以至于刘姥姥喝过一口茶的成窑杯，她嫌脏要砸碎；茶具不是成窑的精品，那自然也就是"劣"。这种品位表面上看可以说是大雅，实质则是强烈细致的分别心在作怪，一身装扮气质似乎是个高超的修行人，但其实和真正的修行没有半毛钱的关系，可以毫不客气地说，妙玉根本就不是个修行人。后来地藏庵的两位尼姑见到惜春说："那妙师父自为才情比我们强，她就嫌我们这些人俗，岂知俗的才能得善缘呢。她如今到底是遭了大劫了。"作者的判词中说道："欲洁何曾洁，云空未必空。"所以从这里看，"察察"的妙玉仍未超越真正的"俗"，而被所谓的"雅"带入了另一种"俗"。

终南隐士的身影

看到"闷闷"这个词，现代人望文生义，以为老子这里表达的是沉闷。日常生活中我们说一个人不爱说话，就说这个人是个"闷葫芦""闷闷的"。从表面看，"闷"似乎和沉默寡言相似，但老子在这里表达的却不是这个意思，这里指代的是一种纯朴的状态。任继愈先生的《老子绎读》中，将"闷"解释为满，这个理解起来有些困难。大家都学过《岳阳楼记》，在这篇有名的散文中，迁客骚人的"览物之情"，大多因外在景物的不同而引发不同的情感。所以真正的仁人志士是"不以物喜，不以己悲"的，始终处于自我安定的状态，这是一种"满"的表现。还有一个例子，记得父亲生前自己生活得很是简单，经常说的一句话是"怎着是好"，无论外人看似多么简陋的条件，他都能自我满足，我想这也是"满"的一种表现。

"众人皆有以，而我独顽似鄙"，"有以"则为有为，"顽"本义为没有被劈开、浑然一体的木头，"鄙"为周代县级以下的地方组织单位之一，五百家为一鄙，后来则引申为质朴或者低俗。从表面看，老子说大家都有一套本领，似乎在骂自己又顽固又粗鄙，但从"似"这个用词来看，老子并不认同自己真正粗鄙，认为那只是世俗社会的一种投射而已。老子明白，正是因为自己所修之道的广博，所以才会显得有些不合时宜，所以后面的章节他谈道："夫唯大，故似不肖。"老子又具体描绘了一番，"澹兮其若海，飂兮若无止"。"澹"为澹泊、宁静，指代修道者沉静如大海；"飂"为高风，指代修道者形迹飘逸，如无止境，宽广、淡泊、翩然衬托出特立独行的修道者形象。

从老子所描述的修道者形象中，我想到了中国的传统隐士。从中国文明有记载以来，就开始记录隐士的故事。从始祖黄帝问道广成子，到尧让位于许由，舜让位于善卷，这些故事似乎传达了这样的信息：真正的统治者应当建立在美德和智慧之上，是应当以这些隐士为帝王师的。从这个意义上看，真正的隐士至少是不低于当时的政治文化的。但越发展到后世，纯朴的风气似乎也变得淡薄，正如干宝对魏晋世风的评价，"悠悠风尘，皆奔竞之士"。而我们所熟知的陶渊明就生活在那个时代，虽然后世对陶渊明的田园文化评价甚高，如辛弃疾对陶渊明表达了他的崇拜之情："须信此翁未死，到如今凛然生气。"但陶渊明因以清高、狷介的形象出现，而被当时的社会所不容，这也似乎映衬着隐士文化地位的低落。

当今在匆忙的现代都市背景下，我们越来越难看到隐士的身影了。自从美国汉学家比尔·波特的《空谷幽兰》出版之后，终南山隐士这个群体逐渐呈现在现代人的视野中。这些人远离都市生活，与群山清风为伴，住在简陋的蓬庐之中，或者干脆在山洞栖身。物资的匮乏，信息的隔绝，使他们过着外人看来很清苦的生活。为了解他们的生活与思想，我翻阅过张剑峰先生主编的《问道》丛书，从中也感受到，这真的是一群"顽似鄙"的人。但"顽似鄙"的背后，他们却承载着一种文化精神和生活理念。张载有诗《土床》一首："土床烟足绸衾暖，瓦斧泉乾豆粥新。万事不思温饱外，漫然清世一闲人。"那种闲适恬淡不足为外人道也。时至今日，隐士成为一种文化符号，我们不可以苛求成为深山的隐士，但其基本精神不可以丢掉。所谓"大隐隐于市，小隐隐于野"，能把这种恬淡虚无融入生活中，进而活出一种情趣和情调，那就是"万人如海一身藏"的现代版隐士了。而如果这个精神内核陨落了，那这种自然的生活方式也便陨落了，长此以往，恐怕再也没有"独异于人"的人了。

第二十一章

孔德之容，惟道是从。道之为物，惟恍惟惚。惚兮恍兮，其中有象；恍兮惚兮，其中有物；窈兮冥兮，其中有精；其精甚真，其中有信。自古及今，其名不去，以阅众甫。吾何以知众甫之状哉？以此。

"道"不分家

"孔德之容，惟道是从。"刚刚接触老子的时候，看到"孔德"这个词，还以为和孔子有关系，后来看了多家注解，都将"孔"解释为"大"，孔德即为大德。不过按照《说文解字》的说法，"孔"为"通"的意思，引申为空，所以"孔德"可以看作以空为德。另外，"孔"还有嘉美之义，所以孔德也可以视为美德。"容"可宽泛地理解为形态、动作，在老子的思想体系中，世间万事万物的形态，都是由道来决定的。具体本句而言，大德的心态，始终与"道"合体，大德的言行，始终随"道"转移。

这里可能引申出一个话题，即道和德的关系问题。按照传统的体用划分方法，道为体，德为用，道本无形无相，德是用来体现和把握道的。正如水本没有形象，放在杯子中就是杯子的形象，放在碗中就是碗的形象，所以真正的"道"是千姿百态的，而有道之士也会呈现不同的面目。现在社会似乎有种错觉，那就是有道之士都是盘腿喝茶聊天的那种，其实真正能在生活中把握住自我的人，才有资格称得上有道之士。似乎是为了打破这种传统习惯的认识，庄子在他的世界中塑造了诸多形色各异的人物，在世人的眼中，他们尽管外貌丑陋、肢体不全、言语疯癫，但在庄子的心目中，他们却是世界上最自然、最快乐的人，他们才是真正的有道之士。

说到这里，我想还有一个问题值得探讨，日常大家往往用分裂对立的眼光来看待儒道两家。儒家讲求入世、道家讲求出世；儒家讲究仁义，道家反对仁义；儒家推崇为学日益，道家倡导为道日损……这些观点大多看似有理，但仔细盘点一下，其实也未必尽是。在前秦时代，儒道是不分家的，你中有我，我中有你。后世的道家也并非一味地反对聪明智慧，而是反对人们对聪明智慧盲目固执地追求。从整体意义上来说，道家文化是包含仁义等内容的，只不过它们强调最高层次的仁义，是摆脱了外在束缚的一种自由境界，而并非一般意义地对其完全抛弃。所以道家推崇道，儒家也是论述道，其他的各家还是讲究道，与其说先秦时代是百家争鸣的时代，倒不如说那是一个百家阐道的年代。从这个意义上看，先秦各家的代表人物，都是"惟道是从"的"孔德"。

揭秘《逍遥游》

"道之为物，惟恍惟惚。惚兮恍兮，其中有象；恍兮惚兮，其中有物"，在读书会分享这一章的时候，对许多初学者而言，还没理解什么意思，就已经被这些词搞得有点"恍惚"了。现代人用"恍惚"这个词的时候，大部分指的是长时间专注于某件事而疲惫后，精神出现幻相的感觉。但在老子的话语体系中，这个词大有深意。我们先通过咬文嚼字的方式来探究一下"恍"的字源字形。"恍"左边为忄字旁，右边为"光"，意为心性之光，在道家修炼者看来，这种状态指的是心性之光发越，心中呈现出一片光明之相。成语中的"恍然大悟"应当是保留老子的这种指代。假如从动态的过程来看，"恍"在这里有一闪而过的意味，如《红楼梦》中描写王熙凤夜遇秦可卿幽魂的一幕，"方转过山子，只见迎面有一个人影儿一恍"。具体到过程而言，"恍"则是指星光一闪一闪的过程。再说"惚"，在汉语中，似乎这个字只能和"恍"连用，如同汉字中的"罘"（fú），在字义中仅指代山东烟台的芝罘岛或者现在的芝罘区，在别的场合没有应用。"恍惚"连用的时候是指霎时光亮之后又霎时昏暗，假如恍为明，那惚则为暗。按照帛书《老子》乙本的写法，惚这个字写为"沕"（mì），为隐没之义，如"袭九渊之神龙兮，沕深潜以自珍"。综上所述，"惚兮恍兮，其中有象；恍兮惚兮，其中有物"可以这样总结一下：虽然道无形无相，深远幽冥，但在无形之中，似乎又有物象的存在。通过以上分析可以看出，"恍"和"惚"构成了相对的词组，描述了如星星在忽闪忽闪眨眼睛般的场景，用于表达老子讲述的调整生命状态时的心得体会。

再说"窈兮冥兮"，从字源字形上说，"窈"为幽远，大家都熟悉的有《诗经》中的"窈窕淑女"。按照《说文解字》的说法，"窈"为美心，"窕"为美状，因心不可见，所以用"幽远"解其义。"冥"为幽深之义，从日从六，冖声。日数十，每月十六日之后而月始亏幽也。"其中有精"的"精"泛指一切精微的物质，并非通俗意义上所说的男女交感之精。对于"信"的由来，最早是古人观察母鸡孵小鸡，到了21天的时候小鸡会准时破壳而出，于是将这种现象称为"信"。通过这种现象，我们是否可以这样推导，老子所说的"信"是一种既定编码程序的基因序列，让这个基因编码自由表达，就可以产生有规律的、可以验证的东西了。所以这句话可以理解为：道是那样幽远，幽远之中却涵养着"精炁"，这些"精炁"是真实存在的，而且不以人的意志为转移，按照既定的规律在那里自我运行。

以上老子描述了自己在悟道中所见到的一种景象，通过描述作者似乎要告诉世人，我们应当在这个有形的世界中去探寻和感受那个无形的恍惚世界，慢慢地把自己的身心安定下来，体内的"精炁"便会在这种涵养中自然生发起来。以上的解释都是用的学术语言，总是让人感到有些干瘪乏味。如果要找历史上对此描述得最为形象生动的，当属老子的知音庄子了。这个景象具体是什么样子呢？庄子的《逍遥游》为我们进行了具体的阐释，《逍遥游》开篇是这样描述的："北冥有鱼，其名为鲲，鲲之大，不知其几千里也。化而为鸟，其名为鹏，鹏之背，不知其几千里也。怒而飞，其翼若垂天之云。是鸟也，海运则将徙于南冥。南冥者，天池也。"

对于上述的场景描写，历来大家都将其作为神话故事看待，仅仅从文字方面欣赏其雄奇怪诞的一面，却将其真实的指代忽略了。《逍遥游》到底是讲什么的？从修身的角度看，北冥，北海也，北方属水，海为水之聚。从人体而言是指下丹田，下丹田乃是藏精之所，庄子这里用鱼来打比方。南冥则是头顶，或者说上丹田，整个鲲变为鹏的过程其实是"精化炁"过程的形象指代。"怒而飞"，这里的"怒"不是发怒，怒者鼓动也，是气力充足后的一种飞升。按照道家的说法，飞升的过程要过三关，即尾闾、夹脊和玉枕。最后的图景是"抟扶摇而上者九万里"。这时候人精力充沛，精神焕发，则进入了一番新的天地。

从三寸金莲到人造美女

"自古及今，其名不去，以阅众甫。吾何以知众甫之状哉？以此。"从古到今，道的名字从来没有被抛弃。那道叫什么名字呢？我们只能这样说，没有固定的名字才是道的名字。"自古及今"，按照帛书及傅奕本的表述，应为"自今及古"，《道德经》中所说的"今"应为老子所在的时代，"古"则是老子之前的时代。在老子之前"常道"可能没有名号，而老子勉强给它起名为"道"，但无论有没有名号，道都在那里自然运行着，我想这才是"其名不去"的含义。"以阅众甫"，也便是观察万物的开始。按照王弼的注解，"众甫，物之始也"，甫为始义。在帛书《老子》中，众甫也写作"众父"，"甫"和"父"通用，由此指代大道孕育了天下的万物，是天下万物生生死死的根源。"吾何以知众甫之状哉？以此。"老子认为，只有把握了道，才有可能对万事万物的情状看得清楚。

为了将这个问题交代清楚，我们换一种阐释的方式，举一个美容减肥的例子，借以说明只有主体意识的自我觉醒，才能把世间的问题看得清楚，才能觉知"众甫之状"。环顾当今时代，隆鼻、丰胸、吸脂、水光注射等各种名目纷纷登场，虽然爱美之心人皆有之，但修饰美一旦过了度，就变成了自我的戕害。如今整形所带来的负面危害早已不是新闻，但为什么许多女性还是趋之若鹜呢？"身体发肤，受之父母，不敢毁伤"，这是很朴素的道理。可是在这个以瘦为美的时代，许多人尤其是年轻女孩对胖望而生畏，人为地将这种价值取向无限放大，于是一个个为了瘦身而疯狂。这种戕害身体的报道屡见不鲜，可是打开网络，都是一片减肥的呼声，痛定思痛，到底是我自身的眼光有病？还是这个时代有病？所以有必要找来历史，仔细地将这个问题捋一捋。

当年我研究生毕业时，所研究的课题是山东近代妇女解放史，其中一项重要的内容就是山东近代妇女的放足运动。大家知道，如同束腰流行于旧时的欧洲，缠足则成为中国近代女子独有的习俗。由于年代久远，许多小脚的老太太都已离我们远去，她们缠足的方法、用具以及缠足给她们带来的身心痛苦，我们只能在现存的缠足老人的口述资料中得窥一斑。女子缠足的年龄大都集中在六七岁至八九岁间，缠足过程非常烦琐，而其用具却极其简单，三尺白布就能将一双健康正常的脚缠成"三寸金莲"。从生理学上讲，缠足使女子全身血脉不流通，束缚了女子身体的发育。缠足时带来的疼痛使女子无法走路，无法入睡，甚至有的女子因缠足而烂掉了脚指头。由此可以想象，当时缠足给幼女所带来的痛苦之大。后来随着时代的进步和观念的转变，当时的政府和社会都在提倡不缠足运动。这个过程中有个很有意思的现象，反对不缠足最给力的却是妇女本身。我们村的一位老人曾亲身经历过放脚的过程，她亲口告诉我，当时还是民国二十几年，1934年前后，上面县城派来了检查人员，主要检查当时放脚的情况。当时大家都不希望放脚，为应付检查，所以就故意穿了一双大鞋，里面塞上棉花一类的东西，让自己的父亲领着，强忍着疼痛在检查人员面前快步走一圈，总算蒙混过关了。听了这样的故事，心里很是不理解，明明放脚对妇女来说是一种解放，可以减轻很多痛苦，可她们自身为什么那么强烈反对呢？

虽然站在这个时代，我们感到她们有些愚昧与可笑。但在"三寸金莲"审美观指导的那个年代，她们觉得缠足是再正常不过的事情了。而后世子孙站在他们那个时代，会不会感到我们这个时代的肤浅与可笑呢？从道的角度看，没有主体意识的觉醒，我们就不会有对名相的突破，从三寸金莲到人造美女，这只是名号的变化而已。对于这种历史现象，当时在毕业论文的最后做了一下总结，也算是本文的总结，现摘录如下：

对缠足进行从本质到历史，从民风习俗来龙去脉的梳理到中国文化精神的批判挖掘后，我们不难看出，这种文化无疑是违反人类本性的，是封建男权社会强加在女性身上的一种畸形美。在数千年的封建统治中，经济、政治地位的依赖性逐渐造成女子人格尊严的丧失，女子迎合男子主宰逐渐幻化为一种社会无意识的行为和观念，最终，"三寸金莲"，成为封建文化这棵千年大树结下的光怪陆离的果实。如今，几千年足不出户的中国妇女在宪法的保护下，逐渐出现在各行各业中，享受"男女同工同酬"和"婚姻自由"的权利，在社会事务中扮演着越来越重要的角色。但是否就此得出妇女真正解放的结论呢？恐怕问题远非那么简单。抛开其他层面不讲，但就表层的化妆美容来看，如今，重睑、隆鼻、吸脂、丰胸开始走进当代妇女的生活，更有甚者，不惜以生命健康为代价来换取所谓的"人造美女"，从古代妇女对三寸金莲的趋之若鹜到当今女性对人造美女的青睐有加，这之中似乎存在着某种微妙的历史联系。在某种程度上，它们都残存着某种迎合的意味，都是男子审美注视下的产物。对女性而言，自信的获得似乎不是因为自己，而是因为满足了他人的要求，满足了他人的目光注视，而妇女本身的要求又在哪里呢？从三寸金莲到人造美女，从三妻四妾到"二奶"现象，从男女待遇的不平等到就业上的性别歧视，历史的阴霾还没有散去，在新的历史阶段，它会改头换面，以另外的形式表现出来。妇女自身解放的事业在这里似乎还不能画一个完整的句号，其使命仍是任重而道远！

第二十二章

曲则全，枉则直，洼则盈，敝则新，少则得，多则惑。是以圣人抱一为天下式。不自见，故明，不自是，故彰，不自伐，故有功，不自矜，故长。夫唯不争，故天下莫能与之争。古之所谓曲则全者，岂虚言哉？诚全而归之。

"曲"之三义

对本章的解读，关键点在于对"曲"这个字的理解。何谓"曲"？汉语中也有"委曲求全"的成语，大部分语境下有勉强迁就、以求保全的含义，"委曲"变成了"委屈"。那么"曲"真的是这种含义吗？经过仔细考量，我们认为"曲"至少有以下三种含义。首先，"曲"是一种包容的观念。按照《说文》的解释，"曲"象征着器物因容纳过量东西而变形，所以从这里可以引申出接受、容纳、包容、宽容的意思，大自然中也有这样的现象，树枝弯弯曲曲，尽量使每个叶片都能充分接受阳光。同样的道理，如果长得弯弯曲曲不成材的话，也很少有人拿来用作木料。所以元代李道纯在《道德会元》中解读本句时，提出了"不材者寿"的命题。日常生活中，许多人习惯性地用自己的价值观来评判一切，似乎唯有自己才是"正义的化身"，但每个人的背景不同，立场不同，层次不同，所以对同一件事情就会有不同的看法，这是非常正常的现象。面对这种情况，我们首先要承认这种多元化的统一，并且要欣赏这种多元化的统一。对此，清代小品文集《幽梦影》的作者曾道出这种韵味，"对渊博友，如读异书；对风雅友，如读名人诗文；对谨饬友，如读圣贤经传；对滑稽友，如阅传奇小说"，从不同的人身上可以欣赏到不同风格的美。所以"曲"第一重含义是一种容人容物的胸怀，一种可以拿得起、装得下的肚量。

其次，"曲"是一种细致的态度。《中庸》说到，"其次致曲，曲能有诚"，朱熹在《中庸章句》中注解为"致，推致也，曲，一偏也"。为了理解"致曲"这个词，我曾参阅了不少这方面的学术文章，说句实在话，大多数洋洋洒洒数万言，找不出一句老百姓能看懂的话。后来自己琢磨一下，"曲"在这里是具体细微之处的意思，也就是通过对具体细微事物的认知，进而上升到心性理论把握的高度。比如茶道，最重要的不是茶本身，而是通过茶这种载体，训练对心性的把握，茶此时无非是调心的道具而已。从生活中看，不能什么都学得好、学得通，老虎吃天，无从下口，所以应尽力学好一门，再通过这一门推而广之，达到融会贯通、以一知百的程度。从心性修养角度看，细微之处则是生命的原始点，老子说到，"合抱之木，生于毫末；九层之台，起于累土；千里之行，始于足下"，也是强调在细微之处着手。虽然细微至极，却包含着生命密码的全部信息，把握住这个根本，在细微之处不断地下功夫，则可以滋养出活泼的生机。

最后，"曲"是一种化解的智慧。虽然两点之间线段最短是我们从小接受的观点，但在中国传统文化的系统中，我们古人却秉承了"曲则有情"的理念，这一点在不同的领域都有所体现。传统的民族院落中，一般会在入门口建造照壁，这就是化直为曲的常用手法。一方面，使得过客在门口经过时，不会一览无余地看到家内的场景，即所谓"庭院深深深几许"，另一方面，通过营造这种弯曲盘旋的光影与环境，使得经过的气流变得柔和，从而避免了刚硬的穿堂风的冲击。再看武术中的出拳，传统武术一般不出直拳，而是弧线出拳，能做到每个切点都可以技击。再看书法中的体现，传统书法不讲究绝对的几何意义上的横平竖直，那样就成为美术字了，它追求的是"曲则有美"，讲究一波三折。以上"曲"在各个领域的表现虽然不同，但其中蕴含的道理却是一致的。

所以生活中让自己的思想尽量圆融一点，方式尽量迂回一点，言谈尽量委婉一点，这里并非教人圆滑世故，而是要因循天道，顺势而为。正如我们都爱自己的家人，出发点都是一致的，但由于方式不同，其结果往往有天壤之别。有位富翁给自己的母亲镶牙，到了医院之后，母亲详细地询问各种镶牙的价格，最终选择了价格最便宜的一种，在这个过程中，儿子始终没有表态，而是悠闲地抽着雪茄。等这对母子定好价钱走后，大家有些气愤，这位儿子衣冠楚楚，却不肯给母亲镶副好牙。没想到过了一段时间，这位富翁单独回来了，要求医生给他母亲镶副最好的，价格无所谓，并且嘱咐医生不要告诉他母亲，因为他母亲是个节俭的人，听到这些会因心疼价钱而不高兴的。其实可以设想一下，如果当着母亲的面，坚持要给母亲镶价格最高的那种，估计会遭到这位母亲的激烈反对，最终结果也许会不欢而散。这种智慧的处理，值得我们认真学习。

打碎自我

理解了"曲"的含义，下面的问题就可以迎刃而解了。"枉则直"，在现代人的心目中，"枉"一般指品行作风不正，办事不公。从办事者一方看，则是枉法，从受害者一方看，则成了屈枉、冤枉，所以"枉"贬义的色彩比较浓重。但正如"委曲"不是"委屈"一样，"枉"本义为树木弯曲，指代的是大自然的一种现象而已，本无所谓好坏。由此推广到社会领域，也并不是任何情况、任何场合下，把你认为的事实真相说出来就是直的。对于这个问题，孔子有个著名的论断："父为子隐、子为父隐，直在其中。"故事的由来是，某天叶公告诉孔子一件事情，说我们家乡有个父亲偷了一只羊，他的儿子揭发控告了他父亲，这样的人在我们那里算是正直的人。孔子听到后说，我们家乡正直的标准和您那里正好相反，父亲为儿子隐瞒，儿子为父亲隐瞒，正直的道理和标准正是蕴含在隐瞒之中。这样的论述发展到后来，就成为历代法律所认可的一条重要原则——"亲亲相隐"，即亲属之间隐瞒事实可以不负法律责任。在法治日趋完善的今天，我们仅仅将其作为一种文化理念予以讨论，因为产生行为的原因不同，其功过是非暂且不谈。

"洼则盈"，从物象上来看，唯有低洼之处，水才会流过来将其盈满，从社会的角度来看，唯有低调谦卑之人，大家才会拥护爱戴。如果说"洼则盈"是空间角度的辩证法，那"敝则新"则是从时间角度教给我们的生活智慧。在这里我们结合传统文化的继承和发展，对"洼则盈，敝则新"连起来阐释一下。一方面，"为学日益""温故而知新"，唯有谦虚地回过头来，追根溯源，真正从传统文化中汲取养分，才能为当代文化的发展注入新的活力，所以唯有返本才能开源。另一方面，"为道日损"，根据当代文化发展现状和趋势，创造性地把传统的文化理念践行到工作学习中，不断将旧有的束缚身心的思维观念打破，造就具有完美人格的现代化人才，这也是文化发展的终极目标。遗憾的是，现在传统文化遭遇到了冷落，虽然原因是多方面的，但一个不容忽视的因素是，我们没有把传统文化真正的价值挖掘出来，没有将传统文化的核心要义践行出来，而这也是我写作本书的目的之一。

"少则得，多则惑"，供选择的事物和机会多了，一个人往往就会眼花缭乱，不知道如何抉择了。相反，真正没有选择的时候，一个人的内心是坚定的，往往也能取得成功，历史上"破釜沉舟"就是典型的案例。下面我们以练习太极拳为例，借以说明本句在修身中的指导意义。现在市面上的太极套路多种多样，而且还层出不穷，而普通大众对太极的印象似乎也停留在套路层面上，似乎套路越多，太极拳也就越兴盛。但经历诸多太极套路的寻觅与练习后，许多人会感到困惑，似乎自己淹没在太极的套路之中，对太极的真正精神却茫然不知。当然，套路并非不重要，这里想说明的是套路背后的内涵要体认清楚。我们知道，所有的形式都是为内容服务的，具体到太极而言，保持身心健康是永恒的主题，即所谓"延年益寿不老春"。为此，涵养体内精气，顺从气机升降出入是外在套路的根本准则。但体内的精气状况却是因人而异、因时而异的，所以从哲学意义而言，不存在所谓的"标准套路"，而只要能与当下状况相符合，那他的套路就是"标准"的。用行业术语来说，在练习套路之前，应好好体认把握好"劲道"，所谓"文人练字，武人练劲"，这是一个很需要专一的功夫，即所谓"太极十年不出门"，如果没有这些，则很难达到修身的上乘境界。

通过以上分析可以看出，看似对立的曲与全、枉与直、洼与盈、敝与新乃至少与多，其实都是一枚硬币的两面，打破了二元对立之后，我们的世界仅仅是"一"了。所以这里老子总结到，"圣人抱一为天下式"，这里的"式"是范式、典型的意思，也就是说圣人用"抱一"的方式为大家树立榜样，演示给大家要这样做。至于如何应用？老子提出了"不自见""不自是""不自伐""不自矜"的策略。这些我们会在第二十四章有所论述，这里就不再具体展开了。

不争是一种慈悲

不争是老子思想体系中重要的概念，几乎成为天道自然法则的代名词，老子认为，人也应当效法这种不争的精神。但在这个讲究竞争的年代，不争似乎与时代精神格格不入，乃至很多人认为，不争是懦弱的表现，是为自己的惰性找个理由。平时经常参加一些读书会，在读书分享的过程中，难免会遇到一些针锋相对的观点，如果仔细审视一下的话，其实各种观点都是每个人站在自己的立场，从自己的视角来论述的，不存在本质的错误与否。所以面对诸多大可不必的"面红耳赤"，我认为有必要阐释一下不争的文化内涵。

首先，从哲学的原则来看，不争是宇宙人生的本质。从理论上说，每个人都是独一无二的，上帝创造了你，然后就打碎了模子。所以每个人天生就不同，人与人之间存在着不可比较性。"世上本无事，庸人自扰之"，换言之，世上本没有可争的。老百姓也有一句话，叫"人比人，气死人"，强调的也是不要盲目与外人攀比。现在仔细想想，以修身而言，真的与别人没有半毛钱的关系，奈何很多时候，许多人总是暗中和别人较劲，总以为自己的修养水平高，用佛家术语来说，这是典型的"贡高我慢"。如果将目光投向自己，每天都能听到自己前进的脚步声，那境界使快乐提升了一个档次，这种快乐用儒家的话来说，就是"孔颜乐处"。从根本上说，胜过别人只是相对的强大，胜过自己才是绝对的进步。

其次，不争是一种人生智慧。以旁观者的姿态超然物外，用欣赏的眼光来审视周围的一切，这才有可能看清问题的本质，从而超出问题谈问题，"横看成岭侧成峰，远近高低各不同。不识庐山真面目，只缘身在此山中"。从思维的角度看，因为我们所处的位置不同、视角不同，所以得出来的结论也不尽相同，即所谓"当局者迷、旁观者清"。而要看到事物的真相和全貌，就要走得更远，站得更高，要跳出庐山看庐山。无独有偶，王安石在登飞来峰中也写道："飞来山上千寻塔，闻说鸡鸣见日升。不畏浮云遮望眼，自缘身在最高层。"说的也是要排除杂念争斗的干扰，达到登高望远的智慧。

最后，不争是决胜的要诀。从生活的经验来看，时刻想保持领先的地位，生怕被别人赶超，这种压力和杂念势必影响实力的发挥，此点可以在考场或赛场上经常看到。其实保持平和心态往往能收获更大的成效，在后面的第七十三章中，老子直接指出，"天之道，不争而善胜"。另外，争的基础是偏见，包括利益偏见、经验偏见、位置偏见、文化偏见等，其潜台词是"我是正确的，你是错误的"，所以不争还指代集中精力发展自己，不陷入无谓的争论之中。

"古之所谓曲则全者，岂虚言哉？"从一个侧面可以看出，在老子之前，"曲则全"等哲理性的名言已经在民间流传。由此我想到了老子思想的文化土壤问题。老子的思想并非无源之水，正是在不断总结整理之前的古文化的基础上，老子才创造出博大辉煌的《道德经》。对老子而言，这映衬了本章"敝则新"这句话，可谓"古为今用"的典型代表。下面的解读我们来点"洋为中用"。"诚全而归之"，现在大部分人将其译为：它（这些道理）确实可以使人圆满成功。虽然意思可以大致清楚，但有时我在想，假如面前是位外国人，那我们怎样才能使其明白，所以有人将其翻译为：If you do things with nature, you will have a happy ending（依道而行，确确实实能使人保全而善终）。"他山之石，可以攻玉"，有时不明白古文的含义时，可以尝试从跨语言的视角来解读，或许是不错的选择。

第二十三章

希言自然。故飘风不终朝，骤雨不终日。孰能为此者，天地。天地尚不能久，而况于人乎？故从事于道者，道者同于道，德者同于德，失者同于失。同于道者，道亦乐得之；同于德者，德亦乐得之；同于失者，失亦乐得之。信不足焉，有不信焉。

贵人语少

"希言自然"，这是个倒装句，正常说是自然希言，也就是天地总是自然运行，是不需要多言的。现实生活中，语言是最基本的交流思想、表达感情的工具。但从道家的视角来看，作为文明标准之一的语言却是把双刃剑，有时还让人困扰其中而无法自拔，着实危害不小。对此，庄子说，"夫言非吹也，言者有言，其所言者，特未定也"。虽然从物理学的角度看，语言声和风吹声都属于声波，但说话者本身却有自己特定的立场观点，每个人都通过语言来辩解自己是正确的，这是"言者有言"。但针对同样的问题总会有不同的观点，并没有一个统一的标准，即"其所言者，特未定也"，因为其中加上了许多人为的因素。所以人类的语言和纯正的大自然的风声在性质上是有区别的，它已经不属于天地至音的范畴了。

俗话讲，来说是非者，便是是非人，因为一句是非语的背后肯定有一定的是非标准，所以修养高的人往往给自己一个准则，那就是闲谈莫论人非。在道家看来，在此基础上应再进一步，做到遇境不语，可以抑制并渐次消除心中是非的生发，并进而达到无知无欲的最高境界。全真七子中的郝大通大悟之后，在沃州石桥下默坐，修不语之功。河水上涨之后，也不去理会，小孩子跑过来跟他开玩笑，他也不去计较，世称"不语先生"。在这种状态下他保持了七年，据史书记载，终于"水火颠倒，阴阳和合，九转之功遂成"。从这里可以看出，不语成为道门中人修炼的重要方式。

在日常生活中，我们也经常听到，对于上了年纪的人，有"微聋暂哑，养生之资"的说法，说的是微微有点耳聋，暂时把自己当成哑巴，这样可以少惹很多是非，从修身的角度而言，这些都是养生的资本。所以《弟子规》中也提到，"话说多，不如少，惟其是，勿佞巧"，孔子也讲到，"巧言令色鲜矣仁"，《增广贤文》说得更为直接："贵人语少，贫子话多。"从中医角度来看，多言则伤气，久病缠身或者大病初愈的人，大多中气不足，所以懒于言语，遇到这种情况我们要充分理解，不可认为他们是对人冷漠。另外，有句话总结得好，解释就是掩饰，有些事情越解释就越显得苍白无力，所以智者不急于用语言去辩解，而是踏踏实实地做好自己的事情，总有水落石出、真相大白的一天。老子在最后一章也有类似的论述，"信言不美，美言不信，善者不辩，辩者不善"，总结为一句话：少说。

从咸卦到恒卦

接下来老子讲了天地间的一种现象，狂风刮不了一个早上，骤雨下不了一整天，暴风骤雨不会持续太久。下面老子又自问自答，这种现象背后是谁使它们这样呢？天地。天地的狂暴尚且不能长久，而何况是人呢？当年刘邦从一介平民起家，一生可谓戎马倥偬，最后建立汉家王朝。刘邦本身比较厌恶儒生，甚至有一次把儒生的帽子拿来当尿壶用，以为自己马上打天下，要那些《诗》《书》何用？而当时的谋士陆贾则提出了一个观点，"可以马上打天下，不可以马上治天下"。接着陆贾结合秦亡的教训，终于使刘邦改变了原来的看法，奠定了汉初治国思想的基础。说白了，马上打天下，这是暴风骤雨式的社会变革，但毕竟这不是社会发展的常态，这种局面不可能持续地发展下去。一旦社会步入常态的发展阶段，统治策略与方式也应做相应的调整。

生活的经验也告诉我们，但凡可歌可泣的爱情故事，往往是以悲剧结尾的，因为"歌"的背后是"泣"，所以轰轰烈烈的爱情，往往不会持续太久。既想一直爱情浪漫，又想婚姻长久、白头偕老，那大多是一种带有幻想色彩的浪漫想法。浪漫不是不可以，但这毕竟不是生活的常态，尤其是步入婚姻家庭后，再不能继续如"马上打天下"般的轰轰烈烈了，也应切换一下生活的模式，尽快适应生活本有的自然。因为婚姻中最浪漫的事，就是在生活中一同慢慢变老。说到这里，现在看来，家庭是需要来经营的。有的"小公主"从小就习惯被宠爱，找了男朋友之后自然索要加倍呵护，这时候浪漫一下那是相当自然的。如果结婚过上了平常的日子，再延续原来的模式似乎就不合时宜了。此时聪明的女人会把家庭人际关系的和谐作为人生重要的事情来看待，在自己的心灵中给家庭一片田园，精心耕耘，用心呵护，悉心照料，给自己的爱人一个温暖的港湾。反之，继续以小公主的作风不断地索要爱，逃避推卸自己所应承担的那份责任，那只能导致不和谐的关系出现，甚至是家庭的破裂。

这一点《易经》似乎也给了我们启示，《易经》由上经、下经两部分组成，上经起于乾坤，按照序卦传的理念，象征着世界万事产生于阴阳。下经起于咸恒，由个人开始，讲到男女、夫妇、家庭、父子、君臣等人生关系问题。按照孔老夫子的婚姻观，"有天地然后有万物，有万物然后有男女，有男女然后有夫妇……夫妇之道不可以不久也，故受之以恒，恒者久也"。简单而言，咸卦是关于恋爱的卦象，恒卦是有关家庭的卦象，恋爱之后就要组建家庭，《易经》的卦序排列也要尽力反映这一自然的过程。在咸卦中，代表少女的泽在上，代表少男的山在下，称为泽山咸。如果从其象征意义看，兑在上面，像温柔多情的少女在前面奔跑；艮为山在下，像壮实的小伙子在后面追赶，一幅男亲女爱的相戏画面。而到了恒卦中，代表长男的雷在上，代表长女的风在下，称为雷风恒。从其象征意义看，一旦男女组建起了家庭，这时候就本着稳重平和的原则，男主外，女主内，建立起恒定持久的家庭秩序。两者时空位置的变化，确实值得玩味。

心想事成

"故从事于道者，道者同于道，德者同于德，失者同于失。同于道者，道亦乐得之；同于德者，德亦乐得之；同于失者，失亦乐得之。"先说明一下这段话的帛书版本，帛书《老子》是这样表述的："故从事而道者同于道，得者同于得，失者同于失。同于得者，道亦得之。同于失者，道亦失之。"至此结束，非常简洁，没有后面传世版本的表述。现在大部分人将"失"解释成失道，整句话的意思理解为：从事于体道、悟道、得道和行道的人就能与道融为一体，从事于体德、悟德、积德和行德的人就能与德融为一体，从事于失道、缺德的人就等同于失道和缺德，失的对象为道、为德。又如魏源在《老子本义》中说："道者、德者、失者统言世上从事于学之人有此三等也。全其自然之谓道，有得于自然之谓德，失其自然之谓失。"这样将道、德、失作为自高递减的三个层次来看待。

如果从超越的层面来看得失，就会有不同的看法，日常生活中我们经常讲得失，似乎得到就是好的，失去就是不好的。但在老子的眼中，得失得失，有得必有失，失去才能得，得失是辩证统一的关系。从体用关系看，可以将"道"视为体，将"得""失"两者视为用。具体道家修炼者认为，想要得道，先要学会舍弃，舍弃什么？要舍弃外在的一切执着，要舍弃内在的一切分别。如道家有舍弃色身的训练，其过程有时是令人恐惧的，习惯性的思维会告诉你，你将失去眼前的一切，你将赤裸裸地一无所有，且连你自身也将消逝得无影无踪。于是有一种声音提示着你，人总要抓住点什么吧，最低也要证明你来过这个世界吧，而在向外抓取的那一瞬间，自我意识又把你打败了。

《大学》中有这样一句话，"尧舜率天下以仁而民从之，桀纣率天下以暴而民从之"，尧舜以仁义之心对待天下，大家也以仁义之心对待尧舜，桀纣以暴虐的心性对待天下，天下反过来也以暴虐的方式推翻了他们，这如同自然界的作用力与反作用力。所以老子在这里提出："同于道者，道亦乐得之；同于德者，德亦乐得之；同于失者，失亦乐得之。"作为人生道理而言，人生种下什么样的因，相应就会有什么样的果，朱元璋在解读本句时说："譬如人之在世，愿作何等，必得何等来应，即是好此而此验，喜彼而彼来，必然。"用通俗的话来说，你有什么样的愿，就会有相应的事物来响应你。以前对"心想事成"颇不以为然，我想一夜之间成为富翁，可现实中能做得到吗？后来才渐渐意识到，这里的"心想"不是上述的幻想或空想，而是一种真实的心愿。按照万物皆场的理论，这种心愿如同一种场，当一个人有某种心愿时，他的场中就有了与这种心愿相应的信息，随着时间的推移，这种信息可能越聚越强，从而影响周围特定的人、事、物，最终会出现心愿中的结果。

"童心"的追问

当代社会在解读老子时有一种现象，那就是将老子作为一种哲学思想来研究，而往往忽略了那些哲学语言背后的更为深沉的东西，正如冯友兰先生所言，照中国的传统，研究哲学不是一种职业。它就存在于普通老百姓的生活当中，但大部分人对自己的"哲学"却茫然无知。一个基本的事实是，中国哲学是中国人生活样法的基石，他以"哲学"精神为生活，正像西方人日常都要进教堂一样。但如果把这种基本精神抽空，则如同将传统的士大夫降级为知识分子，文化也便失去了灵魂。"信不足焉，有不信焉"，老子认为，正是因为"信"体系的丧失，才有了诸多"不信"事件的发生。

爱因斯坦曾说过，在科学的殿堂里有三种人，一种是将科学研究作为一种职业，一种是将科学研究视为一种智力游戏，一种是将科学研究作为一种信仰。并且他明确指出："毫无疑问，任何科学工作，除完全不需要理性干预的工作之外，都是从世界的合理性和可知性这种坚定信念出发的。"

真正的"信"不计较生活的得失，是超越现实的功利的。当代著名小说家、作家柳青，一贯深入生活，几十年如一日地生活在农民中间，有着丰厚的生活积累。有一次他想描写一个农村泼妇骂街的场面，却没有这方面的生活体验。后来他听说村里有位泼妇骂人很有"特色"，为此，他故意准备了一盆脏水，趁这位泼妇完工路过时泼在她的身上，而且没有道歉转身回屋去了。顿时这位泼妇暴跳如雷，一手叉腰，一手指着柳青破口大骂起来，言语污秽，神态泼悍。有了这次切身的感受，柳青写农村骂街场景的水平又上了一个档次。胡适在《胡适文存》的序言中也谈道："我自己现在回看我这十年来做的文章，觉得我总算不曾做过一篇潦草不用气力的文章，总算不曾说过一句我自己不深信的话：只有这两点可以减少我良心上的惭愧。"由此可见，保持这种无愧良心的"童心"状态，是事业成就的重要保障。

纵观历史上的重大思考和发现，大多是在"童心"追问下的探索结果，只顾眼前利益的人，是很难思考"苹果为什么落到地上"这类问题的。反观现在的大学教育，功利化的色彩越来越严重，如果在一个问题上看不到眼前的利益，那就很少有人去关注，这对基础研究来说是非常不利的。那么理想的大学教育是什么样的？我想它应当是创新思想的孵化器，是终生守望的精神家园。滋养于"闲花落地，润物无声"的文化氛围中，一个人可以掩卷长思，一群人可以畅谈无忌。如果说一个成熟的社会，每个人都能找到他的定位，而且在他的定位中都能满足他的角色扮演的话，那么在理想的大学中，每个人都可以找到自己的精神家园，并可以在寻找中获得久违的自我价值感。

第二十四章

企者不立，跨者不行，自见者不明，自是者不彰，自伐者无功，自矜者不长。其在道也，曰余食赘行，物或恶之，故有道者不处。

在帛书中，本章的位置处在第二十二章之前，且行文的内容与第二十二章有着天然的联系，尤其是"自见者不明，自是者不彰，自伐者无功，自矜者不长"的表述，与第二十二章的"不自见，故明，不自是，故彰，不自伐，故有功，不自矜，故长"的表述，两者是天然相对的逻辑表达。考虑到传世本的《道德经》流传已久，相因成习，因此也没必要标新立异。本书解读时在内容上予以了合并，以期在核心意义上能够理解和把握《道德经》。

我被聪明误一生

"企"本义为抬起脚跟、用脚尖站立，这样的姿势，除非受过专业训练的芭蕾舞蹈演员，否则很难长久地站立。"跨"的结构为"足"和"夸"，"夸"意为"虚空"，"足"与"夸"联合起来表示"双足左右分开，两腿之

157

间呈虚空之状"，所以词语中有跨马、跨栏、跨越等组合。这两句话的意思是踮着脚不可能永久地站立，大踏步跨越不能长久地远行。从现实的角度来看，以哗众取宠之心炫耀自我，以"大跃进"的方式急于求成，则违背了自然规律，反而达不到预期的效果，这里阐释了欲速则不达的道理。

从有道者的眼中，自见、自是、自伐、自矜为后天的人为，在真正的身心修养中，这些都属于多余的成分。"不自见，故明，不自是，故彰"，不被自己的一己之见所蒙蔽，所以才能保持空明的状态，不自以为是，才能彰显有道者的素养。这就提示我们，真正的管理者不是以一己之智在那里发挥作用，而是充分发挥各部分的积极性，当管则管，不当管的不会越俎代庖。当年汉文帝问右丞相周勃："天下一岁决狱几何？"周勃答不出来。汉文帝又问周勃："天下一岁钱谷出入几何？"周勃还是答不出来。左丞相陈平答得爽快："有主者。陛下问决狱，责廷尉；问钱谷，责治粟内史。"这样的事情问主管就可以了，身为宰相，不该样样琐事都管，宰相的责任是辅佐皇帝，"外镇抚四夷诸侯，内亲附百姓，使卿大夫各得任其职焉"。对此，周勃很惭愧，觉得自己的能力远远不如陈平，就称病辞去相位，于是陈平就一人独相。

对于"不自见"，河上公的解读是，"不以其目视千里之外，乃因天下之目以视"，也就是说不单纯依靠自己的眼睛视察千里之外，而要依靠众人的眼睛，听取多方面的意见，才能明辨是非。从修身的角度来说，"天下之目"为身体所有感官的综合。对于修身实证之人而言，他的身体是非常灵敏的，对于细微的"风吹草动"，他都可以准确地感受到，并对事物进一步的发展有清晰的预判。所谓"山雨欲来风满楼"，有了"风满楼"的迹象和氛围，就可以预判山雨欲来的结果了。而如果单纯靠后天的意识之心在那里起作用，其他都是处于休眠甚至罢工的状态，那只能是得到执象而求的片面化理解，不可能达到对世界全方位的认知和把握。

前面说过，"自是"为自我尊大、自以为是，从字源字形来看，"是"

由日和正两个部分组成，有"以日为正"的含义。生活中的自是者把自我的认知当成了事实，分不清这是事实还是自我的一种认知，而以自己的规则和尺度去衡量周围的一切，从而变成了以自我为中心的人。如塞万提斯笔下的堂·吉诃德，魔法、战车、决斗、挑战、受伤、漫游、恋爱、风波以及书中种种荒唐无理的事，凡是书中所写的他都信以为真，并且一定要付诸实践，结果直到最后才幡然醒悟自己原来是位自是者。另外大家都熟悉的《泊秦淮》："烟笼寒水月笼沙，夜泊秦淮近酒家。商女不知亡国恨，隔江犹唱后庭花。"这首诗也是杜牧的触景感怀之作，借陈后主荒淫无度与执迷不悟，讽喻那些不吸取教训而醉生梦死的统治者，所以后世也将《后庭花》称为亡国之音。当时隋文帝处心积虑地要灭掉陈朝完成统一，但陈后主沉迷于这种亡国之音中，还认为"王气在此，役何为者耶"，听不进周围人的劝告，生活在自我编织的虚幻世界中，死活不肯承认北朝的崛起。虽然陈后主的诗词文学是举世公认的，但从修身的角度看，他仍是一位不明的自是者。

日常生活中也有这样的现象，别人对我好了，我们说他是个好人，过几天两个人吵架了，马上反目成仇，又把对方说得一文不值。如此摇摆的观点背后，透射出总有一个"中心化的我"在那里发挥作用。这个"中心化的我"习惯于用它的聪明创造定性的标签，并将这种标签烙印在我们内心深处，最后我们又被这种聪明所驱使，即所谓聪明反被聪明误。对此，《大学》中也谈到这种现象，"人皆曰，'予知'，驱而纳诸罟擭陷阱之中，而莫之知辟也"，大家都说自己聪明睿智，但最后都不自觉地跑到了自己设定的圈套中而不知回避。说到这里，一代文豪苏东坡在总结自己一生经历后有句感慨："人皆养子望聪明，我被聪明误一生。惟愿孩儿愚且鲁，无灾无难到公卿。"虽有自嘲的味道，倒也确实是真情所发。近代佛学界也有一种说法，古人学佛不学苏东坡，今人学佛不学梁启超。认为他们只是佛学的学者，才情有余而修为不足，或许正是因为此点，苏东坡才有这样的感叹吧。

头不至地罪即生

"不自伐，故有功，不自矜，故长"，自伐，就是自我夸功，颜渊在谈到自己的志向时，提到要"无伐善，无施劳"，即不夸耀自己的长处，不表白自己的功绩。自矜，即自我尊大，矜古代指矛柄，从写法上看，矜从矛从今。"今"意为"当面的"，"矛"与"今"联合起来表示"面见宾客时手持的矛"，在手持长矛的行为心理活动中又衍生出庄重、自尊、自信、自傲等义。无论是自伐，还是自矜，都是自我膨胀的表现，历史上大家熟悉的韩信，对汉朝的贡献可谓是功高无二，但其本人没有做到功成身退，最终被夷灭三族。对此，司马迁也很是惋惜，他说："假令韩信学道谦让，不伐己功，不矜其能"，那么在当时的汉朝，他就可以成为周公、召公这样的人物了。

本来就有功，但是挂在嘴边天天说，那这功劳也会被嘴说没的。如三国时代的谋士许攸，帮助曹操火烧了袁绍屯粮的乌巢，为官渡之战的胜利奠定了基础，可谓功勋卓著。但他自恃功高，每次见面，不分场合，直呼曹操小名："阿瞒，没有我，你可得不到冀州啊。"面对这些轻慢，曹操表面上虽然嬉笑，但心里颇有芥蒂。一次，许攸出邺城东门，对左右说："这家人没有我，进不得此门。"有人向曹操告发，于是许攸被收押，最终被杀。对此，罗贯中有诗云："堪笑南阳一许攸，欲凭胸次傲王侯。不思曹操如熊虎，犹道吾才得冀州。"许多时候我们把此当成一个故事，往往一笑了之，殊不知生活中的许多人，自觉不自觉地成为故事中的主人公。家庭中丈夫或者妻子经常标榜自己功劳大，这个家庭如果少了我，肯定运转不起来。久而久之，这样的家庭一定会出问题。因为家庭是互相呵护的港湾，而不是互相标榜的舞台，在一个家庭中，人人都在付出，只不过付出的方式不同罢了。

如果说自伐着意于外在的事功，那自矜往往炫耀的是内在的才情。作为一种人性的弱点，自矜一直在历史舞台上演绎着它的故事。三国时，刘备凭一时冲动为关羽报仇，轻视挂帅的年轻书生陆逊，结果被对方在彝亭以火攻打败；西晋末年苻坚，率领几十万大军南征东晋，号称在长江能"投鞭断流"，自信满满，结果被谢安等人施计破之，以至有了"草木皆兵"的笑谈。这些例子大家耳熟能详，而且极易被识别。而反观修身领域，有时一个人外表虽然很自谦，但内心深处自矜的成分仍然存在，而且不易辨别。据《坛经》记载，当年法达禅师得知六祖慧能在广东南华寺，就前来拜谒。但他顶礼慧能时"头不至地"。古时候讲究顶礼膜拜，磕头时以头伏地才叫虔诚，六祖大师见他这样，就知道他心中"必有一物"，也就说他心中肯定还有引以自傲的东西，便问他平时以何法门修持，法达禅师答道念《法华经》已及三千部。《法华经》念一部大约需要一天，那就是说法达禅师念了将近十年，足见法达禅师的道行也是很深的。虽然如此，在修炼的角度看，"念《法华经》已及三千部"已经成为法达禅师心中的自矜点，因为凡是有相，皆属虚妄，这一点不破，仍是修行的障碍。所以慧能也便直言，这种想法不能去除，即使念了一万部《法华经》，也不会证得出世法的实相。并送了一首偈子："礼本折慢幢，头奚不至地。有我罪即生，亡功福无比。"法达言下大悟。

闪电买衣法

"余食赘行"，余食为多余的美食，吃过大餐之后再来两斤牛肉，这样就失去了食物本有的功能。记得有次读书会，有位老师对我解读的余食赘行有了兴趣，在讨论完吃过量食物的危害后，她说自己减肥的时候可以用到这句话，一旦吃完饭后还想吃，就用这句话对治一下。没想到老子这句话两千多年后还可以用来减肥。关于"余食"对身体的影响，曾有这样的一个实验。研究人员将200只猴子随机分成两组：一组猴子不控制饮食，管饱；另外一组严格控制饮食，只让吃七八分饱。10年后，敞开吃的这100只猴子中，有很多体胖多病的猴子，100只猴子死了50只；而控制饮食的那100只猴子中，只有12只死亡，这从一个侧面说明了"余食"的危害。

赘行，多余的行为，赘在这里是多余的意思，有的《道德经》版本干脆就是"赘形"的表述，也就是说身上长了多余的肉。现代人最怕听到长赘肉，何谓赘肉？即本不应当长的肉。那为何长赘肉？估计主要原因是贪吃与慵懒。如果我们按照"赘行"的表述，为什么人会有那么多的多余行为？用老百姓的话说，就是吃饱了撑的，我想和长赘肉的道理是一致的。对此，孙思邈在《千金方》中提出了四少的原则："口中言少，心中事少，腹中食少，自然睡少，依此四少，神仙快了。"这也是教导我们在日常生活中运用减法原则，逐渐减少那些无关紧要的言行，真正把精力放在生命的涵养上来。

对我而言，现实中有件事比较耗时，就是陪人逛商场买衣服。反复地筛选比较，不断地讨价还价，最后的时候还不一定买到心仪的衣服，而且还有浪费时间的愧疚感。后来我在买衣服的过程中发明了一种"闪电买衣法"，保证5分钟内完成任务，而且效果和性价比往往还不错。具体流程如下：排除杂念，平心静气，缓步向前，两侧衣服画面缓缓进入你的视野，真有"两岸青山相对出"的感觉。此时感到买衣服如同在茫茫人海中寻找心仪的情人，不经意间总有一款打动了你的心灵，保持住第一念的状态，因为直觉往往是最准的。这时联系服务员找到合适的号码，如果商场不能还价就万事大吉，如果可以还价的话，我再介绍一个世界上最公道、最简洁的还价方式。说出你心目中合适的价格，并直接告诉服务员，如果合适的话就卖给我，如果这个价格不合适甚至赔钱的话，就算你卖给我，我也不会买，因为在老子的心目中，最理想的交往是"双赢"。当然，这种方式只适合那些不喜欢逛街的大老爷们，如果把买衣服当作享受那就另当别论了。

第二十五章

> 有物混成，先天地生。寂兮寥兮，独立而不改，周行而不殆，可以为天地母。吾不知其名，字之曰道，强为之名曰大。大曰逝，逝曰远，远曰反。故道大，天大，地大，王亦大。域中有四大，而王居其一焉。人法地，地法天，天法道，道法自然。

宇宙的真实

在宇宙起源和实相的问题上，作为万物之灵的人，将此有形有限的世界，置于无限悠悠的时光长河中，用人类理性的光辉照亮了幽深的远方，为这个永恒的问题呈现了不同的答案。对此，古希腊哲学家柏拉图提出了"理念世界"的概念，并认为"理念世界"是真实的，是永恒不变的，而我们的"感官世界"不过是"理念世界"微弱的影子而已。以此他还提出了著名的"洞穴理论"：设想在一个地穴中有一批囚徒，他们自小待在那里，被锁链束缚，不能转头，只能看面前洞壁上的影子，久而久之，他们也便错误地以为他们看到的世界就是真实的世界，通俗而言，他们看到的仅仅是真实世界的影子。

对于这个问题，老子讲述了他的观点和认知，有种混沌一体的东西，在天地未生之前就已存在。这种东西没有声音，也没有形状，独立存在而不与物化，利用出入而往来无穷，可以作为万物的根源。老子在这里提出了世界源于"道"的命题，应当说在思维方式上有了很大的提升，具有里程碑的意义。首先，它超越了具象的形体，具有寂兮寥兮的混沌性，如果我们从逻辑上推演，假如世界是由一个具象的东西产生的，那必然还有一个与之对立的具象东西存在，而且在这个具象之前又是什么东西产生了它，所以在逻辑上讲不通。其次，道具有不与物化的恒定性，这是从道体方面来说的。最后，道还具有往来流转的无穷性，这是从道用来说的。

在现代科学技术的发展中，人们习惯性地以验证性为借口，将我们先哲的理论斥责为"空想"。我们经常说，科学是需要验证的，但这里有一个前提，即所谓的验证是建立在我们感官知觉的基础上的。因为人体感官本身具有局限性，如人眼只能看到可见光的部分，耳朵也只能听到特定频率的声波，所以外在感官感受的世界与真实的世界肯定是存在差异的。如同电脑游戏所呈现的五彩缤纷的世界，但任何成年人都清楚，这不过是一个虚拟的世界，不可以作为真实的世界。以此类推，用高维空间的眼光来看我们的感官世界，我们所认为的真实也不过是"虚拟"的。量子力学的创始人波尔认为："我们称之为真实的东西，都是由不能被视为真实的东西组成的。"两千年之后的科学回答，竟然和老子的哲学概括不谋而合。

相信随着科学的昌明，大家会对这个问题看得越来越清楚，牛顿通过对时间的研究得出一个结论："时间只是人们记忆功能所产生的一种错觉。"爱因斯坦更是用相对论诠释了时空，从而使时空成为相对的概念。现代学者刘丰先生认为，我们看到的实体，全是能量波成的像，而能量波没有成像的状态是信息。在现实世界中，一维是二维的投影，二维是三维的投影，以此类推，N维是N+1维的投影。人类认知世界的观点，主要还是在三维空间里。如果能够把自身提升到四维甚至更多维的空间，那就能扩大视野，获得更多生命的体验。人们看待世界的维度不同，认知度和自由度就不同，也就是说，生命的自由来自意识维度的提升。从修身角度而言，现代人应当超越单调机械的思维方式，而用一种系统多元思维方式重新审视世界，从而不断地进入更高维度的时空中，更真实地认知这个世界，更高地提升我们生命的自由度。

寻找生命之珠

"吾不知其名，字之曰道，强为之名曰大。"老子讲到，我也不知这个东西叫什么名字，于是乎给它起一个"道"的名字吧，至于描述"道"的特征，我只能勉强地用"大"来相对地概括。从"字"的含义来看，字从宀从子，子亦声，意思为在屋内生孩子。在这个语境下，老子强调的是"道"这个名称只是由"常道"滋生出来而已，所以后世有一些解读《道德经》的注本，干脆用"○"这样的图示来表达"道"。为了避免大家陷入文字的窠臼，僵化地以为世间的规律只可以用固定的词语定义，只可以用固定的方式来表达，老子很坦率地表白自己不知道它的名字，特地强调自己无非是个命名者，而且用了"勉强"这样的词。我想这就是老子的伟大之处，以一位平等的参与者的心态，直言他心中的世间真相，告诉世人不需要以他为尊，真的不需要。

"大"叫作逝去，逝去流行不息，充塞天地之间，所以运行到极远，行文于此，给人一种极为广博的感受。但老子的理论永远是圆融的，放出去的永远都要收回来，极为辽远的又要回到身边，所以这里又提出"远曰反"。正如打太极拳讲究盘出球劲，球是圆的，打出和收回是一体的过程。这里有一个话题，到底世界上离你最远的距离在哪里？用文学一点的诗句来说，"世界上最遥远的距离不是生与死，而是我站在你面前，你却不知道我爱你"；而从地球的角度说，离你最远的距离可能就是你的脚后跟。所以无论怎样说，最远的往往是离你最近的，这也是老子哲学的一个基本命题。

从上面可以看出，老子概括出了道的种种特性，可以说对道的把握体悟是很深刻的。那么我们不禁有个疑问，老子是通过何种方式体悟出来的呢？先讲一个《庄子》中的故事，黄帝到赤水河北边去游玩，登上昆仑山顶向南方眺望，返回的时候，发现自己的玄珠不见了。于是派智慧超群的"智"去寻找，结果没有找到，又派明察秋毫的"离朱"去寻找，结果又没找到，又派善于言辩的"吃诟"去寻找，结果还是没有找到，最后派无智、无视、无闻的"象罔"去寻找，结果"象罔"却把它找到了。表面上看这是一则寓言故事，实则庄子借用这些意象化的人物，要传达给我们修身的理念：玄珠实则是我们自身的法宝——道，如同影子一样，你越是拼命追赶越是得不到它，相反，只有当我们静下来，用无知无欲的平常心对待时，蓦然发现其实它一直就在我们身边。

参赞天地之化育

接下来有一个版本的表述问题，"故道大，天大，地大，王亦大。域中有四大，而王居其一焉"。有的版本表述为"故道大，天大，地大，人亦大。域中有四大，而人居其一焉"。有时很感慨古人造字的奥秘，按照传统的解释，"王"字的三横代表着天、地、人三才，王是上知天文，下晓地理，中通万物之情的天下归往之人，唯有将三者打通了，才能称得上王者，或者叫作有道之士。这里有个问题，如果只懂得天地之道的是哪一类人呢？古人造字为"工"，也即现代所说的工程技术人才，他们可以把事物做得很精美，所以工里面有"巧饰"的意思。

面对这样一个浩瀚的宇宙，人不禁感慨自身的渺小，"寄蜉蝣于天地，渺沧海之一粟"，如同广阔的天地中的寄身蜉蝣，如同沧海中的一粒粟米，以至于很多时候人的位置可以忽略不计。但老子有足够的文化自信，他提出"道大，天大，地大，人亦大。域中有四大，而人居其一焉"，把人的地位提升到与天地并列的高度，这应当说是探讨人生价值的理论前提。日常老百姓经常说的"人命关天"，这句话其实也表达了相同的意思，即我们应对生命的尊严和价值予以高度的尊重。虽然当代社会我们把人的尊严和意义挂在嘴边，但有时候我们却人为地把它抛弃了。现在有许多这样的情况，亲友们明明知道病人已经无力回天了，却还是把病人一个人放在重症监护室，浑身插满管子的病人真切地等待亲情与陪伴，但最后却在孤独、寂寞、恐惧中离开世间。在这种情况下，我们往往关注的是生命的生物体层面，而其生命的尊严和生命的意义却被忽略了。从哲学和伦理的层面看，人文化的关怀才是临终关怀的核心意义。在这里，老子既是肯定人的尊严和价值，同时也在反面提示我们，应当好好珍惜来之不易的生命资源，好好地在修身之路上实现人生的价值。

对于人在宇宙中的价值和意义，《易经》总结了一句话，叫作"参赞天地之化育"。现在的大使馆中有一种顾问、参事之类的职位也是参赞，外交代表不在时，一般都由参赞以临时代办的名义暂时代理使馆事务，可见其主要是参与协助的角色。借用到人与天地的关系上，人对天地而言可以说是参与协助的角色。因为生命本身是物质、能量和信息的综合体，而人类本身就是宇宙演化的结果，所以人类活动也是自然演化的不可或缺的组成部分。不难设想，没有人类活动的天地是孤寂和残缺的，小到春种秋收、生儿育女，大到立功立言立德的"三不朽"事业，无非是"参赞"天地化育的具体表现形式。

年轻的时候，我经常思考这样的问题：既然人总有一死，那所谓的愚笨也好，聪明也罢，有钱也好，无钱也罢，在这样的背景下人的奋斗有什么意义？也曾无数次叩问，人生的意义到底在哪里？为此迷茫过很长一段时间。后来在接触传统文化的过程中，意识到无论何种地位，无论何种职业，只要在自己的本位上踏踏实实做好自己的事情，那就是圆满的人生。《黄帝内经》也有一句话，"高下不相慕"，通俗地说，每个人都能在本位上找到自己的价值和意义，工人阶级不羡慕领导阶级，领导阶级也不羡慕工人阶级，只要有那种自得之心，无论富贵还是贫贱，在参赞天地之化育的大背景下，大家都是立于天地间的独一无二者，我想这便是传统文化的伟大之处。

何谓"道法自然"？

"人法地，地法天，天法道，道法自然。"在一般的解读中，这句话翻译为人应当效法地，地应当效法天，天应当效法道，道则应当效法自然。似乎人要比地层级低，地要比天层级低，而天要比道层级低，即其中是递增的关系。但按照我的理解，无论是地，还是天，还是道，都在自我本然地运行，所以不存在刻意效法的成分，需要效法的恰恰是我们人类本身。所以这里是否可以这样理解，即人法地、人法天、人法道。地、天、道三者中，道为先天寂然之体，天地为后天阴阳之用。人理想的状态应是先天无为观照后天有为的应用，按照司马迁的父亲司马谈的观点，"其术以虚无为本，以因循为用"，法无定法，可进则进，需退则退，从而一直生活在鲜活的恬淡之中。

对中国人而言，"道法自然"是最熟悉不过的，可是何谓"道法自然"？却少有人参透其真正含义。这里首先要解决的是什么是"自然"？当代人一提起"自然"这个词，马上会想到与人类社会相对的自然界，会浮现出电视中动物世界所展现的场景，这种理解对不对呢？也对也不对，说对是因为道家确实强调人应向天地万物学习，自然界的万物当然是我们效法学习的对象。说不对是因为"自然"在古汉语中是由两个相对独立的词组成，即自我本然。"自然"虽然不是外来词，但在近代以来东西方文化交流中被赋予了"nature"或"natural"的内涵，即成为"自然界"的代名词。老子的本意不是在道的基础上还有一个更高的"自然界"的概念，而是要修炼者做到自我本然，即在内求的过程中最终呈现出自我本性的东西，这就是道。正如西方认为世界万物都是上帝创造的，那么上帝又是怎么来的呢？那上帝只能是"本来自己如此的"。所以从这里可以看出，现代人在"道法自然"这个问题上，一开头就偏离了中国传统文化的概念，而陷入西方文化话语体系之中。

由"道法自然"衍生，我们经常说"顺其自然"，在这个问题上现代社会也存在许多偏差的地方。首先，顺其自然不是随波逐流，面对当代多元化的价值观，面对诸多集体无意识的规则，我们不能丧失自我思考的能力，不可以丧失独立的行为方式，要在尊重的基础上活出自己的本色。其次，顺其自然不是顺其惰性，当一件事情遇到困难的时候，不去积极努力，不是在提升自我中寻找应对的策略，而是简单地用"顺其自然"了事，我想这是典型的给惰性找借口。其实道家提出了很多令人热血沸腾的口号，如"我命在我不在天"。乍一听，似乎和"道法自然"有些相左，但仔细研究一下的话，这也并没有违背自然的法则。上面我们提到，自然是自我本然的意思，在我们先天本性自由发展中，必定会超越一些外在的限制，达到生命高度自由的状态。如此看来，"我命在我不在天"也是"道法自然"的一种表现了。

第二十六章

重为轻根，静为躁君。是以圣人终日行不离辎重，虽有荣观，燕处超然。奈何万乘之主，而以身轻天下？轻则失根，躁则失君。

管宁割席

"重为轻根，静为躁君"，从字面意思来看，重是轻的根基，静为躁的主宰。日常生活中我们玩的不倒翁，其实也是利用重心的原理。当然，老子在这里并非单纯地讲述物理现象，从修身的角度看，这两句描述了人体的生理心理的规律。一方面，从生理上看，道家传统的做法是"气沉丹田"，通过不断地积精累气，使得内部气海能量积聚升华。从感受上看，如胡孚琛先生在《丹道法诀十二讲》所言，"久之形成以肚脐为中心的原始星云般的旋转之物，沉甸甸的像'铅'"，我想这是"重"的一种表现形式。另一方面，从心理上看，通过上述的修身过程，一个人的内心会安静下来，不再像以往那样浮躁，这个人会变得沉稳、自信、成熟。

在这方面，孔子也提出"君子不重则不威，学则不固"的命题，诚如南怀瑾先生所言，这里的重不是板起面孔，把脸上的肉挂下来就是"重"，而是一种发自内心的自我尊重。唯有如此，才能产生真正意义上的威严，

171

而所学的知识才能真切地转化为对人生有益的学问。相信很多人都经历过年少轻狂,那时正如断了线的风筝,心中没有把持,任由自己的性子胡作非为。或许只有处处碰壁后才会幡然悔悟,由此心性才会逐渐沉稳下来。古代师父考验徒弟是否可以下山,往往会制造一些场景来考验一下,如半夜等你睡觉后派人过来敲门,并会提出些不近情理的要求,看你是否有足够的耐心来对待,假如火冒三丈,气急败坏地把对方赶出去,那说明离出山还有一定差距。

每临大事有静气,是清代帝师翁同龢对联中的一句话,意思是在重大的事情面前,要保持清醒的头脑和沉稳的心态,虽然道理并不复杂,但真正做到绝非易事。据《世说新语》记载,三国时期的管宁和华歆有次在园中锄地种菜,看到地上有一块金子,管宁如同见到瓦砾一样,继续刨地干活,华歆则顺手捡了起来,后来感到自己的行为有点相形见绌,所以不好意思又把它扔了。还有一次两人一同读书,突然传来了一片喧闹声,原来是一位达官贵人经过门口,在此场景下,管宁继续用功读书,华歆则坐不住了,忍不住跑出去看看排场,回来后管宁就用刀子把两人共同坐的席子割开,表示两人不再是朋友了,这也是成语"管宁割席"的由来。虽然许多人看来,仅凭这两件小事断定华歆贪慕富贵有失公允,但后来两人的人生轨迹似乎也是这两件事情的展开。管宁一生淡泊,面对朝廷的数次征召都没有应命。华歆则一直活跃在政坛,其功过是非姑且不论,但从修身的角度来看,管宁心气要更厚重,心神要更宁静,这却是不争的事实。

小燕子的智慧

"是以圣人终日行不离辎重,虽有荣观,燕处超然。"辎为古代一种有帷盖的车,辎重则是指行军时携带的器械、粮草、营帐等军事物资。行军打仗时，兵马未动，粮草先行，没有这些后勤保障，军事战争是无法取得胜利的。对此，朱元璋注解时说道："譬如帅师远行而入敌境，岂有弃其军粮而先行焉？"当然这里是用军粮来打个比方，并不是说君子出门就带辆载满物资的车子，而是借以来说明君子不敢轻举妄动、持重前行的道理。下面的"荣观"，是指代忘却了自身本性而留恋声色货利等境遇。为解读"荣观"，朱元璋举了这样一个例子：带着自己的珍宝外出，路上遇到一位老兄，他告诉你说，某个地方有好玩的珍宝，咱们一块去看吧，于是自己丢弃自家的宝贝，而去别的地方寻找，这样的地方就是"荣观"。

如何处理"荣观"的问题，老子开出的药方是"燕处超然"。燕子在古代是美好的寓意和象征，如《诗经》中有"思为双飞燕，衔泥巢君屋""燕尔新婚，如兄如弟"的记述。"燕"还通"宴"，有宴乐、安闲、安乐义。在农村长大的孩子一般不会陌生，小燕子会把窝搭在住户的屋檐下，不但能遮风挡雨，而且能远离老鼠、蛇等动物的伤害。千百年来，燕子总能和人和谐相处，在农民的心中，燕子能来自己家筑巢，可以为家中带来好运。小的时候看到有燕子来家里筑巢了，心里非常高兴，于是每天可以看到燕子匆忙的身影。在以往农村，即使是最淘气的小孩，一般也不会掏小燕子的窝，而且还会加倍呵护它们。有一次一只还不会飞的幼燕不小心从窝里摔了下来，虽然没有摔坏，但离开了父母的哺育，小燕子肯定会饿死的。当时屋檐很高，小孩子也爬不上去，后来我想了一个办法，找来一根长竹竿，让小燕子站在一头，慢慢地举起竹竿靠近它的窝，让小燕子自己跳进窝里，后来总算成功了。所以从这里可以看出燕子与人相处的智慧，既能与人和平相处，又保持了相当的安全距离，这个度把握得相当完美。

说到这里，农村还流行一种说法，说"燕子不进苦寒门"，乍一听，似乎小燕子有点嫌贫爱富，但如果深究一下的话，其实事情根本不是那么回事。此前农村贫穷的人家一般会住在茅草屋中，根本没有屋檐可言，这种情况下燕子根本没有落脚之处。另外，小燕子也喜欢安静的环境，一家从早到晚吵吵闹闹，这样的氛围肯定不适合燕子居住，所以燕子一般不会在这样的家庭安家。所以燕子能来家筑巢，可以为家中带来好运，这种说法似乎应当倒过来，不是燕子来家筑巢带来和谐，而是和谐之家的氛围感召来了小燕子。有了上面的经验，我们大致可以对"燕处"产生一点感性的认识，从小燕子的身上，我们也可以学习到相处的智慧。面对"荣观"，在恰当的距离中保持一种持久超然的和谐关系。用《黄帝内经》中的话说，"行不欲离于世，举不欲观于俗"，这是一种高超的处世智慧。另外，按照河上公的句读，他认为本句应为"虽有荣观、燕处，超然"。"荣观"和"燕处"是并列的关系，并将"燕处"解读为"后妃所居"的场所，可备一说。

饿死的君主

"奈何万乘之主，而以身轻天下"，"奈何"是老子的感叹之词。万乘之主本义为大国的君主。如果这位君主为了自身的私欲，而忽略了天下百姓的身家性命，这样做的结果肯定是失去民心，最终被历史抛弃。"轻则失根，躁则失君"，按照河上公版本的表述，本句为"轻则失臣，躁则失君"，如苏辙《道德真经注》就是采用这样的表述，"轻与躁无施而可，然君轻则臣知其不足赖，臣躁则君知其志于利"，从社会政治的角度对这句话进行了阐释。而在法家韩非子的眼中，"无势之谓轻，离位之谓躁"，"势位"是须臾不可离的，假如把权势位置拱手相让，那绝对是大错特错的。

为此，韩非子在《喻老》中举了赵武灵王的例子，中学课本中的赵武灵王，因胡服骑射的改革而被世人所熟知。但大家不太了解的一点是，这一代君主最后的结局竟是被幽禁饿死。事情还要从赵武灵王的婚姻家庭说起，赵武灵王有两个儿子，长子是韩夫人生的公子章，次子是大美女吴娃生的公子何。据说武灵王曾做过一个梦，梦见一个少女鼓琴而歌："美人荧荧兮，颜若苕之荣。命乎命乎，曾无我嬴。"我这样一个天生丽质的大美女，竟然没有人知道我的芳名。后来赵武灵王在酒宴上谈起了自己这个梦，并详细地描述了少女的相貌。大臣吴广听说后，觉得赵武灵王说的少女太像自己的女儿孟姚了，于是就把孟姚献给了赵武灵王，结果赵武灵王与这位"梦中情人"确实一见钟情。对于这位新人，赵人称之为吴娃，没过几年，吴娃就为赵武灵王生下了公子何。在完成胡服骑射的改革后，赵国成为战国七雄中的强国，但正在意气风发之际，赵武灵王做出了令人意想不到的决定，将君位禅让给太子何，自己则自称赵主父。退位后的赵武灵王品尝到了"太上皇"的心酸与无奈，加之自己在位时因宠爱吴娃而废掉了公子章的太子之位，所以此时对公子章又有了愧疚之情，于是乎想与公子章发动政变，挽回自己的霸王荣耀。无奈政变失败，公子章被杀，自己则被围困在沙丘内宫断粮断水数月，甚至爬树找鸟卵以充饥，最终饿死在内宫中。以上是韩非子眼中的解读，丧失权力，自己就变得无足轻重，把位子让出来，自身也就浮躁不稳了。

从修身的视角来看，其实人人身内都有一个万乘之主，如果这个万乘之主被私欲所蒙蔽，不顾及身体的真实感受，任凭一己之见胡作非为，这样做的结果自然是轻率急躁。现实生活中，心躁则属于心火上浮，肾水不能收敛所致。如果从药物治疗角度考虑，应当选取那些收敛心神、安神止躁的药物。大家知道，牡蛎肉是滋阴壮阳的大补品，从牡的字义来说，它本指雄性的鸟或兽，与"牝"相对，所以鼓动性、生发性的功效明显，而对一个心浮气躁的人来说显然是不适宜的，这时候要用什么呢？中国传统文化认为，任何一个个体都是阴阳平衡的统一体，我们知道荔枝吃多了会上火，甚至会流鼻血，这时候用荔枝壳来煮水喝，可以有效缓解症状。同样的道理，因为牡蛎壳是包裹固摄牡蛎肉的，按照中医药性的记载，牡蛎壳具有重镇安神、平肝潜阳、收敛固涩的医药价值，对于上述症状需要用到牡蛎壳了。平时老百姓所说的"原汤化原食"，吃完饺子再喝点饺子汤，这样的话可以帮助消化，应当是相通的道理。

第二十七章

善行，无辙迹；善言，无瑕谪；善数，不用筹策；善闭，无关楗
而不可开；善结，无绳约而不可解。是以圣人常善救人，故无弃人，
常善救物，故无弃物，是谓袭明。故善人者，不善人之师，不善人者，
善人之资。不贵其师，不爱其资，虽智大迷，是谓要妙。

高手的标准

"善行，无辙迹"，善于行动的，不会留下印迹。以前车都是大车轱辘，
这一点到博物馆都可以看到，前有车，后有辙，走得久了，路上会形成车
辙印。记得有次听考古讲座，讲座老师展示了一幅古代车辙印的照片，试
想两千多年前大路上一辆辆大车碾轧而过的情形，也确实非常壮观。有句
戏文是"千年的大道走成河，多年的媳妇熬成婆"，也就是说大路经过车
辆长期的碾轧，路上会形成深深的一道车辙印，善于行走在后面的车，直
接在这车辙印中走就是了，所以才会有"善行，无辙迹"的论述。如果再
引申一步的话，你只需要默默地做事情就是了，而不要计较是否留下痕迹，
让大家知道，这才是"无辙迹"。《菜根谭》中说："施恩者，内不见己，外
不见人，则斗粟可当万钟之惠；利物者，计己之施，责人之报，虽百镒难

成一文之功。"论述的便是做善事不要试图留下自我的痕迹。无奈大部分人和历史上的项羽想的一样，"富贵不归故里，如衣锦夜行"。不在大家面前显摆一下自己的荣华富贵，那同穿上华丽衣服在夜间走路一样，别人谁也不知道，那真是太没意思了。其实在老子的世界中，真正的教化，是一种不刻意的滋润和长养，如同阳光雨露一般，在无声无息中不留下任何痕迹，假如真要寻找它的痕迹的话，那万事万物就是它的痕迹。

"善言，无瑕谪"，善于言谈的，无瑕可谪，也就是没有毛病可以挑剔。孔子说，当说的不说，则失去朋友，不当说的乱说，那就是失言了，那真正高的境界是什么呢？智者不失言，也不失人，一句话，道出玄机。从修身的角度来看，善言是当下自然状态下的流露，是不假思索地真情流露，是与当时的状态完全吻合的，所以说出来没有任何瑕疵。再进一步说，真正的高人是不想用语言来言说的。在一般人看来，假如没有表露自己曾做出的功绩，假如不能在青史留下几行文字，那这一辈子就白活了。但在道家的眼中，外在的一切言语说教都是多余的。于老子而言，他没有特意要给世人留下什么经典，只是在尹喜一再要求下，无奈中留下的道德五千言。假如没有关令尹喜的挽留，或许我们真的不知道还有老子这个人，还有这么伟大的思想。

"善数，不用筹策"，按照著名学者高亨的说法，"筹策，古时计数之竹筳也"，类似现代算盘一类的计算工具。这句话的意思是，真正善于筹算的，是不会借助算盘一类的东西的。拿到现实生活中来看，真正的圣人是不会斤斤计较个人得失的，事情本无所谓好与坏，该来的终究要来，该承受的终究要承受。我们都知道，文王对《易经》非常熟悉，对自己未来的遭遇也十分清楚。在觐见纣王之前，明明知道到纣王那里要经历七年的牢狱之灾，但还是要去，这就是"君子蒙大难而不避"的例子。因为文王知道，在"筹策"之外还有一种更根本的东西在那里起作用，单纯的"筹策"之术是不足以改变命运的，所以后世亦有"善易者不卜"的说法。

"善闭，无关楗而不可开"，为了论述"善闭"，我们以闭关为例，闭关这两个字出自《易经》。《周易·复》中提出，"先王以至日闭关"，到了冬至或者夏至这样的日子，老祖宗懂得在这天闭关，斋戒清净，万事放下。记得小时候，母亲经常提到，阴历初一的时候尽量少出门，当时还不以为然，哪一天出去不是一样的吗？为何还絮絮叨叨这么多的讲究？通过一段时间的传统文化学习，现在开始对这种说法有所认同。从天人一体的角度来看，初一正处于阴阳更替之际，此时人体的阳气最弱，所以应当以静心保养为妙，假如此时再出去从事一些耗散精气的活动，肯定对身体不利，做事情成功的概率也不会太高。

受新冠肺炎疫情影响，大家都启动了"居家"模式，不出门，在家安静地待着，我想这也是闭关的一种形式。从传统修身意义上来说，闭关是防止外来污染的一种方式。对此，老子有"塞其兑，闭其门"的说法，通俗地说，堵塞欲念出入的孔穴，关闭外相出入的大门，斋戒沐浴，防止外来的声色污染自己，为身心洁净做好准备。孔子则有"非礼勿视、非礼勿听、非礼勿言、非礼勿动"的提法，主张以"礼"来约束感官，尽力使其保持本位的活动。当然，这是初步的闭关。到了高级的闭关阶段，无须设置什么外在的机关，外在的世相也无法侵入，而外人也几乎看不出这个人是在闭关。他可能在大街上散步，也可能与朋友聊天，甚至可能光顾风月场合。但有一点是肯定的，他已经超越了名相的束缚，心中根本没有所谓的关口的概念，正如《无门关》诗句："春有百花秋有月，夏有凉风冬有雪，若无闲事挂心头，便是人间好时节。"所谓小隐隐于野，大隐隐于市，能在闹市中修行，那真是做到"无关楗而不可开"了。

"善结，无绳约而不可解"，以前为防止在约定中遗忘而采用绳约记事，现在则演变成合同、合约的形式。其实无论绳约也好，合约也罢，都是以某种外在具体的形式来约束人的行为。《封神演义》讲过这样的一个故事，有个樵夫叫武吉，在成为姜子牙弟子之前，他有次担柴去西岐城叫卖，换肩时误杀守门的士兵，按照法律规定，武吉理当抵命。但在文王的统治境内，画地为牢，竖木为吏，一诺重千金的古朴之风犹存。那里没有高墙耸立的牢房，也没有严守把关的狱吏，只是在地上画上一个圈相当于牢房，旁边竖立一根木头相当于狱吏，服刑的人就会自觉地到里面接受惩罚。当时武吉只能按照规定在无人看守的"牢房"中服刑，后来才发生姜子牙智救武吉，由此引出渭水文王聘子牙的故事。现在看来，法律的最高境界是自由，因为在自觉的基础上遵守，那是更高意义上的自由。初次看到老子这句话的时候，我就想到了一句歌词，"没有承诺，却被你抓得更紧"，我想这才是一种高度意义的束缚，也是高度意义上的自由。我的一位朋友，烟台壹公里心理咨询的创办人董波老师曾写过一段感言，我认为可以很好地给这句话做个注脚，现摘录如下：

> 松动
>
> 意味着勇敢
>
> 意味着空间
>
> 意味着向上的伸展
>
> 固着的信念
>
> 保护着需要被保护的弱小
>
> 外壳越强大
>
> 里面越柔软
>
> 对于婚姻、事业伙伴、朋友，甚至所有而言
>
> 以责任要求，失去责任
>
> 以道德要求，道德沦丧
>
> 以爱要求，得到窒息
>
> 以控制施压，反被控制
>
> ——不是没有责任、道德和爱
>
> 只是，求不得，外求不得

放下依赖，成长

周围的一切

只是助缘

或深

或浅

从"救"到"纠"

"是以圣人常善救人，故无弃人，常善救物，故无弃物"，对于这一句话，通俗的理解是：圣人总是能够拯救世人，所以没有一个被他抛弃的人，总是能够善于发现物有所用，所以也就没有被抛弃的物品。在老子的世界里，何谓救人？当然不是具象地把一个人从悬崖下拉上来，或者是从水中救出，而应当是一种思想精神上的拯救。千百年来大家都尊奉老子、孔子为圣人，甚至是圣人中的圣人，原因到底何在？我想就是因为他们在精神世界里给我们点亮了一盏明灯，让世人能在无助的黑暗中看到希望，能在纷杂的闹市中找到清净，在迷茫困惑中找到人生的价值和意义，这才是圣人的意义所在。

按照《说文》的解释，"救"本为"止"，有发现、纠正、利用之义，并非一般意义所理解的救助。从根本意义上来说，救人就是"止人"，"止"什么呢？从修身的角度来说，就是制止、停止不切实际的想法、念头，由此才能做到顺乎各自的本性，达到人尽其才的目标。所以从这里可以看出，圣人救人不是给予了我们什么东西，而是去除了我们身上多余的东西。《大学》有言，"知止可以不殆"，民国时代弘一法师曾给好友夏丏尊写了一幅字：知止。从本章的解读来说，这便是"救人"的一种生动的写照。

以上解决了救人的问题，"救人"是去除妄念，人各其才，那"救物"怎么解释呢？救既然有纠正的意思，我想"救物"包含着两方面的意思，一方面对于那些所谓的"难得之货"，我们要冷静下来，不要给它们赋予过多的含义，另一方面，对于我们所谓的"无用之物"，我们应充分发挥其价值。只有做到了这一点，才能做到"常善救物，故无弃物"。说到"无用之物"，现代社会似乎患上了"有用强迫症"，什么东西都追求"有用"，结果导致功利化的倾向特别严重。但有句话说得好，不做无为之事，何以遣有涯之生？这里且不论琴棋书画的艺术对人精神的熏陶，也不谈庄子所提到的那些无用之大用，这里仅举一例，借以说明老子世间"无弃物"的道理。废弃的船板、棺材板被大多数人视为不祥之物，如果是腐烂的棺材板就更要躲得远远的，但在某些中医的眼中，这些恰恰是治疗肾癌的良药。从理论上说，肾主腐，凡是腐的东西是通肾的，世间看似污秽之物，在恰当的时候也自有它的用途。有用与无用，或许真的存在于一念之间，庄子有句名言，"吾将处于材与不材之间"，信矣。

能做到上述的"常善救人""常善救物"，这种智慧被老子概括为"袭明"，袭为因袭固有的、旧有的意思，明则为智慧光明的意思。在这里可以感受一下中国汉字的魅力之处，古人造字，从字形到音律，实际上是生命和自然的天然碰撞和相遇。但凡读音相同的汉字，在意义上往往有着连带关系，本章就是明显的例子。上面我们说到，救为止的意思，也便是止住事物错误的倾向，此时称之为"咎"，如何止住呢？首要的问题就是要探"究"、研"究"，经过对事物本质的认知后，我们才有可能把错误"纠"正过来。错误的倾向被纠正后，我们才能顺应事物固有的本性，也便是因袭事物自然之性，才能达到内在光明的状态。

老子的"尊师重教"

"故善人者，不善人之师，不善人者，善人之资。不贵其师，不爱其资，虽智大迷，是谓要妙。"在《道德经》中，老子有"天道无亲，常与善人"的表述。善人是什么？在老子的文化系统中，他们应当是遵守宇宙规律的人。正是他们遵守了天地的法则，才能与天地合一，成为上天所眷顾的人。在这个意义上说，我们应当效法善人。善人者是不善人的老师，看到不善人种种不合天道的行为，我们可以以此来自省。所以不善人是善人进步的资粮。《论语》中也有句话，"见贤思齐焉，见不贤而内自省也"，讲的也是这个意思。下面似乎很自然地得出了这样的一个结论，我们应当尊重我们的老师，我们应当珍惜我们的资粮，如果不尊重老师，不珍爱资粮，这样的人虽然看起来很聪明，但其实还是处于迷惑的状态。参看当今的翻译版本，多数是按照上述的思路来解读的。这样理解没有问题，不可为错，但是这里老子只是教导我们尊重老师、珍爱资粮吗？我认为老子的侧重点并非如此，如此理解的话有可能把老子的哲学意蕴给低估了。

何谓"不贵其师"？齐白石先生有言，学我者生，似我者死，主张要有自我的理念和创造力，避免一味地盲从而失去了自我。究其根本，要遵循自我本有之性，这是在自我学习过程中应遵循的原则。同样的道理，在教育别人的过程中，授人以鱼不如授人以渔，不是要给他一样具体的东西，或者传授具体的技术，这就带有"匠气"了，应当教会别人如何自主学习，这才是教育工作成功的标志之一。联合国教科文组织所撰写的《学会生存》一书也讲道："未来的文盲不是不识字的人，而是没有学会怎样学习的人。"所以从老师和学生的关系来看，不贵其师，就是不要过分地依赖老师、过分地模仿老师；不爱其资，也就是不要过分地包办学生的学习，代替他们自我的成长，这样才能把握教育的核心要义，使教育步入正确的轨道。

在老子的哲学中，善者与不善者是一体两面的关系，不能过分强调其中的任何一方。不贵其师，当然无善可为，不爱其资，自然也就无过可改，贵爱两忘，大道自化。这样的人虽然有智慧，但在世俗人的眼中，仍如同糊涂人一样，这叫"虽智大迷"，后面章节的"大智若愚"也是揭示的这个意思。当然，"不贵其师，不爱其资"是一种很高的哲学理念，并非老子教导大家不尊师重教。正如我们论述的"玄德"一样，并非现实生活中不要求大家讲究伦理道德，老子所论述的是一种超越道德的道德，但这种"玄德"很容易被世俗所曲解和误读，在外人看来这些人似乎是不讲规则、不讲道德的"愚人"。愚人被叫得多了，老子干脆调侃一下，让大家就这样叫吧，但有一种更深沉的"要妙"在心中的话，一个人肯定是不会在意这些世间的评价的。甚至可以大胆假设一下，老子心中说不定是偷着乐的。

第二十八章

知其雄，守其雌，为天下溪。为天下溪，常德不离，复归于婴儿。知其白，守其黑，为天下式。为天下式，常德不忒，复归于无极。知其荣，守其辱，为天下谷。为天下谷，常德乃足，复归于朴。朴散则为器，圣人用之，则为官长，故大制不割。

武者文相

雄代表着阳刚，雌代表着阴柔。老子在这里说，知道刚强勇猛的价值，同时保持谦虚柔和的状态，那天下归之如同水流入深谷一样。后世解读中往往重视"守其雌"的一面，而忽略了它是以雄为基础的。"守其雌"并非代表着柔弱不堪，"知其雄"是其前提，雌雄应当是统一的整体，这一点民国时期的严复先生注意到了。他讲道："今之用老者，只知有后一句，不知其命脉在前一句也。"用生活中的例子来说，一般人心目中的习武之人，都是身材魁梧、膀大腰圆、性格直爽甚至有些粗鲁的形象。但仔细品味民国时代的武术大师，他们大多呈现文质彬彬、温和谦逊之相，绝少霸气外露、面目狰狞之人。所以有个词叫作"武者文相"，这背后其实蕴含着传统哲学的理念，武术的目的不是用来打人的，它更多的是用来防身强体。所以古人在造字上以"止戈为武",认为不战而屈人之兵才是最高的境界。如果真的想品味一下原汁原味的武术精神,建议大家阅读一下李仲轩先生的《逝去的武林》。作者年轻时拜入民国三位形意拳大师唐维碌、尚云祥和薛颠门下,深得形意拳大义,但后来隐居江湖,甘愿在北京西单商场做一个普通的看门人几十年。后机缘巧合而为有识之士所知,因此为世人描绘了一幅生动的民国武林人物风貌图,并深入浅出地道出了武术秘籍。有时感到李老的所作所为,真乃现实版的金庸小说中的"扫地僧"。

对于雄和雌在修身方面的指导,我将其总结为内心坚定,步伐从容。内心坚定是指内心有坚强的主宰,不存在怀疑与犹豫,步伐从容是指顺应外在的客观条件办事,不逞强冒进,如此才能刚柔相济、中道而行。从"守"的造字来看,"守"是会意字,从宀,从寸。宀表示房屋,寸是法度。合起来表示掌管法度。日常我们有护卫、看守、遵守的意思。对于修身中的起心动念而言,我们要保持适度的警惕,或者说,我们要掌握好合适的分寸,不可任其泛滥,又不可刻意去除,有失自然。在《梦的解析》中,弗洛伊德摘录了席勒的一段通信内容,信中对一位抱怨创作没有灵感的作家做出了回答,"就我看来,一个充满创作力的心灵,是能把理智由大门的警卫哨撤回来,好让所有意念自由地、毫无限制地涌入,而后再就整体做一检查。你的那份可贵的批判力(或者你自己要称它作什么),就因为无法容忍所有创造者的心灵的那股短暂的纷乱,而扼杀了灵感的泉涌。这份容忍功夫的深浅,也就是一位有思想的艺术家与一般梦者的分野。因此,你之所以发现毫无灵感,实在都是因为你对自己的意念批判得太早、太严格",信中担任"大门的警卫哨"任务的理智对后天意念批判得太早、太严格,便是没有对"知雄守雌"把握好分寸。

知道雄雌是问题的两个方面,然后将这个问题超越,这便是老子所说的"复归"的含义,这是一种"执其两端而用中"的智慧。现实生活中我们也有一种体会,那就是疾病苦难可以使人变得更人性一些,对爱和友谊的体味也会更细腻。假如没有这些,就不会把世间的真相看得明白透彻。当然,如果只关注生活的苦难，那就失去了生活本有的滋味。此前一直认为，要把所谓"美好"的事物传授给孩子，好助力其成长。有天忽然意识到，对孩子一味地"善"，一味地"好"，以爱的名义包办一切，宠爱有加，往往不会培养出完善意义上的人。在传统文化的视角中，爱和规则是捆绑在一起的，没有规则的爱只能是溺爱，没有爱的规则是冷冰冰的教条。2019年7月3日，美国首席大法官约翰·罗伯茨受邀到儿子的初中学校做毕业典礼演讲。与往常的其他演讲者不同，罗伯茨没有给毕业生送上常见的祝福，相反，他发表了《我祝你不幸并痛苦》的励志演讲：受到不公平对待，才会理解公平正义的价值；遭遇背叛后，才会懂得忠诚的可贵；感到孤单时，才不会把朋友当作理所当然，苦难并非灾难，克服后它会变成人生成长的养料。跳出这种非此即彼、二元对立的思维方式，从而能以超越的心态把握这种阴阳变化，做到刚柔相济的中道而行。这里老子打了一个比方，这正如奔流不息的小溪，它会永远朝着自己的目标迈进，它不逞强更不张扬，永远顺着山势静静地流淌。如果把这种品德时时应用到修身上，那就可以保持如婴儿般的状态。

功夫在诗外

"知其白，守其黑，为天下式"，白与黑到底代表着什么？按照一般的理解，白代表着白天、光明、显性，黑则代表着夜晚、黑暗、隐形。生活中最明显的例子，一个人白天精不精神，要看夜晚能否睡好觉，精神的长养是要靠晚上的睡眠来完成的。黑格尔就非常欣赏"知白守黑"这句话，用他的说法就是，虽然知晓光明，却将自己沉浸在深深的黑暗中。借用诗人顾城的说法："黑夜给了我黑色的眼睛，我却用它寻找光明。"苏格拉底也说过一句类似的话："我唯一知道的就是我什么都不知道。"这也是"知其白，守其黑"的另一种解释。

日常大家熟悉的"功夫在诗外"的诗句，是陆游在逝世的前一年，对自己的人生经验进行总结并写给儿子子遹看的。在一定程度上可以说，这是陆游的文学遗嘱。这首诗开篇对自己的学诗历程进行了总结："我初学诗日，但欲工藻绘，中年始少悟，渐若窥宏大。"刚开始学诗的时候，只知道追求诗句的辞藻工整，到了中年以后，才逐渐意识到好的诗歌并不仅仅局限于这些，于是才渐渐窥察到宏大深邃的诗意境界。在细数了历史上诸多名家的诗词境界后，陆游总结到，高深的写诗学问，在于亲历躬行、广泛涉猎，在于诗歌之外的历练。对此华为的创始人任正非先生也经常提到"功夫在诗外"，他认为好的管理人才要有宽厚的文化背景，要用"一杯咖啡吸收宇宙能量"。可见，成功的光环背后，应当是长期默默无闻的坚守和努力。

"知其白，守其黑"，如果这个阶段还有黑白概念的话，那到了"复归于无极"的层次，则黑白的概念也被泯灭了。此前的时候我对自己的时间安排很"黑白分明"，这是工作的时间，这是写作的时间，这是生活娱乐的时间，它们之间似乎没有交集和共通的地方。后来这种思维有了一些转变，用奉献公益的精神去工作，工作不再那么乏味，用娱乐的心态去从事写作，作品不再那么苍白，用欣赏的眼光去体验生活，生活中即使挨骂，骂人者的形象也会顿时可爱起来。在修身中若真能达到老子所说的"无极"状态，一个人在思维方式上会变得系统且多元，而不是机械和单调，在生活中会变得聪明而不是精明，淡然而不是淡漠，由此整个世界也会变得丰富多彩起来，而不是昔日的黑白底色。

悠然天地间

"知其荣，守其辱"，一般人将此句理解成，深知身份地位高贵而能带来荣耀，却自愿处于低微的地位，我想这也不一定符合老子的原意。老子不是教导大家都去"争"低的位置，总不至于所有的人都放弃现有的岗位，大家都到大街上去打扫卫生，那才是"守其辱"的表现，老子在这里不是这个意思。"守其辱"应当是保持低调的姿态，绝不是放弃现有的岗位，这句话整体的意思是明白自己的尊贵之处，同时保持低调的姿态。现在看来，只有明白自己的使命光荣所在，才能够真正经受住社会的不解、嘲讽和侮辱。大家都知道韩信胯下之辱的例子，韩信能忍受胯下之辱，因为他深知自己的人生价值是什么，不可因当下的小事而一争高下，从而扰乱长远的人生规划。当时如果韩信不能把控自己，逞一时匹夫之勇，也不会有后来的一番事业。历史学家司马迁因为遭受宫刑，肉体和精神都受到严重的摧残和折磨，他在《报任安书》中说："仆以口语遇遭此祸，重为乡党所笑，以污辱先人，亦何面目复上父母之丘墓乎？虽累百世，垢弥甚耳！是以肠一日而九回，居则忽忽若有所亡，出则不知其所往。每念斯耻，汗未尝不发背沾衣也。"在当时"交游莫救，左右亲近不为一言"的情况下，司马迁孤独地生活在茫茫天地间，之所以能够坚持下来著述了彪炳史册的《史记》，并非为了苟且地活着，也并非单纯地为扬名于后世，而是因为有更为深沉的历史使命等待自己去完成。他要在述往事、思来者、寓褒贬、别善恶中完成自己的社会理想和现实批评。他坚信总有一天，自己的理想会如日月一样光照大地，而自己的事业也如高山一样高于帝王的陵墓之上。

当然还要声明一下，这里的忍辱并不是硬憋着，如果硬憋着那只是把负能量积攒起来，积攒到一定程度一定会爆发的。如一位演员的父亲去世了，但这位演员当晚还有预定好的演出，他先回家给父亲磕了个头，然后匆忙地赶到演出现场，强作欢颜给大家表演完。我们非常佩服这位演员的职业精神，但身心的二元对立状态一定要及时消除，否则可能带来灾难性的后果。说到强作欢颜，这让我想起了在山西太原晋祠参观的一位侍女雕塑的形象。北宋侍女泥塑彩像被誉为晋祠三绝之一，其中有位侍女的面部表情塑造可谓绝中之绝。一方面她为侍奉主人要强作欢颜，所以从脸的一侧看是感激和满足的神情，另一方面内心思家的苦楚无处诉说，从另一侧隐约可见其红肿的眼睛和含泪的眼角，我国京剧大师梅兰芳先生对此尊雕塑颇感兴趣，曾评价道："一笑一颦，似诉平生。"还记得有位老兄得了抑郁症去看医生，医生告诉他，近来城里来了一位小丑，可以看看小丑的表演舒缓一下情绪，这位老兄告诉医生，自己就是那位小丑。这虽然是个小故事，但现实版的故事在生活中比比皆是，大家熟悉的许多名人如毕加索、海明威、张国荣甚至给我们带来诸多欢乐的憨豆先生，无一例外都为抑郁症所困扰，甚至最后自杀身亡。

从字源字形上来看，辱、蓐、耨、槈、鎒大多与在田中除草有关，"辱"字上面为"辰"，日常生活中有句成语"日月星辰"，日为太阳，月为月亮，星为星星，那"辰"是什么？其实对这个问题，古人也有很多的困惑，对此也提出了许多不同的解释。如先秦鲁昭公对"辰"的多重含义就比较困惑，就向周围人提出了"何谓辰"的问题，当时有人回答"日月之会是为辰"，此处可备一说。按照现代的考证，"辰"的最初意义是蛤蚌壳之类软体动物的形象，为"蜃"的本字，下面的"寸"代表着手。在农耕时代，农人将其制作成蚌器进行耕作。从这个意义来看，正如清除田间杂草一样，忍辱也有清理心间杂草，从而将"辱"化解掉的意思。当然，这里不是鲁迅笔下阿Q的精神胜利法，用现代的术语来说，忍辱的第一步要做到接纳，即首先在内心深处接受不完美的世界。因为世界本来是完美的，根本不存在什么"不完美"，所谓的不完美，都是经过后天思维加工的结果。在接纳的基础上，尽量减少外界信息的干扰和刺激，从而使内心始终处于平和的状态，我想这才是"守其辱"的修身学意义。

河伯之叹

"朴散则为器"，朴是未加工的原木，它可以制造出各式各样的器物，但是一旦成型之后，它的作用便变得单一了，失去了原来的可塑性的特质。"圣人用之，则为官长"，圣人看到这样的情形，提出要避免被单纯地"物化"，而要一直保持"未散"的状态，并以此作为修身治国的主宰。用王弼的话说则是："圣人因其分散，故为之立官长，以善为师，不善为资，移风易俗，复使归于一也。"假如将这个问题提升一下，这其实是现代哲学的基本命题。现代社会中，人的生存状态不再是自由和超越，而是如何与这个机械化、工业化的过程保持一致。正如在机械工业劳作的人，已经成为机械的附属物和助手。人的工作是帮助机械完成某项任务，人的本质也越来越堕落在技术的物化规定性中。对此，孔子也提出了"君子不器"的命题，按照《说文》的提法，器是皿的意思，器成型后就有了特殊单独的用途，如酒器就只能用来喝酒，不能用作他途。君子不能单纯地成为谋生的小用之器，而应当成为有独立思想和人格的大用之器。

"大制不割"，强调世界是一个有机的整体，故治理过程中不可以割裂开来对待。回顾此前学习修身学的历程，现在感觉以前的视野真是狭隘，总是把这门学问同周围割裂开来。当时除了研读哲学宗教界的人物思想生平外，其余几乎没有涉猎，还天真地认为这些是修身学的全部。后来渐渐意识到，修身本质上是一种生活的文化，正如梁漱溟所言，它是一种生活的样法。从这个角度说，哪个人没有生活？哪个人没有生活的样法？有人锦衣玉食却郁郁寡欢，有人布衣蔬食却其乐融融；有人遇事处乱不惊，心有静气，有人遇事则暴跳如雷，手足无措；有人谦虚随和，礼贤下士，有人刚愎自用，唯我独尊；有人能全身而退，颐养天年，有人却贪权恋位，惨遭杀戮……上述的样法无关乎地位之高低，上至王公贵族，下至平民百姓，都有自己的快乐与忧愁，只不过有人为家庭的生计奔波，有人为国家的现状担忧，表现形式有所不同罢了。所以从这个视角来看，修身是一个宽泛意义的概念，每行每业都可以找到相应的素材。从根本上说，修身是一种心性之学，是处理人与宇宙、人与社会以及人与自我关系的综合性的学问。可以这样说，时时是修身时，事事是修身事，人人是修身者。

庄子的《秋水》篇是有名的篇章，篇首就描述了河伯自我心理的变化过程，兹摘录一段：

> 秋水时至，百川灌河；泾流之大，两涘渚崖之间，不辩牛马。于是焉河伯欣然自喜，以天下之美为尽在己。顺流而东行，至于北海，东面而视，不见水端。于是焉河伯始旋其面目，望洋向若而叹曰：野语有之曰，"闻道百，以为莫己若"者，我之谓也。

其实每个人在成长的过程中，都有与河伯类似的经历，自我膨胀，不知"天外有天，人外有人"的道理，不知将自身融入集体中而自我审视，用现代术语来说，这就是将自我割裂开来。这种割裂的心理会导致割裂的人格，割裂的人格必定会产生割裂的人生。大家都熟知，唯有将一滴水融入大海中，这滴水才不会干涸，同样的道理，唯有将自身融入"修齐治平"的体系中去，才能真正融入时代，达到"大制不割"的真正圆融。

第二十九章

将欲取天下而为之，吾见其不得已。天下神器，不可为也。为者败之，执者失之。故物或行或随，或歔或吹，或强或羸，或挫或隳，是以圣人去甚，去奢，去泰。

头脑别管身体的事

"取天下而为之"，这里面包含两层意思，一是取得天下，二是治理天下。从古代政治层面来看，天下就是帝王之位，有道的君主，一定会遵循天道，不会一味通过武力强取豪夺。而得到天下后，也应当敬天爱民，实施仁政，如果想通过暴虐的手段维持永久占用，那也是不可能实现的妄想。大家都熟知的秦始皇，通过强大的武力手段击败六国，一统天下，建立秦王朝后，仍以马上治天下的思路实施苛政，且梦想自己的皇位可以传到二世、三世乃至千万世。结果不到二世就灭亡了，定格为中国历史上的一个短命王朝，成为老子所讲的"取天下而为之，吾见其不得已"的典型验证。

从社会政治领域来看，"天下神器"是指国家政权，而从修身角度来看，人本身就是天下神器的化身。按照河上公的说法，"器，物也，人乃天下之神物也"。对待人这种"神物"，我们当然应保持应有的敬畏与尊重，但反观当下的家庭教育领域，孩子是"天下神器"当之无疑，他们应是我们尊重的独立个体，但不是我们包办的对象。现在莫论幼儿园到大学生中的家长包办现象，就是到了研究生的层次，包办的痕迹仍然存在。前些年在学校负责学位论文评审工作，有一次在办公室接到一位家长的电话，电话是为自己的孩子咨询研究生学位论文评审规则问题。当时我告诉这位家长，孩子已经升到研究生层次，但家长还是代办咨询他的学业问题，说明这名研究生的综合素质还是有问题的，如果遇到这样的学生，同样的情况下学校要从严掌握。听到这，这位家长马上不再问了。这也是我亲身经历的家长包办的案例，一定程度上也是中国式家长的缩影。我们很多时候有着过度的担心，生怕孩子没考虑周全会出现什么问题。其实从一定程度上，任何的一次粗心、一次摔倒、一次疏漏，都是人生的一种体验，都是成长过程中不可或缺的东西。教育家蒙台梭利说过："我听到了，我忘记了，我看到了，我记住了，我做过了，我理解了。"孩子的成长离不开实践，再万能的家长，也代替不了孩子的成长。

单从生理运行角度来说，将人体称为"天下神器"一点都不为过。虽然现在人类可以制造智能手机，可以制造智能机器人，但是否可以制造出一片绿叶，可以制造一只飞鸟？答案似乎还很遥远，更莫论人体这样拥有复杂结构的"仪器"了。有时从一个微观的视角观察，人体确实有很多不可思议的地方，在我们可知的神经系统指挥下，各部分协调一致、按部就班地完美运行着。就消化系统而言，能将一块牛肉自动分解、转化、输送到全身各处。这个过程包含着复杂的化学生物反应的方程式，估计没有一个科学家可以完全描绘出，更不要再说制造一个牛肉转换器了。所以人体连同其他的生物体，都是世间结构精密、功能齐全且完全自动化的仪器系统，对于这样的一部仪器系统，可以称得上宇宙间最精密的仪器。

我们应当如何对待使用呢？其实在这个问题上，人类犯过很多错误，我们总是天真地认为，我们的头脑聪明，可以把这种聪明应用到身体的管理上，可以使我们的机体更加健康，结果大部分时候事与愿违，做出了很多愚蠢的事情。一方面讨厌朝九晚五的生活方式，另一方面又向往着健康阳光；一方面吃着所谓的营养品，另一方面又熬夜加班或追剧……其实我们的身体比头脑聪明多了，以前我曾提出一个口号，那就是"头脑别管身体的事"，意思是身体如何运行自有它自己的规律，我们不用干涉太多。这与市场经济下市场有自己的发展规律，政府也无须干涉其内部的运行规律的道理是一样的。在这里，老子教导我们，我们不是要指挥身体去做什么，而是给身体提供一个自我运行的环境就可以了。换成老子的表述，即"不可为也""不可执也"。

牛山之泪

先谈一点本章版本的问题，对于传世本的"或歔或吹"，河上公本的表述是"或呴或吹"，傅奕本的表述是"或嘘或吹"。歔本指出气，"嘘"为其异体字，两者字义基本一致。传统的解读认为，歔气使暖，吹气使寒。"呴"古同"吼"，亦有慢慢呼气的意思。这让人很容易联想到庄子的"吹呴呼吸，吐故纳新"，以及后来发展演变的六字诀。对于六字诀，陶弘景在《养性延命录》一书中说："凡行气，以鼻纳气，以口吐气，微而行之名曰长息。纳气有一，吐气有六。纳气一者谓吸也，吐气六者谓吹、呼、嘻、呵、嘘、呬，皆为长息吐气之法。时寒可吹，时温可呼，委曲治病，吹以去风，呼以去热，嘻以去烦，呵以下气，嘘以散滞，呬以解极。"从这一段可以看出，嘘气是用来散除淤滞之气的，尤其针对肝气的淤滞。在日常生活中我们也有这样的经验，冬天手冷的时候我们习惯性地向手上哈一口气，这样才能暖和一下手，肯定不是嘘一口气。所以对于歔气使暖的解释我是存有疑问的，综合以上的因素考量，我更加倾向于傅奕本的"或嘘或吹"，噤为口闭不出声，成语中有噤若寒蝉的提法，所以噤是闭气，吹为出气，两者是矛盾统一体的两个方面。

"故物或行或随，或歔或吹，或强或羸，或挫或隳，"这句话可以包含两重意思，一是从客观世界来讲，宇宙社会总是会起起伏伏，阴阳更替的，这是一种客观存在的规律；二是从人的主观世界来讲，要积极顺应这种变化。从客观世界发展看，历史往往呈现出兴衰治乱、循环往复的周期性现象。一个新兴王朝建立的初期，国君大多从底层出身，深知民间百姓的疾苦，所推行的政策法令多能推动时代的发展，所以能成为一代创业之君，如汉高祖、光武帝、隋文帝、唐太宗、明太祖等。后世几代君王继承上一辈江山，大致还能领略祖辈创业的艰辛，在位期间仍能保持国家安定团结，如汉文帝、宋仁宗、金世宗等，所以也能被后世称为守成之君。再到后来，在深宫大院中诞生，只能看着"四角的天空"长大的皇子皇孙们，根本不知道外部真实的世界是什么样子。如汉代的灵帝，大臣上奏说老百姓吃不上饭了，灵帝回答道，吃不上饭难道不会吃肉吗？当然在他的身上还有许多奇葩的事情。后世给他的谥号为"灵"，按照传统解释，乱而不损曰灵，古代将这样的君主称为陵夷之君，也就是说这是一位走向败亡的君主，到了这时，一个王朝也就江河日下，离灭亡之日不远了。

从人的主观世界来看，我们应尊重并顺应外部世界的客观变化，不可以死死抓住某种所谓"我的"东西不放。春秋时期的齐景公，一次到牛山游玩，面对美好的景致，念及自己终有一死，不能长久地享受自己的大好江山，不禁悲从中来，潸然泪下。手下大臣见此纷纷仿效悲伤，谄谀之态一览无余。此时唯独晏子发笑，这时景公不解，为什么大家悲伤，而你却独自一人发笑呢？晏子说，假如人人都能长生不老，那么享受这一切的应当是老主人姜太公了，假如不是风水轮流转的话，而您也应当是一介平民，自然当不了君主，轮不到你在这里流泪了。景公一听大悟，命人拿酒来自罚几杯。唐代李白对此作诗曰："景公一何愚？牛山泪相续。物苦不知足，得陇又望蜀。"从上面的故事可以看出，齐景公对"自己的"江山产生了贪恋心，产生了执着心，所以想要紧紧抓住它，最终遗为"牛山泪"的笑谈。其实在读史的同时反观自身，现实生活中的许多人在"为之，执之"的驱使下，自觉不自觉地充当了"牛山泪"的主人公。

有种生活叫"精致穷"

关于"去甚，去奢，去泰"，按照河上公的解读，"甚"代表着贪淫声色，即过度的声色犬马；"奢"代表着服饰饮食，即追求高品牌衣服，追求高标准饮食；"泰"代表着宫室台榭，具体到现实生活中，即追求超越自己经济能力的别墅豪宅。当然，写这篇文字之前先声明一点，老子这里强调要去掉多余的成分，而不是不要饮食、不要住所、不要精致的生活，有时真理向前一步就是谬误。《易经》有一卦叫作节卦，主题为探讨保持节制。保持节制到底好不好呢？那还真要看具体情况了。人要是不懂得节制，则会变得放纵任性，而一旦节制过了头，变成了苦节的时候，那也是不宜长期坚守的。所以本卦的卦辞为"节，亨，苦节不可贞"。

如今有一种普遍发生在年轻人身上的生活方式，称为"精致穷"，虽然赚钱不多，但仍然按照自己的喜欢追求精致。前段时间看到一篇文章，意思是莫让"伪精致"毁掉你的生活。文章指出，不知何时，"精致"和"仪式感"成为一些人吹捧的焦点。随着物质条件的改善，民众对精致生活的追求渐趋热切。然而，当下一些年轻人超越自身实际，过度追逐所谓"品质生活"，以至于最后负债累累。文章记述一位年轻人，月薪近6000元，为了在外人面前显得有品位，她和同事常常在公司附近的日式料理店享用六七十元一份的商务套餐，下午还要来一杯星巴克咖啡或是点一份手工蛋糕。算下来，工作日仅午餐和下午茶，就要花费100多元。加上房租2500元，加上日用品、朋友聚会、礼金等，入不敷出。这种做法的背后是为了什么呢？找最优角度拍照发个朋友圈，从而抵消花钱消费的痛感，或者说满足自己的虚荣心理。更有甚者，有位老兄在朋友圈发布自己刚从东京回来，正在家里倒时差。细心的网友马上回应，东京到家里有几个时区，到底倒的哪门子时差？

一句话，他们在乎的往往不是东西的实际价值，而是东西所表征的符号意义。其实追求精致本身并没有错，问题是在追求精致的道路上，许多人经常跑偏。真正的追求精致，并不代表着过度的浪费。精致其实很简单，只要精心付出，简单的食材也可以给家人做出可口的美食；只要静心品味，一杯茶中也可以品出百味人生；只要细心观察，可以感受到草木的一颦一笑。说到这里，我真心佩服古人那种别样的精致，这种精致也并非贵族的华贵与奢侈，而是内心的平淡与诗意。在他们的心目中，花也是有晓夕之异、喜怒之分、醒梦之别的。《小窗幽记》的作者谈道："淡云薄日，夕阳佳月，花之晓也；狂号连雨，烈焰浓寒，花之夕也；檀唇烘日，媚体藏风，花之喜也；晕酣神敛，烟色迷离，花之愁也……"能将生活过到这种状态，可谓精致之极，换成另一种表述来说，这是一种天然质朴的生活方式。

说到这种生活方式，现代许多国学造诣深厚的老先生值得学习。大家知道，北大哲学系为有名的"长寿系"，90岁以上的学者占到1/4，85岁以上的学者占到一半以上，冯友兰、梁漱溟、张岱年等都是90岁以上的哲学老人。有个玩笑的说法，为什么北大哲学系这么有名？正是因为这里的老师长寿。究其长寿的原因，其实并不是他们注重养生，相反，他们中的许多人并不刻意养生，有的甚至不怎么运动，吃得也非常简单。但有一点是确定的，就是心态平和，有宽厚的学者气度。在他们的世界中，生命的长度似乎不是人生最重要的，重要的是找到一种安身立命的东西，然后不断地去践行自己的使命。1955年7月，梁漱溟开始写《人心与人生》自序。据其子梁培恕回忆，这年初夏，父子同游北海公园，先生说起他即将要动手写的《人心与人生》，以平静而深沉的声音说："这本书不写出来，我的心不死！"书完成以后，他在给朋友的信中说："今日可死而轻快地离去。"

第三十章

以道佐人主者，不以兵强天下，其事好还。师之所处，荆棘生焉，大军之后，必有凶年。善有果而已，不敢以取强。果而勿矜，果而勿伐，果而勿骄，果而不得已，果而勿强。物壮则老，是谓不道。不道早已。

心中之兵

"以道佐人主者，不以兵强天下"，如果从社会战争的角度来解释这句话，那就是以道来辅佐君主的人，不以兵力逞强天下。从这里可以看出，老子并非反对军事，在国防上，军事戒备绝对需要，老子反对的是用武力来欺压侵略别人，在老子的价值体系中，这种行为是应当受到口诛笔伐的。历史上的秦始皇、隋炀帝姑且不论，即使被誉为拥有雄才大略的汉武帝，如果不是因为晚年的忏悔和改过，估计穷兵黩武的评价也会落在他的头上。在真正打败匈奴，国家安全得到保障的情况下，汉武帝仍然发动对外战争，尤其是对大宛国的征讨，两次出征，派遣二三十万人翻越葱岭，中间还有屠城的暴行，究其缘由，夹杂着很多个人喜好的成分。到了晚年，汉武帝似乎意识到自己早年的错误，认为这些多余的举动"是扰劳天下，非所以忧民也"，表达了自己的悔恨。虽然如此，司马光在《资治通鉴》中评价汉武帝说："有亡秦之失，而无亡秦之祸。"虽然有些偏激，但司马光确实看到了因穷兵黩武政策而导致的百姓疾苦。

本章和第三十一章，都是围绕着"兵"这个话题展开的，现代注家都将其概括为老子的用兵之道。这种概括没有问题，但如果认为这篇就是单纯地讲用兵之道，那可能就有些狭隘了。清代名医徐大椿在《医学源流论》中有篇重要的论述，那就是"用药如用兵论"，阐述了治病和用兵是相通的道理。他认为，病邪如同敌人，药物如同兵将，用药则如同调兵遣将，尤其是方药的应用，其思路如排兵布阵，里面更有君臣佐使的划分，四者各司其职，共同发挥作用来祛除病邪、安定祸乱。《左传》有句话，叫作"国之大事，在祀与戎"。祀是指祭祀，戎指的是兵戎、战争，也就是说祭祀和战争是国家的大事所在。既然兵者属于国之大事的范畴，那说明战争应当是非常谨慎的事情。同样的道理，用药也应是予以严肃对待的事情。所以，在这篇论述中徐大椿提出："古人好服食者，必有奇疾，犹之好战胜者，必有奇殃。是故兵之设也以除暴，不得已而后兴；药之设也以攻疾，亦不得已而后用。"在医药保健品应用泛滥的今天，这些论述有着振聋发聩的功效。

放眼当今的养生领域，过度养生日益成为突出的问题。过度进补、过度运动甚至过度关注养生，其结果往往事与愿违，使得养生一定程度上变成了养病。在现实生活中，许多人都是拿着现有的观点生搬硬套，大妈们听到黑木耳有好处，满桌子菜都做得黑乎乎的，年轻人中将维生素C泡腾片当成"保健品"来吃的不在少数，许多老年人因过度运动而损伤了膝盖……情况不一而足，但有一点可以肯定，所做的事情都超过了"度"，都背离了原本自然的生活。用本章的术语来说，这种具象固执的后天观念就是"兵"，以此来指挥自己，就是典型的"兵强天下"。

你变了，世界就变了

"其事好还"，"还"读为huán，为回报、报应之义。从字面的显义来说，老子说战争这种事情是有报应的，军队驻扎的地方，田地荒芜，杂草荆棘丛生，大的征战过后，必定会有凶年的发生。对于上述的观点，后世多有引用，据《汉书·严助传》记载，淮南王安上书谏曰："臣闻军旅之后，必有凶年。言民之各以其愁苦之气，薄阴阳之和，感天地之精，而灾气为之生也。"按照这种传统的说法，所谓的天灾亦有人祸的成分。如果从修身的角度来看，"以道佐人主"就是用清净无为的先天本性来管理自己，"兵强天下"则是以争强好斗的后天之心来指挥自己。如果这样的话，心中如同长满荆棘，杂念丛生，如同社会出现凶年一样，人也会因精神耗散而羸弱不堪。正如尼采所言，每个人的内心都是一座尸横遍野的战场，恐惧、焦虑、沮丧、大笑、愤怒等不同情绪，归根到底还是两样东西在内心争斗。由此推而广之，人世间的争斗最终根源是人心的险恶，正如投入到水中的一块石头，它会激荡起层层的涟漪，进而打破心若止水的静谧与甜美。

道家有篇著名的经典文献叫《太上感应篇》，这里的"太上"是无上之上，为传统文化中表达至高尊贵的用词。由此动彼谓之感，由彼答此谓之应，也便是事物之间的感召呼应。这部经典融合了传统优秀思想的诸多内容，系统梳理了人生善恶的对照表，至今许多内容仍有积极的启示意义。其开篇第一句话就是："祸福无门，惟人自召，善恶之报，如影随形。"对于其中的感应现象，现在许多人都是从封建迷信的角度去判定的。我们这里想强调的是，对于传统经典所描述的现象，不可以盲目地且不加分析地一棍子打死，这不应是现代人的科学态度，而应秉承科学的精神重新予以审视。从能量守恒的角度看，这本经典揭示了宇宙人生普遍存在的对应现象。比如平时大家经常听到的一句话是"有求必应"，很多人对这句话往往有误解，以为我求什么便会得到什么，比如对着山谷喊"我饿了"，上天马上给你一碗牛肉面，实际上这句话不是这个意思。这句话是我喊一句"我饿了"，山谷马上会有一句"我饿了"的回声，这里"应"是客观呼应的意思。

生活中有许多现象，有待现代科学尤其是量子力学的发展来做进一步的解释。比如亲人突然发生变故，有人可能在千里之外就有感应。对此，《易经》也有类似的观点："君子居其室，出其言善，则千里之外应之，况其迩者乎？居其室，出其言不善，则千里之外违之，况其迩者乎？"如果用量子纠缠理论，可以很好地解读这一现象。人体大脑不但是神奇的量子发射器，而且是良好的接收器，亲属关系决定了亲人间的量子纠缠关系，所以发生变故时，一方的量子变化会引起另一方的呼应性变化。对此，王阳明先生也有一句经典的话："你未看此花时，此花与汝同归于寂；你既来看此花，则此花颜色一时明白起来……"如果不对粒子的波函数坍缩理论有所了解，人们也很难真正理解这句话的含义。

当然，解读这种现象内在机制的目的，就是将其更好地应用到我们生活中去。从上述的理论出发，我们不难看出，唯有自己的内心信息改变了，对外发射的信号才会改变，外在的世界才会发生呼应性的变化。或者说，你变了，世界才会变化。但现实中很少有人意识到这一点，听完夫妻关系的讲座后，有人就感慨，要是叫上家里的那位，来听听人家是怎么做丈夫（妻子）的就好了。我想这还是没有真正把握处理夫妻关系的诀窍。托尔斯泰说："全世界的人都想改变别人，就是没人想改变自己。"改变要从自身改变做起，而不是要求对方先去改变，因为唯有自己改变了，周围的世界才会改变。

为何要参学?

"善有果而已",有的版本则表述为"善者果而已"。从"果"的基本义看,"果"就是树上结的果实,此前一直不明白,为什么果还有果敢、果断、果决等衍生义?通过对老子这句话的体悟,这里提供一种臆测,供大家批判。果实里面包含着果仁,可以做生生不息的种子,果外形圆融可以游目骋怀,果实外面的果肉可以疗饥济世。我们知道,万物都可以作为效法的对象,君子看到果实这种意象,由此可能从中感受到强大的生命力量和济世情怀,或许这就是果的衍生义的由来。从果的基本义出发,我们可以将其理解为预期的目的、效果。"善有果而已,不敢以取强",为善的人只要达到预期的目的就可以了,大可不必拿着胜利的成果逞强天下。从果的衍生义出发,可以将其理解为潜移默化的生机孕育过程,润物无声的济世奉献精神,以此义来解读"善者果而已"则尤为恰当。

"果而勿矜,果而勿伐,果而勿骄,果而不得已,果而勿强。物壮则老,是谓不道。不道早已。"达到"果"的状态后不可自大、自夸、自傲,因为这一切都是不得已而为之,所以也没有什么可以逞强的。事物一旦发展过了头,就会走向衰亡的一面,这是"不道"的后果,违背大道,就会提前灭亡。对"物壮则老"的翻译,这里的"壮"可以理解为强壮,但更多的是表达了发展过头的意思。《易经》姤卦中有一句话,叫作"女壮,勿用取女",女子过于强壮,这样的女人不能娶过来做老婆。当然,这里的壮不单纯是身体强悍,更指的是气势太过于强盛。

本章这部分可以说是围绕着"善有果而已"展开的。"善有果而已",这到底是一种什么样的心态呢?我想那就是不断地孕育,不断地付出,但不求功绩和回报。正如曾国藩所言,只问耕耘,不问收获,如同老农种田,只管浇水、施肥、除草、松土，至于收成如何，那倒是另外一个问题了。如果有点收获就沾沾自喜，那肯定会停滞不前甚至发生危险。对于修行人而言，时间久了，大家似乎有种错觉，就是我们是掌握世间规律的人。其实这个观念也是要不得的，因为这样很容易造成自我封闭，进而自以为是，自我膨胀，最终在前进的道路上栽跟头。所以古代修行的过程中有个阶段叫作参学。即修行到一定的阶段，有了相当的自我把控能力了，师父这时候就可以放你出去参学了。什么是参学？按照我的理解，就是到一个陌生的环境中参观学习。一旦在一个地方待得久了，往往看不到自己的局限性，而到了全新的陌生环境，则可以很直观地从别人的印象中看到自我，看到自我的"局限性"，进而再次打破昔日的固有观念。

第三十一章

夫兵者，不祥之器。物或恶之，故有道者不处。君子居则贵左，用兵则贵右。兵者不祥之器，非君子之器，不得已而用之。恬淡为上，胜而不美，而美之者，是乐杀人。夫乐杀人者，不可得志于天下矣。吉事尚左，凶事尚右，偏将军居左，上将军居右，言以丧礼处之。杀人之众，以悲哀泣之，战胜以丧礼处之。

何者为善？

开篇老子告诉我们，战争是不祥的东西，万物都讨厌它，所以有道之士是不依靠它的。在这段话的翻译中，一开始我把"物或恶之"翻译为：造物主或许讨厌它，将"或"解读为或许，后来才意识到这种翻译是有问题的。按照《说文》的解释，或从口从戈，以守一，这里的"一"是土地邦国的意思，整个字的含义为拿着武器来守卫邦国，所以繁体字的国写作"國"。后来引申为泛指一切的人或物，所以这里的"或"指万物中每一种事物，"物或恶之"也就是万事万物都讨厌它。在这段话中，老子表明了对战争的反对态度，从另一个侧面说，老子这里在提倡和善相处的原则。这里就牵扯到中国文化的基本命题——善。对于何者为善？历来有不同的解读，我想借用《易经·系辞》的一句话，"生生之谓易"，循环往复、生生不息是"易"的蕴意，同时生生也是善的蕴意。自己要生存生活，也应当尊重别人生存生活的权利，用儒家的黄金法则来说，就是"己欲立则立人，己欲达则达人""己所不欲勿施于人"，这些都是相通的道理。

从社会领域说，为善就是为善，其本身是没有目的性的，如果为了为善而为善，那就背离了老子所说的大道。推而广之，在战争领域如果为了战争而战争，或者为了胜利而胜利，那就成了穷兵黩武的好战分子。历史上的白起，指挥了诸多战役：率领军队攻占了楚国都城郢，迫使楚国迁都，从此致使楚国一蹶不振；伊阙之战，全歼韩魏联军24万人，致使秦国一统中原势头无法阻挡；长平之战，更是摧毁了赵国的兵力，对于40万赵国的投降士兵，则全部坑杀了。根据《通典》记载，长平之战，血流漂橹，可见其惨烈程度是空前的。虽然对于秦国而言，白起确实功劳卓著，但从整个人类命运共同体的角度来看，其坑杀降卒的行为是应当予以批判的。无怪乎后世的赵匡胤临幸武成王庙，在观看两廊的历朝名将塑像时，指着白起塑像说了一句："此人杀已降，不武之甚，何受享于此？"责备白起当年杀戮太重，不具备武将基本的道德素质，于是将其塑像请了出去。

对现代人而言，应当从老子的用兵之道中得到启迪，并将之应用到修身的把握上。从生活的经验来看，处处有棱角、时时有防意的人是不太受欢迎的。《红楼梦》中的林黛玉就是这样的例子，林妹妹心性孤傲，言语刻薄，攻击性极强，得理不饶人，其中湘云一段话，对林黛玉的性格可见一斑。湘云道："他再不放人一点儿，专会挑人。就算你比世人好，也不犯着见一个打趣一个。"宝玉的奶妈李嬷嬷也这样评论道："真真这林姐儿，说出一句话来，比刀子还利害。"所以贾府中下人对她是小心谨慎，也少有知心的姐妹能与其相交，即使对女孩最能忍让的宝玉也多次与她争吵，最终她在贾府树敌太多，郁郁而终。这一点她和薛宝钗有着很大的不同，宝钗性格中有稳重平和、恭顺体谅的一面，所以深得众人的赞同。以上还属于言语刻薄，但本性不坏，用老百姓的话就是刀子嘴，豆腐心。现实中可恶的另有一种人，就是口蜜腹剑，嘴上说得好听，但心中充满着杀意。如何对待这类人？两个字：远离。

向左看？向右看？

阐释完对战争的基本态度，老子抛出了一个命题，君子平时居处以左边为上，用兵打仗则以右边为上。左和右的问题是传统文化中的一个基本理论问题。记得小时候老人教导到别人家做客，座位不是随便坐的。堂屋一般坐北朝南，对门正中间八仙桌的两旁一般摆着两把椅子，尊贵的客人来了，一般会让他坐在左边的位置上，如果随便坐过去，人家会笑话不懂规矩的。在日常生活中，我们经常有男左女右的提法，在安排主席台领导人座次的时候，左右都是有讲究的；现在在军队队列中，排头兵总是站在队列"右边"，口令是"向右看齐"，军功章则佩戴在军上衣的"左上方"，值勤袖章也戴在"左"手臂。

这里一个问题出现了，左右有什么区别吗？在中国古代神话盘古开天地中，说盘古的左眼化作了太阳，右眼化成了月亮，后来中医又将这种表述引入自己的经典中。对于这种观点，我一开头很不认同。在现代医学看来，两只眼睛都是同样的生理结构，为什么一个是太阳的象征，一个是月亮的象征？这不是古人一厢情愿的臆测吗？后来随着对传统文化了解的深入，渐渐地意识到此前的思维方式有些问题，左和右是形而上的哲学概念，而我老是用形而下的科学观点去解构和批判它，现在想想有些可笑。

随着对传统文化学习的深入，我渐渐地接触到配着四季方位的太极图，当时觉得方位有点别扭。因为从小就按照地理课上的"上北下南左西右东"来看地图，已经形成了惯性的思维习惯。到了看传统的太极图时，下方代表着北方冬季，左边是东方春季，上面是南方夏季，右边为西方秋季，正好和常用的地图方位相反，当时有些不理解。后来传授我们导引术的许涛老师给我们揭开这个诀窍，他说这种图示一般是呈送给皇帝来看的。如果把自己当成面南背北的皇帝，前方自然是南方，背后则为北方，左边肯定是东方，右边肯定是西方，展开的图示和眼前的场景完全吻合，这才是古人的智慧。

从这里出发，左边的东方是生发之地，用代表生发的春季来表示，所以有左青龙的提法。右边的西方是收敛之地，用代表肃杀的秋季来表示，所以有右白虎的提法。这一点在中医有"左肝右肺"的说法，如果从解剖学的角度看，肝恰恰在人体的右侧，而肺分为左右两个，而不是所说的右边，所以很多人对此不理解，并以此断定中医不科学。要理解这一点，必须懂得传统的思维方式，古人所讲的肝肺并非解剖意义上的肝肺，而是人体中一整套生发肃降系统的代名词，这里的方位也不是解剖意义上的方位，而是属于功能方位，肝气主生发，所以归属左，而肺气主肃降，所以归属右。

用这种理念去解读"君子居则贵左，用兵则贵右"，"吉事尚左，凶事尚右，偏将军居左，上将军居右"就可以迎刃而解了。虽然在地位上偏将军要比上将军低下，但为警示防止上将军策划杀戮过重，故将其放在右侧的位置。具体在修身的领域，上将军可以看作在那里发号施令的后天意识，而偏将军则可以看作不易被发现的先天本性。虽然我们常人往往听从后天意识支配，但从根本上说，后天意识毕竟属于后天的范畴，它最终要返还到先天本性的状态。所以在位置排列上，应当将先天本性置于"左"的位置，而将后天意识置于"右"的位置。

从丧礼看世界

对于最后部分的表述，在唐代的傅奕本为"言居上势，则以丧礼处之，杀人众多，则以悲哀泣之，战胜者，则以丧礼处之"。与传世本无太大意蕴出入。这句话我们将其理解为：战争在不得已而使用它的时候，也要以平和的心态为上，即使胜利了也不要以美事到处宣扬。杀人众多，则以哀痛的心情对待死去的人，即使战胜了，也要以丧礼的形式祭奠逝者。提到丧礼，一般认为它是丧、葬、祭的全部礼节和死者亲属的行为规范。但从哲学意义来看，丧礼是对魂魄的处置与安抚，它代表着生者对于亡者的思念和自身的反省，使得生者对生命的尊严和生命的意义进行重新思考。说到这，我想起了早些年看过的影片《阿凡达》，在潘多拉星球上，即使面对要杀死、吃掉自己的饿狼，也要对它的灵魂进行安抚。从生命平等的角度来看，大家都是生物链中的一环，杀死饿狼是迫不得已的事情。所以从这个角度看，老子希望我们即使杀伤了对方，即使战争胜利了，也没有必要欢呼雀跃，因为战场上牺牲的所谓敌人不过是家人的翻版而已。这时候需要更多地哀痛自己的过失行为，并以丧礼的方式来反思自己的精神世界。从这里可以看出，老子的词典中是没有敌人这个词的，所谓的天下无敌，是指充满爱的心中没有任何敌意。

通过这样自我的对照与反思，可以使我们看清诸多问题的本质与实相，并获得更多解决问题的途径。大家知道，盗贼如一颗毒瘤，在任何时代都会有，如何治理好这一问题，这是一门高深的学问。春秋时期晋国盗贼很多，为此国君很是头疼，这时有人推荐了郄雍，理由是此人根据眼神表情就能判断一个人是不是盗贼。后来国君就任命郄雍担任捕盗的官职，郄雍果然很短的时间就抓住了很多盗贼，国君对此十分高兴。有次国君洋洋得意地把这件事情告诉了赵文子，不料赵文子认为，依靠司察的方式捕盗，那盗贼是抓不完的，而且他预料郄雍将不得好死。果不其然，盗贼聚在一起商量对策，他们认为，只有除掉郄雍，他们才有活下去的可能，于是他们找个机会把郄雍杀掉了。得知这种结果后，晋国国君很是惊诧，于是把赵文子找来要问明原因，赵文子说，"察见渊鱼者不祥，智料隐匿者有殃"。

只有任用贤能的人，通过教化的方式，才能真正清除盗患。

无独有偶，西汉时期，渤海郡发生饥荒，盗贼蜂起，当时有个叫龚遂的官员临危受命。在他的治理理念中，所谓盗贼其实多是灾民，他们去当强盗，如同家里不懂事的孩子偷兵器玩耍一样，因此应当以同情心对待他们。到了渤海郡之后，龚遂发出文告：撤换捕盗的官吏，声明凡是手中拿着锄头镰刀等农具的人就是良民，不得拿问，只有手拿武器的人才是盗贼。大家听到这种政策，纷纷放下武器拿起农具种田了，所谓的盗匪也便土崩瓦解了。较之此前以暴制暴的方式，渤海郡治理的效果明显好了许多，因此龚遂也得到了皇帝的嘉奖。

对修身领域而言，《道德经》中所谓的"兵"如同于医院的手术刀，而如何动刀则牵扯不同层次的治疗理念了。在层次较低的治疗理念中，将癌细胞视为洪水猛兽，必将赶尽杀绝、置之死地而后快。所以遇到肿瘤，动辄用手术刀清除，再配以放疗化疗，这样一个治疗周期下来，这个人也被折腾得差不多了。但问题还远未结束，即使割除了肿瘤，只要有合适的条件，癌细胞还会青睐你的身体。正如木头上长了蘑菇，我们把这一批蘑菇采下来之后，如果还有潮湿的环境，木头上还是会长蘑菇的。所以我们应当改变治疗的思路，既然产生癌细胞了，那就应当考虑产生癌细胞的原因是什么，而不是急于简单粗暴地去消除它。把身体的内环境调整好了，把产生问题的根源给清除了，癌细胞自然也就不长了。所以在不得已的情况下，可以通过手术的方式。但即使手术成功，面对自己割下来的那块东西，我相信许多人高兴不起来，从根本上说，割下来的正是病态体的自我。

第三十二章

道常无名，朴虽小，天下莫能臣也。侯王若能守之，万物将自宾。天地相合，以降甘露，民莫之令而自均。始制有名，名亦既有，夫亦将知止，知止可以不殆。譬道之在天下，犹川谷之于江海。

静待花开

"道常无名"，有的版本句读为"道，常，无名"。有的版本与后面结合起来，句读为"道常，无，名朴，虽小，天下莫能臣"。可备一说。这句话开篇交代了道本是没有名号的，正如没有加工的带着树皮的原木一样，在被雕琢成一件物品之前，大部分人可能是不屑一顾的。这如同庄子对道的阐述，他说道在瓦砾之间，有人说这太卑贱了。看到这人不明白，接着庄子说在蝼蚁之间，此人还不明了，庄子干脆说，道在屎尿之间，这个人干脆什么话也不说了。在这里庄子的用意是什么？他就是想打破我们固有的看法，告诉我们道不是高大上的抽象理论，它就在我们生活的吃喝拉撒之中。

对于道在修身领域中的代表意象，我渐渐体会到可以用身体的"神气"作为代表性的道的形象。"神气"，我们在更通俗意义上称作"阳气"。虽然对常人而言，这东西看不见、摸不着，是典型的"朴"与"小"的代表，但中医认为，"得阳者生，失阳者亡"，其重要性怎么强调都不为过。到底"神气"有多大的作用？我们先看《黄帝内经》对死的解释，"神气皆去，形骸独居而终矣"，就是说假如作为能量信息层面的"神气"离开人体后，人仅仅作为一个躯壳而存在，那就代表着生命体的终结。对此，《庄子》中也谈到这样一个故事，孔子在出使楚国的时候，恰好碰到一群小猪在吮吸刚死去的母猪的乳汁，不一会小猪意识到自己的母亲已经死去，纷纷四散逃去。从这一点看，小猪爱的不是母亲的形体，而是支配形体的神气，万物只要失去了它，就失去了作为生命本质的东西。

从这个角度说，道是万物的主宰，我们应当尊重它，顺应它。而从另一个角度说，谁也不能支配道，也就是说"天下莫能臣"。虽然这个道理摆在这里，但有许多人就喜欢按照自己的意志支配它。且不提普通人所犯的"揠苗助长"的错误，即使聪明睿智的黄帝，在道家的记载中，偶尔也犯过类似的错误。"黄帝见广成子"是《庄子》中有名的故事，广成子是黄帝时期的修道士，曾在崆峒山修炼，黄帝听说了他的大名，特地到崆峒山拜访。当时的黄帝请教了这样一个问题，您能否告诉我道的精要所在？好让我拿来治理天下。初步一听，这个问题似乎没什么毛病，而且为人民服务的宗旨也是很明确的。但广成子这样告诉黄帝，你所问的问题是道的精华，你所管的却是道的糟粕，假如这样来治理天下的话，天上的云彩还没有聚集到一起便降下雨来，树上的叶子不等到枯黄就纷纷零落。黄帝听了这番话，非但没有生气，反而恭敬地退回到自己的住所，摒弃一切的政事，反复揣摩广成子的教导。三个月后，黄帝再次拜访广成子，这次以膝代步，恭敬地请教修身的道理。看到黄帝如此的转变，广成子仔细地解答了黄帝的问题。此前我也不太明白，为什么广成子要拒绝回答黄帝关于治理天下的问题？现在才逐渐理解，黄帝此前所提问题的根本理念就有问题，治理天下的基本前提是顺应道的运行，而不是支配它达到功利性的目的。治理天下的前提是修身，每个人都在自己本位上做好自己的事情，能够顺应这种态势自然就可以达到太平的局面，而这也便是"侯王若能守之，万物将自宾"的道理。

如果把这种理念应用到修身中，我认为最主要的一点是，人应当顺应体内气机的变化，而不是人为地调动气机的运行。现代人一开始接触太极拳的时候，往往无法接受太极拳的"慢"，心急的人看着恨不能过去踹上两脚让他快些。后来才慢慢意识到，与其说人家慢，还不如说人家在等气机的生发，内气不动，外形岿然不动；内气一动，外形随气而动。这点有些类似于人生的成长，以前老人常用来教育年轻人的一句话是：不要着急，到时候你就明白了。早年的时候对这句话还是不太服气，为啥现在我对这个问题不能明白，事后的经验告诉我，对有些问题的理解是需要时间积淀的，没有实证的那一步，说再多也只能是痴人说梦，画饼充饥。有次与大家分享"《西游记》与道家内丹学"话题，因感内丹可遇不可求，唯有平常心态，静待造化之命，或许有真正明白之日。有感于此，草就了一首《静待花开》的打油诗，以与大家共勉：

> 残冰消尽春自来，金丹未就莫乱猜。
>
> 且将身心闲乘月，竹柏影中待花开。

金津玉液

"天地相合，以降甘露，民莫之令而自均。"老子在这里强调，不用君主发号施令，天地就能普降甘露，天下万物都能享受它的恩惠。甘露普降在古代被称为祥瑞之象，按照传统的说法，如果一个王朝君主有道，政治清明，百姓安居乐业，天将呈现祥瑞之象，如天现彩云，地出甘泉，禾生双穗，奇禽异兽出现，等等，而甘露也属于祥瑞的一种。相反，天地则呈现灾异之象，预示着将要发生凶险的事件。大家都熟悉荆轲刺秦王的故事。荆轲出行前，燕国太子丹等人到易水河边给他送行，荆轲一声长啸，唱出了"风萧萧兮易水寒，壮士一去兮不复还"的千古悲歌。在荆轲转身离去的背影中，太子丹看到白色的长虹穿日而过，当时称为白虹贯日。虽然在现代人的理解中，这不过是一种自然现象而已，但在古人的心目中，白虹贯日意味着大凶之灾就要发生，所以当时太子丹被吓得面无血色，满身冷汗。后来的历史证明，太子丹的害怕并非没有道理，最终的大凶没有落到秦王身上，而是落到了燕国一方，不但荆轲全军覆没，太子丹也因这次不明智的行为遭受了灭顶之灾。

从修身的角度来看，人体的"甘露"有些类似于道家所言的金津玉液，即人体在静定的状态下口腔中产生的津液。对此，李时珍在《本草纲目》中有这样的记载：人舌下有四窍，两窍通心气，两窍通肾液。心气流入舌下为"神水"，肾液流入舌下为"灵液"，道家谓之"金浆""玉醴"。溢为醴泉，聚为华池，散为津液，降为甘露，所以灌溉脏腑，润泽肢体，故历来修养家高度重视咽津的方式，谓之"清水灌灵根"。比如三国时代有个百岁老人叫皇甫隆，年逾百岁而身体康健、耳目聪明，曹操曾很客气地向他请教养生的诀窍，而他的方法最简单，也就是"朝朝服玉泉"的咽津方法。与此相关，古人造字也非常有讲究，比如经常提到的"活"字，由水字旁和"舌"组成，舌旁有水谓之"活"，这就是古人的造字智慧。

说到这里，还有几个概念需要区分，它们分别为唾、涎、津，首先津液和涎是有区别的，津液是人静定状态下口中产生的甘甜之物，有些类似于含着枣核时的感受。而有人看到美食会流口水，或者小孩子不由自主地流的口水，那些应当属于涎的范畴。唾则为一般意义上的唾液，随着科技的发展，人们发现唾液中有很多对人体有益的成分，此处不再赘述。这里想强调的一点是，针对人体常态化下的体液，中医提出了"五液"的概念，它们分别是汗、泪、涕、唾、涎，因"津"是人体在修炼过程中产生的体液，因而属于更高层次的"液"，所以在这常规的"五液"中并没有"津"的位置。

大家都熟知"望梅止渴"的例子，日常大部分人一联想到酸甜之梅，口中就会生出津液，而津液是可以被人体直接吸收利用的，所以自然达到了止渴的效果。生活中还有一种现象，那就是喝了大量的水，但还是觉得口渴，这与人体不能将水转化为可以吸收的津液有很大关系。从微观的中医视角来看，水在人体被消化吸收是一段很神奇的旅程，而这段旅程离不开脾系统的气化作用，否则也便达不到它的目的地。我们知道，古人把糖尿病称为"消渴症"，其实里面包含两方面的内容，一个是食物不能转化为身体可以吸收的糖，所以表现为血糖升高，接着从尿液中流走，这是"消"的方面出现了问题。另一个是水不能转化为人体需要的津液，这是"渴"的方面的问题。所以治疗糖尿病的思路应当放在提升人的运化能力上，而不是一味地降糖和打胰岛素。当然，这个话题可能超出了养生治未病的范畴。在修身的过程中，守住"朴小"之道，则能够"生津"，能够"服玉泉"，从而达到自然而然的"自均"的效果，我想这是人生的境界。

一次幸福的体验

"始制有名"，万事万物产生之后，我们赋予它们不同的概念和名称，比如不同类型的汽车产生后我们要给它取个名称，别的姑且不论，就其繁多的品牌而言，已足够在大学开一门课来学习了。为了帮助我们认知世界，给诸多的事物进行分类并贴上不同标识是必要的。但一个问题产生了，文化标识产生之后，人为地对其进行高低贵贱的评判，那可能就陷入了概念纷繁的二元对立世界了。为什么我提上面车的问题呢？在现实生活中，我是个典型的"车盲"，对各种车的样式及品牌标识毫无概念。记得七八年前去济南出差，有位朋友开着奔驰接我办事，但在约好地点的停车场怎么也找不到他。朋友一直提示，这可是一辆"大奔"，你一定会很容易找到的，结果我费了九牛二虎之力也没能发现，最后还是他们发现了我。现在回头想想，当时也挺可笑的，朋友本来要炫一下自己的车子，奈何对牛弹琴，碰到了一位不懂品位的"土老帽"。

其实后来我在这方面的知识一直没有太大进步，因为在自己的心目中，车本身就是代步工具而已，只要能到达目的地，坐什么样的车子是很次要的问题。假如将生命花在诸如此类的计较和评判上，我认为是在浪费自己的生命。反观周围的一些人，明明没有太大的经济实力，偏偏要买所谓的"名车""豪车"，以此满足自己的虚荣，结果弄得生活捉襟见肘，家人也怨声载道。看到这一幕幕后，有时自己也感到相当欣慰，摆脱了这种束缚之后，可以用更多的时间精力做些更有价值的事情，那确实是人生的一大快事。所以我的体会是，把握住朴实的本心，始终保持在第一念的状态，如此才是"知止"的修身学界定。在这样的"知止"实践中，才能避免陷入概念名相的纠结，不会因为自己赋予的"面子"问题而困惑挣扎，从而在简单中活出奢侈的快乐。

记得有年春节回老家，自己的车子被别人征用了。走亲戚串门怎么去呢？正好大姐家有辆旧的电动三轮车，除了鸣笛喇叭不响外，其他的地方在颠簸的乡村道路都能发出响声。吃饱饭回家时，我和妻子带着小儿子挤进狭窄的驾驶室，刚好能关上车门，然后慢慢启动开关，伴随着车子的轰鸣声就开启旅程了。走在乡间的小路上，嘴里哼着小曲，任凭外面寒风凛冽，家人互相依偎在一起的温暖幸福，那是无法言说的。这也是我开所谓的"名车"所无法体会到的。如果晚年写点回忆录的话，我想这应当是一次幸福的驾车体验，也算是对"知止可以不殆"的一种诠释吧。

能在低调中找到快乐，找到生命的方向，也便如水入大海一般，所以本章最后总结到，"譬道之在天下，犹川谷之于江海"。老子认为，千条万绪，总归一道，人和天地的能量场是相通的。以前以为江海代表的是道，川谷代表的是天地万物，川谷都流向江海，是天地同心、万法归一的象征。后来逐渐发现，老子没有说譬道之在天下，"犹江海之于川谷"，所以应当是川谷代表着道，那这样从哪个角度理解呢？一方面，道生天地万物，川谷也造就了江海，是江海的活水源头；另一方面，川谷都流向江海，象征着大道自然遍行流布于天下。很多时候我们欣赏江海，却很少想起背后默默无闻地为它注水的河流。无论从何种角度解读，两者都反映了道"朴"的一面，借用古人的一句话说，朴之为用，岂小焉哉？

第三十三章

知人者智，自知者明。胜人者有力，自胜者强。知足者富，强行者有志。不失其所者久，死而不亡者寿。

看见你自己

所谓知人，也就是辨是非、别善恶的能力，具备这样能力的人可谓智者。能知人好不好，那肯定是好，但一味地评论别人，而忘却了观照自己，发现自身的缺点和不足，用老百姓的话说，就是"乌鸦落在猪身上，看不到自己黑"。《韩非子·喻老》曾讲过这样的一个故事，楚庄王打算去攻打越国，当时庄子（一说杜子）就给庄王提意见，他先是询问庄王攻打越国的理由是什么，庄王的意思是越国政治混乱不堪，军队战斗力低下，正好可以乘虚而入。庄子就说，智这种东西如同人的眼睛，能将百步之外的事物看得清清楚楚，却对眼前的睫毛视而不见，这也是后世成语"目不见睫"的来历。现在庄王您兵败于秦国、晋国，丧地数百里，国内庄蹻作乱，官吏也不能禁止，政乱兵弱的情况一点也不比越国好，怎么只能光看别人而不看自己呢？听到了这一点，庄王取消了攻打越国的打算。

如果将这种"自知"的理念推广到自我修身领域，我想我们首先应对自我身体有一定的觉受能力。真正的中医不怕你说出身体的诸多症状，不怕你说耳鸣心悸、腰腿疼痛、胃胀胃酸，怕的就是百病丛生，自己却浑然不觉。此时的病邪已长驱直入，机体却丝毫没有反抗能力，所以也便保持了一种虚假的健康态。病人如果失去了对身体的觉受能力，对于这种现象，古人用了一个特别经典的词——麻木不仁。以前总以为这是精神品德的用词，后来才知道这是医家对身体状况的概括。所以要做一个有觉悟的人，那么首先我们应当是一个身体的觉者，而等到觉受能力提升到一定程度，一个人不但对自己的身体状况很敏感，而且对天地间能量变迁也是有觉察的。有时道家对徒弟的考试也很有意思，晚上将徒弟密闭在一个黑暗的小屋，不定时地会让徒弟指出当下月亮的位置，能够指对了位置，考试方可通过，这时才能学成下山。

觉受能力进一步提升与超越，就可以达到现代人津津乐道的"明心见性"的程度。对于这种程度，先秦时期的古人更喜欢用"闻道"来概述。《论语》中有一句话，叫作"四十五十而无闻焉，斯亦不足畏也已！"现在通俗的解读就是年轻人一定要好好奋斗，如果到了四五十岁还默默无闻，还没有博得世间的名声，那这个人就不值得敬畏了。如果持有这样的解读，我想也太贬低我们祖先的智慧了，且不论姜尚、百里奚等人都是年龄很大时才获得人生发展机会，即使一个人一辈子默默无闻，为世人所不知，但如果他们达到了明心见性的程度，那我们也说他是"有闻"。这里的"闻"不是闻达、有名气的意思，而是闻自性的意思。用通俗的话来说，就是见到自己的本性了。对此，《红楼梦》中贾代儒教导宝玉的时候也有解释。现摘录如下："'无闻'二字不是不能发达做官的话。'闻'是实在自己能够明理见道，就不做官也是有'闻'了。不然，古圣贤有遁世不见知的，岂不是不做官的人，难道也是'无闻'么？"所以，从传统文化的视角看，能正确地认识自己，做一个"有闻"的人，才是一个人真正的奋斗目标。

勇于不敢

"胜人者有力，自胜者强。"日常生活中两人掰手腕，两国的战争，拼的是气力、兵力，这是战胜别人的力量。正如王宗岳的《太极拳论》中所讲的，"概不外乎壮欺弱，慢让快耳。有力打无力，手慢让手快，是皆先天自然之能，非关学力而有为也"。简而言之，这是一种单纯的力的角逐，还只能说停留在术的层次，等真正上升到道的层面，止戈为武，不战而屈人之兵，这才是用武的最高境界。《叶问》里面有句经典的台词："武术虽然是一种武装力量，但我们中国武术是包含了儒家的哲理，武德，仁也，推己及人，这是你们日本人永远不明白的道理！因为你们滥用暴力，将武力变成暴力，去欺压别人，你们不配学我们的中国武术。"我想这也是对中国武术本质的经典概括。所以真正的武术高手是有文人气象的，而不是一般所认为的头脑简单、四肢发达、吆吆喝喝、不可一世的形象。当遇到问题的时候，他不会任凭蛮力，不到万不得已，也不会展示武力。在习惯了勇敢励志口号的今天，这些人似乎显得有些退让、懦弱，但他们才是真正的强者，用老子的话说，他们是勇于不敢。

从哲学的层面来看，一个社会除了应当具备有效的动力系统外，还应当拥有有力的刹车系统，由此才能构成和谐社会。与此相适应，一个人只有拥有知进且知退的价值观，那才能达到理想的状态。对此，孔子曾说过，"仁者必有勇，勇者不必有仁"。在现实生活中，任何事情都敢干的人肯定没有仁，肯定不会有好的结果，因为他们心中缺乏应有的敬畏。过马路的时候，一大群人都在闯红灯，你敢于不闯红灯，这是大勇。大家都忙着为自己的名利奔波，你还能有一点公益心为大家做点事情，这也是一种大勇。这里的大勇是敢于自我批判、敢于自我践行的勇气和魄力。

有一次子夏去见曾子，两人见面后，曾子看到子夏的状态很好，就问子夏说："何肥也？"这里的肥可不是单纯地说子夏肥胖了，而更多地指代子夏精神状态的放松与舒泰。子夏回答说自己作战胜利了，所以才有今天的状态。曾子不清楚这是什么意思，子夏答，自己向内求时对先王大道心向往之，向外看时又对荣华富贵欣羡不已，两者孰是孰非在胸中争斗良久，最终内在的先王之道战胜了外在的荣华富贵，所以内心更加平静舒和。这是修身过程中的一个生动写照，是真心和妄心激烈争斗的过程，也是敢于自我打碎的过程，在这场没有硝烟的战场中，子夏为世人树立了榜样。

精神的富翁

汉代的严君平是历史上著名的思想家，也是《道德经》研究的专家，有《老子指归》流传于世。他平日隐居在成都市井中，以卜筮为业，能糊口度日则闭市攻读《老子》，于清闲之中自得其乐。曾有位富人问他为什么不出来做官，他的回答是，对他而言做官纯粹是自寻烦恼。后来这位富人送他一些财物，他都给推辞掉了，还说这是"损不足而补有余"。富人就大惑不解了，我现在这样一位上市公司老板，你这样一位连基本工薪阶层还赶不上的江湖术士，怎么说我不足，而你有余呢？严君平这样解释：您老人家日夜操劳，积累家财万贯，还从未感到满足。我现在以卜筮为业，不用下床就有人送钱来，现在还余着数百钱，没有可用的地方，当然是我有余而你不足了。说得这位富人哑口无言。从修身的层次来说，如果说"自知者明"是内求返观的基础，"自胜者强"是克己闲邪的功夫，那"知足者富"则是见到本自具有的本性了。意识到自己本身就是一位富家翁，这时候你会明白，当下不假外求，你就可以做到幸福美满。

"强行者有志"，强，傅奕本写作彊，为弓有力的意思。有个成语叫

"矢志不渝"，说志向如同直射出去的弓箭一样不改变方向。此前我对"强行"还有些望文生义的误解，因为大道都是强调顺其自然的，不会要求人们勉强去做不愿做或者做不到的事情。这里的"强行者"是不是老子所说的反面教材？后来才渐渐明白，这是对顺其自然的一种误解，现在一提到顺其自然，似乎就是不求，似乎就是放松，但放松绝不是身体的松懈，更不是行为的懒散。真正的顺其自然应是对追求结果不求回报的心态，正如孔子所说的"知其不可而为之"，但在行为层面，它是在使命感召下的一种积极作为。所以这里的"强行"讲的是一种自强不息的精神，一种积极践行的功夫，即把握住本性后，就要矢志不渝地做下去。

所以能够意识到自己是一位富家翁不易，能坚持行下去更难。正如俗语所说的，"成家不易守家更难"，如何能时刻保持在真心的状态，那是一件非常困难的事情。道家主张性命双修，认为明心见性仅仅是完成了性功，接下来的任务则是保任这种状态，从而完成色身转化的命功。有人说修行人不可以太执着，这句话有道理，但这里不执着的对象是形式，而不是执着的精神。没有执着的精神和追求，是不可能有大成就的。所以从这一点看，道家并非世俗意义所理解的弱者的智慧，而是柔弱谦和背后的一种内心的强大，是一种积极向上的奋斗精神。

好人不长寿

在现实生活中，我们经常听到这样的感慨，"好人不长寿，祸害活千年"。一个在大家心目中的好人，却英年早逝，而大家公认的坏人，却活得好好的。这说起来让人感到不公平，如果真是这样的话，谁还愿意做个好人？其实上天总是公平的，这句话本身没有问题，问题是"好人"的概念是什么？何谓"好人"？我想这是首先要解决的问题。在老子的思想体系中，好坏、善恶、美丑只是世俗道德意义上的一种定义，它们都是相对而生的。从天道的视角来看，只有遵从道和不遵从道的区别，无所谓好坏之分。好人与坏人仅仅是人为的划分。在长寿的问题上，孔子提出了"仁者寿""德者寿"的命题，认为具备仁德的人注定是长寿的。而老子在这里提出"不失其所者久，死而不亡者寿"。两者都没有提"好人"的概念。

在现实的生活中，我们所讲的好人大多喜爱帮助别人、奉献自我，这绝对是应当提倡的品德。但这应当有个度，超过了这个度，事物就会向相反的方向发展。在帮助别人中丧失自我，以别人的价值取向来规范自己，这样的好人就变成了过度敏感的人。如有的母亲对孩子的关心照顾不可谓不细致，每天生活在子女的世界中，不是担心孩子吃不好，就是担心路上有啥问题，对子女而言，更多的是感觉到一种被关心的负担。记得有篇写子女教育的文章，主旨观点是，对孩子过度的担心其实就是对孩子最大的诅咒。对父母而言，孩子长大成人了，把自己活好，才是对孩子真正的关心。如果整日生活在一种紧张、焦虑、压抑的状态，久而久之，就会对身心造成严重的伤害。所以有句成语叫"情深不寿"，意思是说，对任何事物用情太深，都会损害到自身的寿命。

"不失其所者久"，从修身的角度看，这个"所"指的是自我本性，就是在不失去自我的前提下，不妄自虚耗自身的元气，按照自我的本性自然地生活，就可以长久不衰。"死而不亡者寿"，这句话理解起来可能有些难度，我想这里首先要了解一下道家的生死观。在世俗的价值观中，久生于世便是最大的幸福，与现世永别便是莫大的悲哀，所以有了"悦生恶死"的芸芸众生。而在庄子看来，"悦生恶死"的人是荒谬的，因为他们没有参透生死的实相。"以无有为首，以生为体，以死为尻；孰知有无死生之一守者，吾与之为友。"这是庄子择友的标准，更是对生死的心声。无独有偶，奥修在《老子心解》中曾这样说过，"有一个关于死亡的错误观念已经进入人类的头脑，那个错误的观念认为死亡是敌人，这是所有错误观念的基础，这是人类远离永恒的法则、远离道而走入歧途的基本原因"，"生命只是两个空无之间的一个片刻，只是一只小鸟在两个不存在的状态之间的飞翔"。所以从某种意义上说，死亡是一个虚假的概念。

在道家修行理论中，人的身体最终是不可靠的，它是必然"死"去的，只有自身的元神才是亘古不坏的，它是可以不"亡"的。人修炼的目的是借助身体不断提升元神的能量和级别，最终可以摆脱身体躯壳而独立存在，做到死后精神的永存。当然，这里的精神并非纯粹的思想念头，而是有实体意义的组织，成为道的一种化身和表现形式。在道家看来，这个过程是一个系统复杂的工程，需要"穷理尽性以至于命"的阶段与历练，它更像是开启了一段生命的新的旅程。生者，寄也；死者，归也。《庄子》中有篇文章叫《养生主》，现代人津津乐道的"养生"一词被认为源于本篇。可惜大家都重视养生，而忘却了养"生主"，那才是生命真正的主人。

第三十四章

大道氾兮，其可左右。万物恃之以生而不辞，功成不名有。衣养万物而不为主。常无欲，可名于小。万物归焉而不为主，可名为大。是以圣人终不为大，故能成其大。

头头是道

"大道氾兮"，氾为泛滥之义，老子以大水泛滥漫流打比喻，言大道无处不在。就个人体悟而言，现在自己人生已过不惑，回首往事，觉得自己以前的视野真是狭隘，总以为修身的生活是读读书、打打拳、喝喝茶、聊聊天，其余的时间则应当是工作和学习的时间，两者之间的界限是比较分明的。后来思考了一个问题，上述所谓的修身时间每天一般不超过两个小时，那其余的二十二个小时都去干什么了？更多的则是为习惯所掩盖，为时间所迷离，为惰性所消解，都是在随波逐流中亦步亦趋地过日子。带着这个问题，我开始审视自己"修身"之外的表现，于是把上述的反思与警觉应用到日常的生活中去，尝试以简单纯朴的心态应对纷繁的世事。工作、学习、生活与修身之间的界限逐渐变得模糊起来，人生变得简单明了起来，不离生活又升华了生活，用专业术语来说，则是真正进入了"不惑"的状态。

在一次读书会期间，有位朋友用浓重的胶东口音讲了一句话，"道是管着一切的"。慢慢自己意识到，家庭的生活、工作的岗位也是修身的大舞台，只不过此前没有意识到罢了。所以此前遇到可做可不做的事情，心中的惰性告诉我，这和自己无关，不用去操这份心了。现在认为只要对大家有好处，还是愿意做一些力所能及的事情，因为这正是修身的课程。有一则故事，说一位行者问一位道人："你得道之前做什么？""挑水砍柴吃饭。""那得道之后干什么？""挑水砍柴吃饭。""两者前后有什么区别？""得道之前，挑水的时候想着砍柴，砍柴的时候想着吃饭，现在是挑水的时候想着挑水，砍柴的时候想着砍柴。"能这样专心致志地生活，可谓是道与生活融为一体了。

"其可左右"，言道可左可右，不拘于象，出没不测，大道是中道而行，不会偏向任何一方，所以道并没有唯一的解释或版本，对于任何一个问题，都没有一个固定的答案。两位高僧，见到路边一具死尸，一位用方便铲将其恭敬地掩埋，另一位则扛着方便铲扬长而去。一位出于对生命的敬重，认为不能任其抛尸荒野，所以应当好好掩埋；另一位认为生命本应来去自由，何况一副臭皮囊，不值得丝毫留恋。两位都是得道的高僧，恭敬掩埋是慈悲，扬长而去是洒脱，不存在对与错的问题。

对于这个问题，《易经》认为，"神无方而易无体"，"不可为典要，唯变所适"。道出了世间并没有一个固定不变的常法，不可以死守成法、墨守成规。这正如我们日常生活中的炒菜，淡的时候加点盐，咸的时候加点水，并没有固定的范式。《续传灯录》中有一句话，"方知头头皆是道，法法本圆成"，这也是成语"头头是道"的由来，指的是开悟后，一言一行、一举一动无不暗合道妙。借用到修身的领域，真正到了一定境界后，你就会发现其实任何问题都有多种解决方案，人生也可以有多种选择，君子无入而不自得，这样人生就达到了自由的新高度。

无功引出有功的人

"万物恃之以生而不辞",恃之,就是依赖道,不辞,即不推脱,是不辞辛劳、任劳任怨的意思,这句话的意思为:万物依靠道来生存,而道不辞辛劳、任劳任怨。虽然功劳卓著也自认为无功,养护万物却不认为自己是主宰。单纯地这样说理可能有些泛泛而谈,这里讲一个小故事,借以说明现实生活中有道之士是如何对待功劳的。大家都知道汉武帝是位有雄才大略的皇帝,晚年却在皇位继承人问题上发生了巫蛊之祸。江充等人诬陷太子刘据埋下木偶诅咒武帝,武帝听信谗言,太子被迫起兵,后失败自杀。当时太子的孙子,也就是后来继位的汉宣帝刘询仅仅几个月大,却因巫蛊之祸下狱。此时有位重要的人物登场了,这就是后来成为丞相的邴吉。邴吉出身并不高,仅仅是鲁地的一位狱吏,后来调到京师参与审理巫蛊之案,他的具体工作则是京师监狱的监狱长。在巡视监狱的过程中,邴吉发现了武帝的这位小曾孙。在这位心地善良的长者眼中,这个几个月大的孩子肯定是无辜的。于是邴吉动了恻隐之心,他让一位女囚犯负责哺育这个孩子,并尽可能地将其安排在一个相对干净舒适的环境中。刘询几次重病,邴吉还拿出自己的俸禄来供养这位孩子。在众人的照料下,这个襁褓中的婴儿竟奇迹般地活了下来。

然而祸不单行,武帝晚年的身体一直不好,身边的"望气之士"说监狱上方有天子之气,只有消灭这股气,武帝的身体才有痊愈的希望。晚年近乎荒唐的武帝竟然下令,无论罪名轻重,一律杀死监狱中所有在册人员。对于这件事,邴吉当然不愿执行,和前来下令的使臣僵持到了天亮。近乎恼怒的使者回去将这件事报告给武帝,好在这时武帝似乎清醒了一些,不但没有治邴吉的罪,而且收回了成命,大赦天下。后来武帝驾崩,幼子刘弗继位，是为汉昭帝。昭帝在位时间不长，又英年早逝。本想迎昌邑王刘贺即位，无奈刘贺到任后竟是扶不起的阿斗。据说在位的短短二十几天中，竟然办了一千多件错事。后来被掌握实权的霍光废除，此时身为光禄大夫的邴吉提议让武帝的曾孙刘询继承皇位。这个建议得到了大家的同意，并派邴吉去迎接已到外祖母家的刘询，后立为汉宣帝。

汉宣帝即位后，邴吉绝口不提早年对刘询的恩情，刘询也因当时年幼对此事毫无记忆。后来一位婢女让她的丈夫上书，陈述她曾护养宣帝的功劳，并说此事邴吉可以作证。当时主管此事的掖庭令只能把这名女子带到邴吉处进行询问。邴吉认识这名女子，并指出这名女子当时因对宣帝照顾不周而被处罚，所以根本谈不上什么功劳，真正有功劳的是另两名女子。至此事实真相大白，而邴吉昔日对刘询的恩情也浮出水面。汉宣帝知道此事后大为感动，便打算要给邴吉封侯。正在此间，邴吉却得了重病，大家担心邴吉没等到封侯便可能去世。当时太子太傅夏侯胜说："这个人不会死的。臣听说有阴德的人，一定享受他的快乐并影响到子孙。"果不出其所料，邴吉非但没有死，而且还辅佐汉宣帝，终成一代名相。

一文不值与价值连城

可以这样说，中国传统文化本质上是心性之学，它最擅长的是在起心动念处化解矛盾，在萌芽状态中解决问题，从而避免因念头外化而产生的更大错误。可是现在很少有人意识到这一点，因在当下看不到现实的利益，所以往往对传统文化价值视而不见。虽然造成这种局面的原因是多方面的，但有一点可以肯定，我们没有意识到和把握好传统文化的价值，没有揭示和弘扬好传统文化的智慧。如果我们没有觉察到《易经》和自己的生活有什么关系，没有感悟到《道德经》带给我们的人生智慧，没有意识到《西游记》竟是一本修身书，那只能说明我们的修养水平不够，而不能说我们的祖先没有智慧。

记得上高中的时候，老师讲过这样的例子。20世纪初期，美国福特公司正处于高速发展时期，当时在公司业务非常繁忙的情况下，福特公司一台电机出了毛病，导致整个车间都不能运转了，公司调来大批检修工人反复检修，始终对此束手无策。在这种情况下，老板请来著名的物理学家、电机专家斯坦门茨帮忙解除故障。斯坦门茨经过反复检修，最后在电机的一个部位用粉笔画了一道线，说问题就在这个地方。在此指导下，大家排除了故障，生产得以恢复。最后斯坦门茨得到的酬金是一万美元，要知道当时福特公司最著名的薪酬口号就是"月薪5美元"，为啥画一条线就能拿到一万美元？面对大家的迷惑不解，斯坦门茨转身开了个账单：画一条线，1美元；知道在哪儿画线，9999美元。

是的，知识和智慧可以创造巨大的社会财富，同样的道理，老子的修身智慧虽然看不见，却能为我们的生命健康做出巨大的贡献。在一次《道德经》读书会上，有位书友来之前血压有些高，一直在吃降压药。经过两个多月的读书学习后，平日惯性的紧张情绪缓解了不少，最后竟然可以不吃降压药了。大家都熟知，药王孙思邈有本《千金方》的著作，对于名字的由来，孙思邈解释说，人的生命贵于千金，而有药方能挽救人的生命，那么这个药方肯定要贵于千金。从一定程度上说，老子的修身智慧就是我们生命的"千金方"。如同空气一样，道可以是一文不值，但也可以是价值连城。正如本章所表述的，可名于小，亦可名于大，而这种可大可小就在我们一念之间。

"圣人终不为大，故能成其大"，在一定意义上说，圣人一直在起心动念上下功夫，而最终形成了恢宏博大的气象。曾经有很长一段时间，我不能确切地把握"厚德载物"的含义。虽然每个字都认识，但对文字背后代表的意象却含混不清。现在理解，唯有内心能够容纳包容，才有可能因顺物性之自然，做到庄子所说的"胜物而不伤"，否则也便做不到"载物"的程度。这里举一个反面的例子。小的时候经常看一部传统吕剧，名字是《姊妹易嫁》，姐姐素花与妹妹素梅是亲姊妹。素花自幼与牧童毛纪缔结婚约，长大后素花嫌弃毛纪贫寒，在其赶考之前挖苦刁难。毛纪高中归来，仍告以落第未中而前来娶亲。素花见状，不顾旧日情谊，拒绝完婚。素梅有感毛纪昔日的人品忠实，出于义愤便代姐而嫁。后素花知道毛纪高中状元，羞愧难当，后悔不已。用传统术语来说，此为福浅命薄之人，心中承担不起贫寒，相应也便承担不起富贵。

第三十五章

执大象，天下往，往而不害，安平泰。乐与饵，过客止。道之出口，淡乎其无味，视之不足见，听之不足闻，用之不足既。

独与天地精神往来

大象，就是生天、生地、生育万物的大道，因其无所不包，所以称之为大象。执，守也，能够守住大道，那天下万物就移心归往了；从另一个角度说，能够守住大道，也就可以由内向外齐家治国平天下了，两者是相辅相成的过程。从人类社会来看，有道之士心系天下，而大家都希望向有道之士靠拢，这在历史上是验证过的。周王朝的奠基者古公亶父是周文王的祖父，被周朝尊为"周太公"。周太公原来是豳国的国君，经常受到周围戎狄的侵扰，即使给了对方财物，他们仍不满足，于是大家主张同戎狄开战。但古公亶父却不同意，他认为老百姓跟随他是为了能过上好的生活，如果这个目标能实现，那跟随任何君主都是一样的，并不一定非要跟随他。现在老百姓为了他个人原因去打仗，通过杀死对方父子的方式仅是维护了君主的地位，这种情形他是不忍心看到的。于是带着自己的亲人躲避到了现在的岐山定居，而老百姓也被这种举动感染，不但原来豳国臣民扶老携幼前来跟随，连周围的邻国也纷纷归附。

从修身的视角来看，有道之士能够做到恬淡虚无，则可以与天地间的能量相往来了，而能做到相互往来而不伤害，就可以安住在平和快乐的状态里了。记得庄子有句话，"独与天地精神往来"。以前以为这仅仅是思想境界的哲学论述，现在看来这里面是有实在的内容的。对于这种现象，古人的论述有时很有意思，《黄帝阴符经》有这样一句话："天生天杀，道之理也。天地，万物之盗。万物，人之盗。人，万物之盗。三盗既宜，三才既安。"他们用了盗取这个词来概括三者之间的能量流通，万物盗取天地阴阳之气，人又盗取万物之气为己所用，这些都容易理解，反过来看，万物也盗取了人之气，这句话怎么理解呢？简单地说，若人在盗取万物的过程中又被万物所用，如沉迷在声色犬马中，那就是被万物盗走了人的能量。虽然这段话说得很直白，却很形象地揭示了人与天地万物间的能量交换关系。

对于人与天地万物存在着客观的互动关系，有智慧的中国古人开创了诸多方法，以便能更好地"盗"取能量。比如日常我们经常听到，"集天地之灵气，采日月之精华"，道家称之为"采日精月华法"。此前听过后并未在意，从未进行过深入的思考，更没有把它看作一种实践的功法。后来渐渐明白，我们每时每刻都在接受日月的哺育，只是没有意识到而已，所谓的"采日精月华法"只不过将日常自发的行为转变为自觉的行为而已。

古人认为日月光就是天道波动的体现，现代科学也证明光本身也是一种能量，具有全息性质，采光也便相当于采能了。虽然在典籍中采集日精月华的方法比较复杂，但大道至简，只要我们全身心放松，将自我调整到最自然的状态，这才是所有修身功法中最核心的要义。在这种状态下，面对初升的太阳，或者圆圆的月亮，以童真的游戏心态，观想将日月这种明亮的珠子吞入丹田，然后将其吐到原处，久而久之自身的内气会有很大的提升。如果仔细探究一下，中国传统建筑彩画、雕刻、服饰绣品等载体上常见的"龙戏珠"，应当同日月崇拜及这种道家功法有关。

我曾有过这样的生活体验，一个有着满满月光的夜晚，在校园湖畔一条僻静的小路上，全身心地放松下来。什么也可以想，什么也可以不想。月光如流水一般流淌进你的身体，洗涤去乌云般的烦恼与疲惫。此情此景，自然想起了苏东坡先生夜访张怀民的故事：在一个月圆之夜，苏东坡突然想找老朋友张怀民聊天，于是兴之所至，信步来到承天寺见到了张怀民，两人在寺院庭院中畅谈之余，到底看到了一种什么样的世界？庭院中有一泓空明的积水，那是月光的流淌蓄积，水中水草交横，那是竹柏影的杰作。我想如有人能进入这样的世界，可谓是世界上最浪漫的人了。

好德如好色

对于"乐与饵，过客止"，各家有不同的解读。大多数的译者认为，音乐和美食，能使过客停下脚步，而大道没有华丽出众的地方，不会因此吸引世人的眼球。有的译者认为，以音乐和美食来吸引客人，这仅仅是暂时的，如同过客住旅馆一样，吃完饭睡完觉就会奔向下一个目标，不会在这里长期停留，以此反衬守道才是长久之计。对此，庄子也有相似的描述，他说"仁义，先王之蘧庐也，止可以一宿而不可久处"，蘧庐，即古代的驿站传舍，强调外在的仁义仅具有工具性的价值，而非安身立命的根本大道。

对这句话的解读，河上公的翻译非常独特，他认为天地间的能量如同过客，其性质是"去盈而处虚"，如果大家能放空自己的身心状态，像对待音乐和美食一样亲近大道，那天地间的能量就会源源不断地被汇集汲取。当然，这是很高深的修养和功夫，对一般人而言，是很难做到如对待音乐美食一样对待大道的。孔子讲："吾未见好德如好色者也。"也就是我没见到过崇尚道德如同喜爱美色一样的人。这一句在《红楼梦》中也曾提到，原是老学究贾代儒为激励贾宝玉，故意让宝玉讲述这句话的意思。后来虽然看到许多学者的解释，但认为总不如宝玉的解读酣畅淋漓，所以索性将其解读抄录下来，以与诸君共勉。宝玉说道："是圣人看见人不肯好德，见了'色'便好的了不得。殊不想德是性中本有的东西，人偏都不肯好他。至于那个色呢，虽也是从先天中带来，无人不好的；但是德乃天理，色是人欲，人那里肯把天理好的像人欲是的。孔子虽是叹息的话，又是望人回转来的意思。并且见得人就有好德的好得终是浮浅，直要像色一样的好起来，那才是真好呢。"所以宝玉教导我们，应该像好色一样崇尚道德，这样才能发挥人追求道德的主观能动性。从上面可以看出，如果这样解读，那"乐与饵"的对象就是大道，这样就摆脱了"小象"的范畴，在"好德如好色"的欢欣喜悦中，真正把握住"大象"了。

说到这，中国文化本质上是一种乐感文化，它所主张的是一种内在的快乐学习。《论语》开篇就提出："学而时习之，不亦说乎？"主张将探索到的道理恰如其分地应用到生活中去，那应当是一种很高贵、很快乐的事。正如前文我们提到的辟谷，许多人认为这是一个忍耐痛苦的过程，所以需要的是坚持。但真正的辟谷是非常自然的，身心感受不到什么痛苦，有时甚至还很欣赏这样的体验之旅。如前文提到的节卦，其中说到应有的状态是"安节""甘节"，即安住于节制的状态并以此感到欣悦，而反对"苦节"，认为过分的节制反而带来灾难性的后果，因而一句话，适合就好。

至味无味

大道本来是"感而后应，迫而后起"，如同一口大钟，没有敲打它自己是不会鸣响的。若勉强来描述大道的情形，那会让一般人觉得淡而无味。但古往今来，能够真正理解"淡乎其无味"的却少之又少。味本来是食物的滋味，但将"味"提升到哲学的高度，用于高度概括生命对世间万物的感受，对此古人将其称为"世味"，这确实是中国文化的特色，而味道也确实不同了。《菜根谭》有言，"备尝世味，方知淡泊之为真"，那是一种经历人世间风风雨雨之后的由衷感慨。《红楼梦》有言，"都云作者痴，谁解其中味"，这里的味确实深奥莫测、耐人寻味。

平淡是真，道在日常，虽然千百次重复这些话，但仍在平凡日常中将其忽略了。大家都知道名医扁鹊，据先秦道家著作《鹖冠子》记载，扁鹊有弟兄三人，扁鹊排行老三。按照扁鹊的说法，他大哥的医术最高，属于上医，其次是二哥的医术，属于中医，而他的医术最差，属于下医。当时的魏文侯就非常不解，为什么你的医术最差，还能名扬天下呢？这确实是个问题，因为时至今日，我们谁也不知道扁鹊的哥哥叫什么名字。对于这个问题，扁鹊是这样解释的，他的大哥最擅长治未病，在大家还未发病时就看到了征兆，可提前采取措施积极预防，这种境界只有家里人知道，外人根本无法知晓。二哥治病，是在发病初期实施治疗，虽然药到病除，但一般人看来，二哥只会治疗一些小病而已。我治疗的是病情危重的病人，往往能使病人转危为安，逐渐痊愈，所以大家都认为我医术高超。以上虽然是一个历史故事，但也可以反映现实生活中的普遍现象。我们可能对救助自己困难的人感恩戴德、念念不忘，却很少感谢在我们将要遇到困境而给我们善意提醒的人。有的时候摆在我们前面的就是一道鸿沟，可能我们没有觉察，往往是一句提醒或建议，会使我们避免许多不必要的麻烦与挫折。

正是因为日常不显山露水，不到处宣扬，所以大道"视之不足见，听之不足闻"，一般的译文翻译为：大道平淡无奇，你想看看它，却看不见它，你想听听它，却听不到它。这种翻译本身并没有错，但有些意蕴被忽略了。作为哲学层面的大道，没有华丽的外表，没有煽情的语言，显然没有强烈的感官刺激性，正如孔子所讲的，"巧言令色，鲜矣仁"，真正的大道是没有太多观赏性的。如果从这个角度来看，可以将"不足"理解为缺乏，所以这句话可以理解为：如果我们去看大道，它不足以观赏，如果去听大道，它不足以聆听。从践行的角度来说，可以将"不足"理解为不必、不值得，如《桃花源记》中"不足为外人道也"的用法。大道就在那里自然地发生，正如我们吃饭睡觉，你知道它的作用原理也好，不知道它的作用原理也罢，它都在那里起着作用。所以在践行过程中不必事事寻出一个所谓的"理"来，做事情本身就是践行道的"理"的过程。

最后的"用之不足既"，除了传世本外，其他的版本都表述为"用之不可既"，大道应用起来却用不完，没有穷尽，这里的"既"是穷尽的意思。如果采用"用之不足既"的说法，我们可以理解为，生活中应用大道不可以活得过于明白。"水至清则无鱼，人至察则无徒"，"既"在这里可以看作"穷尽其理"的意思。现在有一种倾向，那就是用解剖分析的方法去理解把握道，结果最后的时候变成另外的一种执着。曾经有这么一段时期，我曾想把太极拳每个招式的养生原理弄得清清楚楚，比如搂膝拗步这个动作，它是如何伸筋拔骨的？它是如何畅通气机的？它又是如何锻炼人的意念的？背负着这些问题去锻炼，反而不会打了。正如一则寓言讲到的，有动物问蜈蚣，你看你这么多条腿走路，起步时你到底先迈哪条腿呢？蜈蚣一想这个问题，竟然不会走路了。有时候我们被自己的经验所局限，被自己的规则所束缚，乃至于缩手缩脚。大道到了最高的境界，只是按照本性去生活就可以了，这个过程是不断产生规则并不断超越规则的过程，这也是我们对"用之不可既"的一种解读。

第三十六章

见微知著

"歙"为多音字，在这里为xī音，为吸取、收敛、收缩之义。另有shè音，如现在安徽省的歙县，最有名的当属歙砚了。河上公的版本写作"噏"，同吸取之"吸"。"固"可以有两种翻译的方式，从事物本身客观发展规律的角度来看，"固"可理解为固有、本有，引申为自然而然地。"将欲"表示将然，也就是将要发生的事情。"必固"表示已然，是指已经发生的事情。这句话可理解为：一切事物当它要收拢时，必定自然而然地先行张开。而从我们面对事物发展，利用规律办事的角度来看，"固"可翻译为"暂且"，这句话可以译为：将要收敛它，必须暂且使之扩张。下面的三句话可以做这样理解：作为一种现象而言，一切事物当它要衰弱时，必定自然而然地先行刚强；一切事物当它要废止时，必定自然而然地先行兴盛；一切事物当它要被取代时，必定自然而然地先行被给予。而作为一种策略而言，将要弱化它，必须暂且使之刚强；将要废弃它，必须暂且使之兴盛；将要取代它，必须暂且使之获取。

在这里老子揭示了一种自然社会的普遍现象，那就是事物一旦发展到极致的临界点，就会朝着相反的方向转化。有句成语叫作"日中则昃，月满则亏"，意思是太阳到了中午就会偏西，月亮盈满了就要亏缺，这是事物发展的必然规律。道理虽然非常简单，但没有一个清醒的头脑也很难觉察这种转变。比如一个人到了事业的巅峰时刻，往往会志得意满，很少有人意识到自己马上要走下坡路了。大家都熟知的战国的商鞅，他通过在秦国变法获得了相国的地位，并被分封为商君，可以说志得意满，如日中天。这时候有位叫赵良的人却来劝他全身而退，商鞅当然不服气，硬是拿自己和原来的相国百里奚相比。赵良分析说，你和百里奚简直不可同日而语，百里奚实施的是仁政，你所实行的无非是盘剥老百姓的苛政。之所以当下没有人提反对意见，只是大家敢怒不敢言而已。而且你树敌太多，秦孝公一旦去世，你的地位肯定岌岌可危了。虽然赵良对形势的分析相当到位，但商鞅最终也没有接受赵良的建议，最后落了个五牛分尸的下场。

从上面可以看出，商鞅不可谓不聪明，但对即将出现的苗头也未及时觉察。唯有具备智慧的人，才可以根据常人不易觉察的预兆，来推测未来的变化趋势。《韩非子》曾记载这样一个故事，贵为国君的纣王做了一双象牙筷子，这时候身为太师的箕子感到了恐惧，担心奢靡之风就这样开端了。箕子是这样考虑的，假如用一双精美的象牙筷子，那用来搭配粗制的餐具肯定是不相宜的，如同穿了一双精美的皮鞋，上身再穿着破棉袄肯定是不搭的。那必然要犀玉杯盘、山珍海味，进而要锦衣九重，楼台广宇，如此将一发不可收拾。果不出其所料，不到五年，纣王就造酒池肉林，设炮烙之刑，大兴土木，穷奢极欲，最终落得个亡国之君的下场。正因为事物出现转折时征兆很难被觉察，所以老子在这里用了"微明"这个词。

柔弱胜刚

身体着凉后，我们会打喷嚏、流鼻涕、咳嗽、发烧。当然这里的喷嚏不是《诗经》中的"愿言则嚏"，也就是说因被人想念而打喷嚏。这里说的是真的伤风感冒了。仔细分析一下，打喷嚏、流鼻涕、咳嗽、发烧是身体排除寒气的一种方式。正如大禹治水中采用疏通河道的方式一样，适度的打喷嚏、流鼻涕、咳嗽、发烧是身体正常的排病反应，是应当鼓励的痊愈方式，表面上看似柔弱退让，实则蕴含着积极进取的因素。但如果稍微咳嗽就吃止咳药，稍微发烧就吃退烧药，采取一种强行压制的方式，这无疑是将寒气憋在体内，为以后的身体健康埋下了隐患。

其实不但生理调节，在心理调节的领域，我们也应采用老子所提出的"柔弱胜刚强"的方式。从修身的角度来看，歙之、弱之、废之、夺之的对象可以看作是后天的意识心。从前后的逻辑关系来看，四者应当是递进的过程，也就是使得意识心逐步收敛、弱化、废弃并最终被先天本性所取代。其实意识心的产生、发展、衰落、消亡也有自身的规律，根据这个道理，我们则可以充分利用"将欲歙之，必固张之"的止念方法。日常生活中大家也有这样的体会，越是压制一种念头，这种念头越是强烈，有时甚至出现激烈的反弹。这时候明智的做法就是不予理睬，正如金庸先生《倚天屠龙记》里九阳真经的口诀："他强由他强，清风拂山岗。他横由他横，明月照大江。"表面上看是武功秘诀，仔细琢磨一下，其实也可以作为人性修为的指导，让人在纷繁芜杂的世事和波澜起伏的心态中超越出来。

所以对治念头不是采用激烈的对抗方式，而是采用一种无为的态度，一种观照的方式，客观地审视其生灭变化的过程。在柔弱的调服下，你的心胸会逐渐地打开，视野也变得更加广阔，在更宏大的背景审视下，自己的意识心反而会显得更加渺小，再到后来，也就变成可有可无的点缀，昔日刚强难化的心也变得柔软起来。如果在这个基础上再进一步，那就会在内心深处生发一种本性的东西，即我们日常所说的本性正念。有人说如何让一片土地不长杂草，最好的办法不是去除草，而是种上一片庄稼。相信通过这种方式，一个人内心会更加坚定，而纷扰的杂念也会随之烟消云散了。

国之利器

"鱼不可脱于渊"，这里用鱼来比喻后面的国之利器，国之利器到底是什么？最简单最直接的理解就是"国家的执政大道"，或者说"王道"。如同鱼儿离不开水一样，国家执政也不可以离开大道。有一次，唐太宗与大臣商量治盗的策略，当时有大臣提出用严刑酷法，唐太宗表示不同意这种政策。他说老百姓之所以为盗，是因为苛捐杂税，劳役过重，再加上官吏腐败，所以饥寒切身，顾不得廉耻而沦为盗寇。今后我们轻徭薄赋，整顿吏治，使老百姓安居乐业，他们自然就不会去做强盗了。通过实施一整套对付盗贼的"软手段"，唐太宗时期的社会治理呈现出中国社会少有的清明局面。后来太宗敕令390名死囚回家，约定明年秋天来行刑，结果仅有1人未回，经所在地方官调查，这个人回来的路上遇到暴雨，涉水过河时被突来的山洪淹死。这说明太平盛世并非是"治"来的，而是通过大道的教化所致。

"国之利器不可以示人"，一般都理解为，在国家层面尤其是在军事领域中，重型机密武器是不可以轻易展示给人看的。但对于"国之利器"，历来有不同的阐释，我们先看看"皇家注解"。历史上曾有四位皇帝亲自注解《道德经》，其中就有明朝的开国皇帝朱元璋。大家都知道，作为底层出身的领导者，朱元璋身上既有机智、公正、勇敢的一面，同时又有狡诈、贪婪、阴险的一面。所以清代史学家赵翼曾评价道："盖明祖之性，实帝王，豪杰，盗贼兼而且也。"在朱元璋的眼中，利器则是权力之道，如何将权力牢牢地掌控在自己手中，这就牵扯到不可明说的统治秘密了。朱元璋对此的注解是"绝注"。在这里朱元璋认为我不能也不方便给你们解释，所以干脆就不解释了，短短的两个字折射出耐人寻味的两面性人格。

正所谓心中有什么，眼中就会看到什么。有首诗这样写道："高坡平顶上，尽是采樵翁。人人尽怀刀斧意，不见山花映水红。"在满怀刀斧意的樵夫眼中，只看到了将要被伐的木柴，却看不到山花映水红的绝美景色。对于"国之利器"到底代表着什么，各家有各家的结论。韩非子说是赏罚，河上公说是权道，王弼的解读比较中性，将其解释成有利于国家之器也。而在理解本章整体意蕴时，许多人说老子在这里讲谋略，甚至是阴谋，而始作俑者恐怕是韩非子，这可能和老子的本意大相径庭了。

《韩非子》最早将本章引入政治权术，书中讲述了一个这样的事例。吴越之争越国失败后，越王来到吴国从事贱役，却示意吴王北上伐齐。当时吴军已在艾陵战胜了齐军，势力扩张到长江、济水流域，又在黄池盟会上逞强，可谓在国际上一帆风顺，意气风发。结果听信越国的一面之词，出兵在外，久战力衰，所以后来才会在太湖地区被越国制服。以此为案例，韩非阐述了"将欲弱之，必固强之"的道理。在这里"将欲"本是自然而然地发生，韩非解读为"将要做"，"必故"意思为必定自然，韩非翻译成谋略中的"故意"，老子的先天无为变成了法家的后天有为之术。这一转化也影响了后世的统治者。北宋时期，王安石规劝宋神宗放弃熙河地，借以与西夏讲和来培养国力，当时宋神宗还在犹豫，王安石则引用"将欲取之，必固与之"来说服宋神宗。现在看来，韩非有曲解误读老子的嫌疑，至于是否有"将欲"的意图，或者"必故"的谋略，后世则不可得而知之了，但有一点是肯定的，讲究谋略的韩非死于阴谋，这却成了历史的事实。

何谓示人？这里先说一个典故，说当时楚宣王会见诸侯，鲁恭公去的不仅晚，而且送的酒很淡薄，当时楚宣王就有些不高兴。鲁恭公有他的理由：我本来是制礼作乐的周公后裔，向你献酒本来就有失礼节和身份了，你还嫌弃酒味不好，真是有些过分。所以鲁恭公也就不辞而别，楚宣王于是发兵要攻打鲁国。当时梁惠王处心积虑地要攻打赵国，却害怕楚国乘虚而入，这时候楚国要攻打鲁国，便不担心背后被人暗算了，于是放心大胆地去围攻邯郸。赵国因为鲁国的酒薄不明不白地做了牺牲品，后世将其总结为"鲁酒薄而邯郸围"的典故。出现这种结果的原因，和鲁恭公一味地以圣人后裔自居，以礼乐外衣示人有莫大关系。从国家层面来说，示人就是一味地任用刑罚，从个人的层面来说，示人就是将虚荣的一面展示于人，用现代术语说就是包装宣传自我。假如说一天到晚宣扬自我"大公无私"，宣扬自我"特立独行"，那就是没有根性的"示人"张扬，也便不是本来面目，从而背离大道了。

第三十七章

道常无为而无不为，侯王若能守之，万物将自化。化而欲作，吾将镇之以无名之朴。无名之朴，夫亦将无欲。不欲以静，天下将自定。

放松

开篇是大家熟知的一句，不做过多的解释，"无为"指做事情不妄为，是因，"无不为"指对所有事物都能成就，是果。前人对此论述较多，在此不再赘述。"侯王若能守之，万物将自化"，意思是侯王如果能够遵守它，那么万物都会归附他。这里的侯王可以指世间的统治者，当然，按照身国同构的理论，也可以指一个人身体内的心君。万物既可以是世间万物，也可以是意念中的万思万虑之物，即纷纷扰扰的念头。从这个角度看，这句话的意思是，心君如能遵守大道规律，那我们的妄念就会逐渐平息，最终化为乌有。

日常生活中大家可能都有妄念纷飞的时候，究其原因，从最浅的层次说，此刻我们身体的肌肉是紧绷的，这种身体的紧绷同思绪的纷乱是息息相关的。如何避免这种情况，首先应当从身体的放松开始。对于放松身体的方法，我认为庄子的"坐忘"是不错的选择，在介绍"坐忘"初步功夫时，庄子说，"隳肢体"。从"隳"字的含义来说，偏旁阝（阜）意为一块一块叠起来的物体，如土山、城墙等，左字旁是偏、不正的意思，月字旁则代指肉块，整体"隋"字形为："用肉块叠起来的物体要坍塌了"。"隳"则是由"隋"衍生而来，意为随顺这种坠落的状态。从哲学的角度看，"隳肢体"可以理解为舍弃肢体，这里不是舍弃肢体的客观存在，而是舍弃对肢体的刻意依赖，或者说全然接受身体目前的状况。

因为稍微懂点按摩术，业余时间我会给家人或者朋友做做推拿。在推拿过程中，常常发现有人肌肉正常状态下也是僵化的，有的甚至出现了所谓的"筋疙瘩"。这种情况除了要软化肌肉、疏通经络外，自身还要进行专门的放松训练。在这方面，有一种方法值得推荐，这里姑且称之为意念巡视法，即调整好最舒服的姿势，用心去体会身体的某个部位放松了没有。我一般从脚指头的放松开始，告诉身体脚指头开始放松，脚心放松、脚面放松、脚踝放松、小腿放松……一直到头发的放松，如同上级领导视察一样，用意念在全身巡视一番。久而久之，肌肉僵化的程度会显著改善。通过上述的放松练习，你就会发现一个人会变得非常轻松，纷纷扬扬的念头也逐渐尘埃落定，如同一杯浊水在静定后逐渐变得澄清起来，所有的念头似乎被施与了向心的归附力。对于这种变化，老子用"化"字进行了概括。

关于这个"化"字，它的含义实在是太丰富了。从甲骨文、金文的字形看，"化"的左边是站立的一个人，右边则是倒立的一个人，用两个颠倒的人相对来表示事物的变化。据此有人认为两者中一个代表活着的人，一个代表死去的人，意为生死变化，可供参考。说到"化"，中国还有一本单独阐述"化"的书，名为《化书》，唐末五代谭峭撰。本书分"道化""术化""德化""仁化""食化""俭化"六篇，逻辑分明。按照作者的观点，道不足，术来补，术不足，德来补，德不足，仁来补，仁不足，食来补，食不足，俭来补。所以天地演化的起始在道，根基在俭。如有时间，大家可以参考一下。

静心

老子认为，在万物生化的过程中，尤其是外在的念头刚刚被调服的时候，内在深层次的东西则会展露出来，极易出现得而复失的反复过程，即所谓"人心惟危，道心惟微"。这时候就需要更深层次的放松——静心，来达到对治的目的。这里的静心和前面的放松既有相似的地方，也有不同的地方，静心属于深层次的心灵放松。打个比方，放松如同进入地球的地壳，静心则达到了地球的地幔的层次。借用庄子"坐忘"的表述可以这样说，如果说放松属于"隳肢体"的阶段，那静心则属于"黜聪明"的阶段。用现代术语来说，如果说前面所说的"万物"处于浅层次"观点"的层面，那么后面所说的"欲"则处于深层次"观念"的层面了。

对当代社会而言，许多人都是在被碎片化的观念指导着生活。举例而言，"不能让孩子输在起跑线上"的口号，本是培训商人创造的盈利噱头，现在成为我们诸多家长的座右铭。为了这句话，多少孩子奔走在辅导班之间，多少家长启动了"拼爹""拼妈"模式，多少机构挣得盆满钵满。其实有时仔细想想，什么是输？现在似乎定义为学习成绩不好就是输了。什么是起跑线？对儿童而言，起跑线不等于儿童教育，不等于幼儿园教育，更不等于提前教小学的课程，而是更深层次的父母的爱和人格教育。所以从这里看，观念是非常重要的。人一旦被脱离了本有智慧的观念所裹挟，身体行为就会不由自主地受其倾轧，最终会造成分裂型的人格。

如何"格式化"这些后天观念，老子建议"镇之以无名之朴"。"无名之朴"为道，这一点应无异议，关键是"镇"的含义是什么？许多人将"镇"理解为镇压、压制，欲望升起的时候，我用无名之朴把它压制下去，如石头压草那样的方式。对于这种方式，我想老子是不会提倡的，因为表面上虽然压制住了，而只要草的根脉未断，来年肯定还会"春风吹又生"的。所以这里的"镇"类似于釜底抽薪，更多的是指内心有所主宰的镇静、镇定。日常生活中有冰镇的提法，意指食物或饮料等放在冷水或冰箱里，用寒凉之气将其"冰化"。借用冰镇的提法，内心由无名之朴所主宰，所有的后天观念都会磁化。正如《易经》所讲的"闲邪存诚"，只要内心保持诚的状态，妄念的东西自然也会被拒之门外。古代还有一句话，说"石韫玉而山辉，水怀珠而川媚"。意思是石头中如果含有玉的话，山也自然光辉起来，水中如果有珍宝的话，江河也变得柔美起来。同理，心中有无名之朴，自然也会出现诸虑自息的祥和之相。

入定

虽然"镇之以无名之朴"是一种有效的方法，但毕竟还属于有为的范畴，正如佛陀在《金刚经》中所说，我说的法如同渡你们的舟楫，到了岸就应当舍弃的。老子在这里也说了同样的意思，对用无名之朴去镇治后天欲念的想法，也不要产生执着，如果产生执着，那就成为另外一种形式的贪婪。现实生活中我们也可以看到这样的例子，许多修行人，尤其是一些老修行人，对世间的钱财权势看得淡了，这些都成了可有可无的东西，但有一点似乎没有破除，那就是贪法。如果能将后天欲念调控在先天本性的控制范围之内，通过渐调渐伏之后，最后连要调控的心也没有了。

庄子的《知北游》是外篇的最后一篇，"知"是本篇中托名的人物，"北游"简单而言就是要到北方去游学。在中国传统文化体系中，北方代表着玄，代表着未知，所以这里的"北游"代表着对道的探究。首先"知"

向托名的"无为谓"请教问题:"何思何虑则知道?何处何服则安道?何从何道则得道?"结果是三问而三不答。后来又向"狂屈"请教这个问题,"狂屈"说,我知道这个问题,但我正要告诉你的时候,却忘却了如何表达。不得已"知"向黄帝请教这个问题,黄帝回答道:"无思无虑始知道,无处无服始安道,无从无道始得道。"对此,"知"有些疑惑,到底是谁得道了?黄帝的答案是,"无为谓"是真正得道的真人,"狂屈"已经接近真人,他和"知"始终未能接近于道,因为知者不言,言者不知。在真正的有道者看来,连道的这种理论表述也是要抛弃掉的,这样就呼应了《逍遥游》首章的核心要义,可见整部书是浑然一体的思想体系。

达到老子所说的"不欲以静"的境界,并且保任这种状态,"天下将自定"的局面就会产生。按照帛书《老子》的表述,本句为"天下将自正"。何者谓"正"?从结构看,由"一"和"止"组成,按照《说文解字》的说法,"守一以止也"。在道家看来,一就是先天本性,守住了先天本性,也就做到"安其性命之情",也就达到了"正"。所以从这里看出,"正"不是用尺子裁量的整齐划一,而是健康生态下的多样化的统一。知道了正的含义,也便明白了定字,按照《说文》的解读,定从宀从正,也便是安静地处于"正"的状态。

记得袁枚有句诗词,"苔花如米小,也学牡丹开",在2018年的《经典咏流传》节目中着实火了一把。这句诗表达小小的"苔花"在春天到来之际,仍然有一股自强不息的精神。但我听到后第一感觉则是既然要活出自我,还要向牡丹看齐,还要做那种富贵梦,则未免有些流俗了。在这里我想给它换一个字,改为"苔花如米小,不学牡丹开"。苔花就是苔花,虽然没有华丽的外表,虽然没有馥郁的芬芳,独自在阴暗的角落绽放,不去迎合世人追名逐利的喧闹,只在那里静待渴望寂静和遐思的人。说到这里,想起了美国科学家伊丽莎白·吉尔伯特的小说《万物的签名》,书中记述了一位19世纪的女植物学家阿尔玛的故事,这位主人公花了多年的心血,创造了一个苔藓洞穴。这一点难度极高，苔藓对环境的要求达到了近乎苛刻的程度，真正养好极不容易。正如读后感言，唯有仰望苔藓的人，苔藓才会理会你，有时也如人与人之间的交往，唯有真正关爱别人，才会获得他人的关爱，由此才能构成"天下自定"的欢畅局面。

参考书目

［1］ 刘笑敢.老子古今：五种对勘与析评引论［M］.北京：中国社会科学出版社，2016.

［2］ 新编诸子集成：老子道德经注校释［M］.王弼，注；楼宇烈，校释.北京：中华书局，2008.

［3］ 老子道德经河上公章句［M］.王卡，点校.北京：中华书局，1993.

［4］ 北京大学出土文献研究所.北京大学藏西汉竹书：贰［M］.上海：上海古籍出版社，2012.

［5］ 马王堆汉墓帛书整理小组.马王堆汉墓帛书《老子》［M］.北京：文物出版社，1976.

［6］ 许抗生.帛书老子注译与研究［M］.杭州：浙江人民出版社，1982.

［7］ 高明.帛书老子校注［M］.北京：中华书局，1996.

［8］ 廖名春.郭店楚简老子校释［M］.北京：清华大学出版社，2003.

［9］ 严遵.老子指归［M］.王德有，点校.北京：中华书局，1994.

［10］高专诚.御注老子［M］.太原：山西古籍出版社，2003.

［11］老子.吕祖秘注道德经心传［M］.吕岩，释义；韩起，编校.桂林：广西师范大学出版社，2014.

［12］李道纯.道德会元［M］.北京：北京图书馆出版社，2005.

［13］吴澄.钦定四库全书：道德真经注［M］.北京：中国书店，2018.

［14］憨山.老子道德经解［M］.梅愚，校.武汉：崇文书局，2015.

［15］刘一明.悟元汇宗：道教龙门派刘一明修道文集之一：上［M］.
腾胜军，张胜珍，点校.北京：宗教文化出版社，2015.

［16］王夫之.老子衍 庄子通 庄子解［M］.王孝鱼，校.北京：中华书
局，2009.

［17］魏源.老子本义［M］.北京：中华书局，1955.

［18］于省吾.双剑誃群经新证 双剑誃诸子新证［M］.上海：上海书店
出版社，1999.

［19］蒋锡昌.老子校诂［M］.北京：商务印书馆，1937.

［20］张舜徽，张君和.张舜徽学术论著选［M］.武汉：华中师范大学
出版社，1997.

［21］高亨.老子正诂［M］.北京：中国书店，1988.

［22］老子今注今译及评介［M］.陈鼓应，注译.北京：商务印书馆，
1972.

［23］陈鼓应.老庄新论［M］.北京：商务印书馆，2008.

［24］陈鼓应，白奚.老子评传［M］.南京：南京大学出版社，2001.

［25］南怀瑾.老子他说［M］.上海：复旦大学出版社，2002.

［26］任继愈.老子绎读［M］.北京：国家图书馆出版社，2015.

［27］王蒙.老子的帮助［M］.北京：华夏出版社，2009.

［28］牟钟鉴.老子新说［M］.北京：金城出版社，2009.

［29］姚淦铭.老子与百姓生活［M］.北京：中国民主法制出版社，
2006.

［30］任法融.任法融释义经典：道德经释义［M］.北京：东方出版社，
2012.

［31］奥修.老子心解［M］.谦达那，译.西安：陕西师范大学出版社，
　　　2007.

［32］朱熹.四书章句集注［M］.济南：山东友谊出版社，1989.

［33］墨子译注［M］.辛志凤，蒋玉斌，等译注.哈尔滨：黑龙江人民
　　　出版社，2003.

［34］万希槐.十三经证异［M］.天津：天津古籍出版社，2020.

［35］《二十四史》编委会编.二十四史［M］.天津：天津古籍出版社，
　　　2000.

［36］葛洪.抱朴子［M］.上海：上海书店出版社，1986.

［37］郭象.庄子注疏［M］.成玄英，疏.北京：中华书局，2011.

［38］国学典藏：庄子集解本［M］.王先谦，集解；方勇，校点.上海：
　　　上海古籍出版社，2013.

［39］二十二子详注全译：文子译注［M］.李德山，译注.哈尔滨：黑
　　　龙江人民出版社，2003.

［40］孟子［M］.杨伯峻，杨逢彬，注译.长沙：岳麓书社，2000.

［41］荀况.荀子［M］.杨倞，注；耿芸，标校.上海：上海古籍出版
　　　社，2014.

［42］韩非子［M］.高华平，王齐洲，张三夕，译注.北京：中华书局，
　　　2010.

［43］陶弘景.养性延命录［M］.北京：中华书局，2011.

［44］黄帝内经素问［M］.田代华，整理.北京：人民卫生出版社，
　　　2005.

［45］许慎.说文解字注［M］.段玉裁，注.杭州：浙江古籍出版社，
　　　1998.

［46］杜佑.通典［M］.杭州：浙江古籍出版社，2007.

［47］徐大椿.徐大椿洄溪医案［M］.张晖，王海燕，点校.北京：人民

军医出版社，2011.

［48］任法融.黄帝阴符经·黄石公素书释义修订本［M］.北京：东方
出版社，2012.

［49］黄怀信.鹖冠子校注［M］.北京：中华书局，2014.

［50］谭峭.化书［M］.丁祯彦，李似珍，点校.北京：中华书局，1996.

［51］吕氏春秋［M］.高诱，注；毕沅，校；徐小蛮，标点.上海：上
海古籍出版社，2014.

［52］坛经［M］.尚荣，译注.北京：中华书局，2015.

［53］释居顶.续传灯录［M］.北京：民族出版社，2008.

［54］李昉，等.太平御览［M］.北京：中华书局，1960.

［55］彭晓，等.周易参同契古注集成［M］.上海：上海古籍出版社，
1990.

［56］淮南子［M］.沈雁冰，选注；卢福咸，校订.武汉：崇文书局，
2014.

［57］张伯端.悟真篇三家注［M］.董德宁，刘一明，朱元育，等注；
史平，点校.北京：华夏出版社，1989.

［58］陈致虚.金丹秘要：道教陈致虚内丹修炼典籍［M］.盛克琦，周
全彬，编校.北京：宗教文化出版社，2013.

［59］丘处机.长春真人磻溪集［M］.北京：北京图书馆出版社，2005.

［60］陆羽，等.茶经译注［M］.宋一明，译注.上海：上海古籍出版
社，2017.

［61］干宝，刘义庆.搜神记·世说新语［M］.钱振民，点校.长沙：岳
麓书社，1989.

［62］陈继儒.小窗幽记［M］.李竹君，曾楚雄，翟霞，译.北京：华夏
出版社，2006.

［63］吕坤.呻吟语［M］.欧阳灼，校注.长沙：岳麓书社，2002.

［64］洪应明.菜根谭［M］.北京：京华出版社，2008.

［65］张潮.幽梦影［M］.刘如溪，点评.青岛：青岛出版社，2010.

［66］苗洪，沈德潜.古诗源［M］.北京：华夏出版社，2001.

［67］卢国龙.马丹阳学案［M］.济南：齐鲁书社，2010.

［68］郭武.丘处机学案［M］.济南：齐鲁书社，2011.

［69］宋慕新.坛经道白［M］.北京：宗教文化出版社，2021.

［70］王宗岳，等.太极拳谱［M］.北京：人民体育出版社，1995.

［71］《民国丛书》编辑委员会编.民国丛书［M］.上海：上海书店出版
社，1989.

［72］王国维，戴赋.人间词话［M］.沈阳：万卷出版公司，2014.

［73］胡孚琛.道学通论［M］.北京：社会科学文献出版社，2018.

［74］冯友兰.中国哲学史［M］.上海：华东师范大学出版社，2000.

［75］熊铁基，马良怀，刘韶军.中国老学史［M］.福州：福建人民出
版社，1997.

［76］胡孚琛.丹道法诀十二讲［M］.北京：社会科学文献出版社，
2018.

［77］徐文兵，梁冬.《黄帝内经》说什么［M］.南昌：江西科学技术
出版社，2018.

［78］曲黎敏.《黄帝内经》养生智慧［M］.成都：四川科学技术出版
社，2016.

［79］李瑾伯.呼吸之间珍藏版［M］.北京：华夏出版社，2016.

［80］张剑锋.问道：道家文化与生命科学［M］.西安：陕西师范大学
出版总社有限公司，2011.

［81］张剑峰.问道：道家内证与生命科学［M］.西安：陕西师范大学
出版总社有限公司，2012.

［82］李仲轩，徐皓峰.逝去的武林［M］.北京：人民文学出版社，

2014.

［83］东振明，沈蓓.走出强迫症：找回美丽的日子［M］.北京：中国
轻工业出版社，2009.

［84］柏格森.形而上学导言［M］.刘放桐，译.北京：商务印书馆，
1963.

［85］波特.空谷幽兰［M］.明洁，译.海口：南海出版社，2010.

［86］雅斯贝尔斯.大哲学家［M］.李雪涛，主译.北京：社会科学文献
出版社，2005.

［87］伊懋可.大象的退却：一部中国环境史［M］.梅雪芹，毛利霞，
王玉山，译.南京：江苏人民出版社，2014.

［88］弗洛伊德.梦的解析［M］.陈焕文，翟飚，译.北京：中央编译出
版社，2008.

［89］吉尔伯特.万物的签名［M］.何佩桦，译.北京：中信出版社，
2015.

后　记

　　中华优秀传统文化是中华民族的文化根脉，其蕴含的思想观念、人文精神、道德规范，不仅是我们中国人思想和精神的内核，对解决人类问题也有重要价值。要把优秀传统文化的精神标识提炼出来、展示出来，把优秀传统文化中具有当代价值、世界意义的文化精髓提炼出来、展示出来。传统经典绝不单纯是知识的传授，更重要的是传境界、传格局、传胸怀、传人格、传智慧，让我们在现实中活出本然的生命状态。

　　现实生活中我是不善于表达感谢的，但到最后成书后，书中的内容在脑海中所剩无几，唯有沉甸甸的回味和感恩。书稿完成后，李风军大哥每天都读几篇，矫正其中的不当之处，宋丽萍大姐发挥了朗读的优势，挑出了不少默读发现不了的问题，都让我真切地感受到一种温暖和鼓励。感谢悦心空间的袁红玉、侯玉萍、曲长茂、迟玉辉、阿强等老师和同学们。感谢文学部同学们文字上的校对。教学相长，这些文字大多是在读书讨论的过程中流淌出来的。遇到迷茫和短路的时候，总有吕冠众老兄提供的思路。感谢读书会的高学海、贾星芹、张晓、迟鸣、梁永光、高逸等书友，生活中没有你们，估计生命的色彩会暗淡许多。感谢吴欣教授、罗玉萍老师、中国国际广播出版社刘璇编辑为本书出版提供的支持和帮助……还有很多未提及的朋友，在此一并感谢。

　　在老子的眼中，一切都在路上，作为新时代的哲学社会科学工作者，唯有立时代之潮头、通古今之变化、发思想之先声。在述学立论中为国家振兴尽绵薄之力，或许才是表达感恩的最佳方式。最后真诚祝愿：岁月静好，国泰民安！